國家古籍整理出版專項經費資助項目
全國高等院校古籍整理研究工作委員會規劃項目

吴震生全集

五

（清）吴震生◎著　王漢民◎編校

北京师范大学出版集团
BEIJING NORMAL UNIVERSITY PUBLISHING GROUP
安徽大学出版社

目録

談容娘……三〇
盤舞歌……三一
人舞歌……三二
緩聲歌……三三
歎老吟……三四
升天行……三五
遠遊篇……三六
大言行……三六
苦熱苦寒行……三七
相逢行……三八
塘上行……三九
側調歌……三九
結客少年場……四〇
行行遊且獵……四一
大道曲……四二
起夜來……四二
同生曲……四三
獨摇手……四五
相思曲……四六
長門五更轉爲楚服輩作……四七
慷慨歌……四八
英雄樂……四八
恨無媒……四九
試履行……四九
賦得玉樹後庭花……五〇
樂社曲……五一
怡神調……五一
宛轉歌……五二
攤坊春……五二
倭漁家樂……五三

和示婿元度……五七
和與吕嘉問……五七
和咏龜……五八
和真人……五八
和墓松……五九
和貢侯……五九
和我行……六〇
和幽獨……六〇
和種桃……六〇
和霾……六一
和擬寒山詩六首……六一
和贊友……六三
和送韓維應富并州辟……六三
和意行……六三
和草端……六四
和咏揚雄……六四
和不得……六四
和一從……六五
和曈曈……六五
和駕言……六六
和山雞……六六
詩文集卷二……七〇
詩二　熱謾集……七〇
今十八拍……七〇
彈楊慎詞作放歌……七四
五子歌……七六
歸去來詞……七八
川上葩流曲……八〇
李白曾至新安，安知不至豐樂
溪耶？里門有樓，予亦題以

太白酒樓。繪白像壁間，余像聊爲執卣。甲子中秋，陪大鴻公度宿樓上，醉後浪筆聯其佳句於屏，以明予之尚論也 …… 八一
補樂府地厚天高之歌 …… 八三
因反其意爲房中曲 …… 八四
讀曲歌 …… 八五
小星七索 …… 八六
禽蟲語 …… 八六
七歌爲某作 …… 八七
金錠回文 …… 八九
金釧回文 …… 八九
吁嗟莫相責行 …… 八九
咏史四絶 …… 九〇
詩文集卷三 …… 九一
詩三　花骨集 …… 九一
江南樂 …… 九一
擬昔人聞風有寄，灑翰遥贈得仄韵絶句九首 …… 九二
代王肅妻寄魏公主 …… 九三
代王景深寄宋公主 …… 九三
代祖娥駡武成 …… 九三
代王氏嗤王燮 …… 九四
代義渠嘲宣后 …… 九四
代尉遲氏駡獨孤 …… 九四
代獨孤氏怨唐高 …… 九四
代姊妹誇大足 …… 九五
代臧韋謝天恩 …… 九五
紅福咏 …… 九五
車過老娘趺，戲有數言 …… 九八

自題濯足圖……九九
渡河謡……一〇〇
論文……一〇二
螽斯篇……一〇三
烏鴉篇……一〇三
青蟲歎……一〇四
金邑尼庵傳有活觀音像，往拜則弓趺朱履，漫題數句，亦偈亦詩……一〇四
讀陶偶作……一〇五
咏林和靖……一〇五
雪樓詩……一〇六
蘭山咏……一〇六
自題修月小像……一〇七
膩寒鴉……一〇八
題所畫作……一〇八
答天水君……一〇九
伊南處乩言予故點蒼山僧……一〇九
又題所畫……一〇九
新創對樓……一一〇
答客嘲……一一一
欲界八仙歌爲竹西某壽……一一一
苦瘍詩……一一二
賦得三吴佳麗城……一一三
賦得迷花不事君……一一三
賦得毗陵何限春……一一三
賦得卷中文字掩前賢……一一四
賦得床上故書前世夢……一一四
賦得宓妃襪借天孫著……一一四
讀漁洋利州作《賦得紅緑複裙

萬里香》……一一五
賦得兩樣春光便不同……一一五
賦得别是人間閒世界……一一五
賦得忽斥西施聘王母贈常
道姑……一一六
爲詩……一一六
花命婦……一一七
夢遊仙……一一七
田家閨樂……一二〇
古宮詞……一二二
史宮詞……一二五
古宮樂……一二六
虞山竹枝……一二七
山陰竹枝……一二八
龍山竹枝……一二九
安莊竹枝……一二九
吴莊竹枝……一三〇
永嘉竹枝……一三〇
詩文集卷四……一三一
詩四　一醉語花集……一三一
客毗陵，嘲狐氏媪……一三一
花籃憶……一三二
蒜酪體得寶歌……一三二
忽忽……一三四
遇君……一三四
賦遺山『丹砂萬年樂，金印八
州督，不及秦宮一生花裏活』
句，嘲一士……一三五
賦得《無雙譜》内麗三公爲居心
發論往往不恕者刺……一三六

擬陽緋之一事六塵歌戲贈沙三 …… 一三六
取平仲《養生篇》五恣意用一字至七字體作七香詞 …… 一三七
共戲樂第二首 …… 一三八
賦得平陽驛岸金蓮迹 …… 一三九
耕烟内兄取耆卿詞繪夢，走筆爲題 …… 一四〇
賦得已凉天氣未寒時，效王次回 …… 一四一
賦得嘲花咏水贊蛾眉白句 …… 一四一
當年惟有兩心知，爲班馮二生賦 …… 一四一
次華陽諸公韵吊元娥 …… 一四二
適閲《牡丹亭》，再叠二首 …… 一四二
次雙卿及諸友題余《梅花帳》韵 …… 一四二
待小掃花荆振翔 …… 一四三
嘲人道中誇所見 …… 一四三
行纏 …… 一四三
暗情和守真韵有所嘲 …… 一四四
皇英贈答 …… 一四四
舟過汝水，戲演《襄成君》曲，亦義山『悵望舟中意』耳 …… 一四五
詩文集卷五 …… 一四八
詩五　近有集 …… 一四八
社集平山堂後之環溪草堂試泉，同馬秋玉、陸渟川諸君集詩牌字成句 …… 一四八
又咏綉毬 …… 一四八

金壇東禪次史進士韵 …… 一四九
飲澹園次曹及三韵 …… 一四九
題徐子《斷香吟》卷尾 …… 一四九
次殷霞村送别韵 …… 一五〇
題毗陵女史惲冰畫 …… 一五〇
又題女史董玢畫 …… 一五〇
同史惲諸君宿三里庵 …… 一五一
同荆振翔看雨 …… 一五一
題王孟堅讀禮圖 …… 一五一
讀松江沈孝子《尋母詩》同鄒
洛南 …… 一五二
淳安唐烈女歌 …… 一五二
題趙飲谷説劍圖 …… 一五三
無錫石門庵同嚴宋山、鄒洛南用
沈隱君題得古絶三十一首 …… 一五三
次南沙内伯遷居原韵 …… 一五五
咏懷古蹟分得泰伯墓 …… 一五六
奉和泉南内伯恭試賜䓣之
作 …… 一五六
内伯獎借拙和更呈二絶 …… 一五六
次朱九見贈韵 …… 一五七
題蓉颿《閏九登高圖》，次裕堂
内兄韵 …… 一五七
已凉天氣未寒時 …… 一五八
龍山訪菊 …… 一五八
帆影 …… 一五八
題朱翁爾愷竹林小影 …… 一五九
和人閨房僧鞋菊、僧房虞美
人詩 …… 一五九
賦得澤國風和雪尚慳 …… 一六〇

月中梅蕊和人韵 …… 一六〇
半園雅集即席分韵 …… 一六〇
曉泛蓉湖同鄒洛南 …… 一六一
又分得東字 …… 一六一
社集觀魚 …… 一六二
訪天鈞上人石林庵 …… 一六二
春城無處不飛花 …… 一六三
清明後社集東林分韵 …… 一六四
社集追春 …… 一六四
酒後同過雒圃，諸公因復有作。牡丹一本千花，高踰七尺，年年繁盛，不減雒陽。故雒生内伯署爲雒圃也，雒圃主人蘭其名 …… 一六四
追春詞八闋 …… 一六五
泥媪詞和朱九韵 …… 一六六
無錫華藏寺同秦一俟二 …… 一六六
咏洛南尊公所畫長卷十二種，即次其《恭和御製》韵 …… 一六七
題華文友孝廉《三瑞圖》 …… 一六八
題外舅秦丈人遺照 …… 一六八
聞某公病 …… 一六九
題孫孝女詩後 …… 一六九
喜通政内兄超擢 …… 一六九
夢復訪史進士於高臺村 …… 一七〇
送華進思赴晋安開府幕 …… 一七〇
社集壽石林衲 …… 一七一
盧煉師八十 …… 一七二
與俞秋亭道士至蓮峰，方丈茗話出所作《破樓風雨圖》並詩

次修浄土人留別韵 …………………… 一九〇
詩文集卷六 …………………… 一九二
詩六　携家集 …………………… 一九二
和樊榭北幹山謁武佑將軍廟 …… 一九二
和《泛舟出偏門至禹陵遇雨》 … 一九二
和雨宿卧龍山僧樓 ………… 一九三
和江寺 ……………………… 一九三
和曉霽入若耶溪，中路逢暴漲，不得遊雲門而返 ………… 一九四
和次日再泛若耶溪至平水，肩輿遊雲門寺 ………… 一九四
和雨後遊蕺山戒珠寺遂至怪山寶林寺 ………………… 一九五
和遊雲門寺 ……………… 一九五
和蘭亭 …………………… 一九六
和泛舟鑒湖四首 ………… 一九六
和人喜予移家來杭，用沈陶庵題石田有竹莊韵 ………… 一九七
樊榭原倡 ………………… 一九七
又得一首 ………………… 一九七
簡内姪婿杜補堂 ………… 一九八
儼亭内兄不忘舊雨，遠郵佳句，依韵報謝 ………… 一九八
和《西湖十景曲》用楊廉夫《竹枝》意 ………… 一九九
辛未正月十六日，與金江聲、厲太鴻、丁敬身登吴山晚歸分得七陽 ………… 二〇一
又和太鴻《紅綉鞋》 ………… 二〇一
附江聲作 ………………… 二〇一

和樊榭雪晴見柬 …… 二〇二
和泛舟河渚探梅 …… 二〇二
和雨中泛舟 …… 二〇三
夜宿雲溪庵分韵 …… 二〇三
張莊有感分韵 …… 二〇三
和肩輿至永興寺，雨中看緑蕚而返 …… 二〇四
集兩無塵庵，看緋桃，次張鐵珊韵 …… 二〇四
偕樊榭諸君北郭看花，仝用王右丞《桃源行》韵 …… 二〇四
附丁龍泓作 …… 二〇五
立秋節迎秋湖上次人韵 …… 二〇六
同釋大恒、金江聲、梁蕺林、厲樊榭、杭堇浦、周雪舫、范履園、施竹田、丁龍泓、家甌亭社集湖上，由下天竺尋翻經臺、三生石諸勝 …… 二〇六
冷泉亭待月 …… 二〇七
留宿三生庵 …… 二〇七
范履園招集湖上坐六一泉，次堇浦韵 …… 二〇七
附原倡 …… 二〇八
八月四日，堇浦桂堂叢桂盛開，用東坡天竺山送桂花分貽元素韵，爲甌亭五十壽，集者凡十六人 …… 二〇八
追懷趙五谷林 …… 二〇八
次江聲先生《七十初度留宿天竺》韵爲壽 …… 二一〇

樊榭薦種花人，詩以謝之 …… 二一〇
貸友書價 …… 二一一
題唐子畏《程一寧吹笛圖》 …… 二一一
題仇英《介象入閨圖》 …… 二一二
次舒明府集中調甌亭韵 …… 二一二
次周雪舫寄懷武林同社韵 …… 二一三
次陸南圻過宿留別韵 …… 二一三
冬日桂堂席上同舒雲亭、金江聲、杭堇浦、全謝山、厲太鴻、施竹田餞別南圻，分得先字 …… 二一三
次樊榭同游靈鷲韵 …… 二一四
樊榭招同江聲、堇浦諸君登瑞石山，尋丁仙遺蜕次韵 …… 二一四
雪莊漁唱題詞 …… 二一四
許復齋招集雪莊請題《嘿坐小照》 …… 二一五
二月二十一日，甌亭招同江聲、鹿田、東璧、復園、樊榭、龍泓、堇浦、竹田、復齋、静夫皋亭看花，以『舟行著色屏風裏，人在回文錦字中』爲韵，各賦七言古詩，分得行字 …… 二一五
附樊榭作 …… 二一六
悼樊榭十二絶句 …… 二一七
附樊榭《擊壤餘音》題詞 …… 二一八
樊榭爲余序樂府畢，因作《客帳夢封侯》曲，同人和之，余亦次韵 …… 二一九
寄巢詩 …… 二一九
擬晉人《苦相篇》 …… 二二〇

擬《大人先生歌》……………… 二二〇
擬樂府《巫山高》……………… 二二一
擬樂府《採桑歌》……………… 二二一
擬樂府《古别離》……………… 二二一
擬樂府《愛妾换馬》…………… 二二二
擬樂府《山人勸酒》…………… 二二二
擬樂府《貞女引爲性比邱》…… 二二二
擬樂府《春江花月夜》………… 二二三
次盧君備《三見贈》韵，時爲余
課子也 ………………………… 二二四
附原作 ………………………… 二二五
次韵息溟湖隄看桃 …………… 二二五
盧敬甫用息溟韵投詩，奉答四
絶 ……………………………… 二二五
春盡有感次息溟韵 …………… 二二六
息溟又叠前韵，吐音悽惻，因再
和之 …………………………… 二二六
汪晴江過訪，且用息溟韵投詩，
依韵報謝 ……………………… 二二七
概鹵湖口占同晴江 …………… 二二七
南圻書來，云已約玉井至杭偕
余酹樊榭像，復得六絶 ……… 二二八
人生 …………………………… 二二九
溪上 …………………………… 二二九
鏡裹 …………………………… 二二九
同人集桂花下，息溟用陶詩爲
起句見贈。因廣其意爲四首，
起句悉用陶詩。沾沾擬陶者，
去之轉遠。以不擬擬似反近
之 ……………………………… 二三〇

重陽後二日，友人邀飲湖濱，過竹素園看桂而返，玉岩表丈以『秋雲不雨常陰』分韻得陰字 …… 二三一
附梁溪詩社郵示作 …… 二三二
九日吴山口號 …… 二三四
口占約人游聖果寺，用堇浦詩爲起句 …… 二三四
附龍泓作 …… 二三五
春日步湖上次許初觀韵 …… 二三五
憶昔人『日短苦夜長，何不秉燭遊』二語，頗憎其躁，戲爲此詩，質諸自號睡庵者 …… 二三六
詩文集卷七 …… 二三七
詩七　消暑集 …… 二三七
金陵移梅歌 …… 二三七
梅花紙帳歌 …… 二三八
浮山禹廟塑《山海經》，禁西崑體 …… 二三八
建隆寺用沈傳師《遊岳麓》韵 …… 二三九
社集食笋限笋字 …… 二四〇
養蠶詞 …… 二四〇
打麥詞 …… 二四一
五毒圖 …… 二四一
寧獻王畫幅 …… 二四二
邗溝廟七言律 …… 二四二
附舊題《吴越傳奇》五絶句 …… 二四三
讀諸君《南莊野眺》詩，即用原韵以嗚企羡 …… 二四三
重九後二日社集看菊分韵 …… 二四四

集梅花下用香山詩爲起句 …… 二四四
松聲 …… 二四五
消寒初集，分韵賦七言律 …… 二四五
微雪初晴，集山館分韵 …… 二四五
分咏寒物得寒閨 …… 二四六
分咏詩事得詩魔 …… 二四六
分咏瑣事得濯足 …… 二四六
分咏秋花得藍菊 …… 二四七
覓句廊晚步 …… 二四七
冬日田園雜興 …… 二四七
分咏梅故事得佛塔寺 …… 二四八
分咏雪故事得暖寒會 …… 二四八
玉喦、備三諸君和余《夏雨湖寓》詩，稍鬥新巧，復次其韵 …… 二四九
道情歌曲 …… 二四九
翠樓吟 …… 二五〇
秋宵吟 …… 二五〇
凄凉犯 …… 二五一
角招 …… 二五一
徵招 …… 二五二
念奴嬌鬲指聲 …… 二五二
暗香疎影 …… 二五二
長亭怨慢 …… 二五三
揚州慢 …… 二五三
側犯 …… 二五四
玲瓏四犯 …… 二五四
書感舊集後 …… 二五五
賦得名山小别即千春，時屢約游台蕩不果，聊以解嘲 …… 二五五
小山酌酒，用姜白石《和轉庵丹

桂》韻……二五六
邀集玉喦諸君醉桂花下，用西崑體索和……二五七
戲書《相如傳》後，索好遊者和之……二五七
晚秋雨霽，范容安招同鹿田、蔎林、雲亭、壽門、綸長、竹田、敬身社集湖上分韻……二五八
詩文集卷八　雜著……二五九
一、文……二五九
《貽孫詩集》序……二五九
《西青散記序》之前……二六〇
《西青散記序》之後……二六三
《西青散記》跋……二六六
與史震林劄……二六九
二、擬摘入藏《南華經》……二七〇
逍遥遊……二七一
齊物論……二七二
養生主……二七四
人間世……二七四
德充符……二七六
大宗師……二七七
應帝王……二七八
外篇……二七九
駢拇……二七九
馬蹄……二八〇
胠篋……二八一
在宥……二八二
天地……二八三
天道……二八五

天運……二八五
刻意……二八七
繕性……二八七
秋水……二八八
至樂……二八九
達生……二九〇
山木……二九一
田子方……二九二
知北遊……二九三
庚桑楚……二九四
徐無鬼……二九五
則陽……二九六
外物……二九七
寓言……二九八
讓王……二九九
盗跖……三〇〇
説劍……三〇二
漁父……三〇二
列禦寇……三〇三
天下……三〇四
三、《老子》附證……三〇六
詩文集卷九　附録……三一〇
一、史震林文集史料……三一〇
與玉勾詞客吴長公書……三一四
與玉勾詞客書……三一五
與玉勾詞客書……三一六
二、其他資料……三一七
（一）诗序诗评……三一七
三、方志及其他史料……三二五
（一）程瓊……三二五

（二）吴震生……三三九
吴震生行實繫年……三四〇
曲名\齣名筆畫索引……三四九
曲名\齣名拼音索引……三六三
詩集\詩名筆畫索引……三七七
詩集\詩名拼音索引……三九五
校點後記……四一四

詩文集

詩文集目録

卷一　诗一《獅行集》（含《繹經集》）
卷二　诗二《熱謾集》
卷三　诗三《花骨集》
卷四　诗四《一醉語花集》
卷五　诗五《近有集》
卷六　诗六《携家集》
卷七　诗七《消暑集》
卷八　雜著
卷九　附録

詩文集卷一

詩一　獅行集

樂府詩

明周憲王能審音定律製爲新曲，自序云：『余觀《鹿鳴》等篇，皆佐樽歌曲，但以「聲依永」，故不必分長短句，皆可爲曲命歌。雖不似唐後拍彈曼吟無宮徵，要不及今曲之圓轉清越，日益精妙也。粤稽漢魏以來古法猶存，即唐尚以詩作歌。自太白輩有《憶秦娥》《菩薩蠻》等詞，遂違「聲依永」之傳，漸入腔調，律吕乃全。唐宋唱詞，其抑揚，即今南曲。自金元以彼俗行於中國，乃有女真體之作。而董解元等體，南曲而更以北腔。於是詩自詩，樂府自樂府矣！元人欲救當時專尚優曲之弊，集古樂府，而截然舍唐以下。蓋謂古之樂府，雖皆采詩入樂，然實無不可奏者。即借用古題，而皆易其意旨。如《董逃行》，言逃董卓，而陸機但言當及時行樂，無使徂齡坐徙之類，亦猶後世之曲用牌兒名，或並轉變其音聲，不復比撫其短長。亦如今之爲曲者，不妨取三兩牌名各摘數句，合而爲一新牌。顧其能叶律吕已，諧絲竹則同也。若唐以下之詩，率徒詩耳。即用樂府題字之義，各以己意推衍，亦不必顧其可奏與否。恰如今之王侯有名無地，歷下不悟，一切撫之，卒以句字古硬、今難成調貽笑。當知前人製作，後無不變。故今爲篆者不聞泥古，作草書者未嘗按楷體。本兩截勢非一致云。』

非但成周八百年，禮樂爛然宇内。漢武以群祀，故立樂官。亦采詩以爲樂，而命之曰樂府。蓋以四方之聲，合八音之調，結體散文，馳音騾響，猶雅頌之遺意，可以清廟明堂，宣天暢地，諧人鼓物，格鬼來神也。奈何日就泯没，師授莫明，徒見漢高武德文始、五行三候之製。與唐山夫人《房中》所歌之楚聲，輒侈以宛馬、白麟、赤芝等，但被管弦，概稱樂府，樂於是乎弗古，已漸流爲新聲矣！雖然，如鐃歌、横吹、和歌等，節調雖更，尚無非採拾郊童野老之風謡，擴摭匹夫匹婦之謳吟，總撮元臣碩士之規諭，以播之樂。自劉向造出一歌，托越人與楚王弟鄂君仝載，竟有今日『何日得與王子同棲。心悦君，君不知。許蒙羞以被好，極詬耻而不訾』。語意寫至男子自獻情欲，已出婦人之外。何怪澆而東都綺，而魏晋湎蕩妖冶，而齊梁以下之八國，遂盡斬立樂之本旨。以所採皆鄭衛之風馴，至瞽太師，變爲脚色長也。雖樂者心之動，爲人情所不能免，先王所以飾喜而風會日移、繁音日滋，亦審音可以知政矣！况又化而爲詞譜曼聲，婉孌慆蕩，轉相驅扇，妖艷成風。即組綬之夫，靚閨之婦，髫齔之兒，非此無以自媚，無以媚人，如嗜飴然。按曲思古，此何樂哉？則亦借題爲詩而已，豈得謂品在實甫、海若之上耶？

周衰，已有韓娥、綿駒等，並徒歌也。《爾雅》：『徒歌曰謡。』《廣雅》：『聲比於瑟曰歌。』《韓詩章句》云：『有章曲爲歌，無章曲謂之謡。奏樂而歌曰登歌，又曰升歌。』漢時有《相和歌》，本出於街陌謳謡，而吴歌雜曲始亦徒歌，後乃入於樂府。故有因地而作者，《易水》《垓下》之類；有因人而作者，《託五子》《譏華元》之類。寧戚欲干齊桓，以困而歌；項羽訣别虞兮，以敗而歌。漢武秋風愁老而歌。高子皋、皇甫嵩、岑君熙，俱人取其政治而歌。若魏武、魏文之《秋胡行》，又皆各言其事，不取秋胡之事，然發乎情則一。若以後世應酬世務之具比，則雲霄、菌壤不足爲喻，又何必以詩人之涵蕩爲耻乎！

五子歌

逸豫盤遊，爲羿所拒者。昆弟五人作歌，有『怨豈在明，不見是圖』語。讀家淵穎，閱諸子廿四絶，因有是歌。要以不見是圖爲義，而饒曹遵蕭法之望，欲發揮理勢之極致，以待千萬世無窮之用。

順服好利陳一指，役隸五家惠靡已。法不足治則用術，厥分一定不相抵。使民盡智人噬人，所隸知能半如豕。猶馬怒則分背踶，及其喜即交頸靡。外無所矯内全樸，毁珠摘玉宥偏治。無窺其情問其名，俗人皆不憎異己。不爾愛民適害民，偃兵正是爲兵始。鮑叔於家有不見，漫爾將人不數比。空思同所不能同，以不必必兵斯起。不肖實衆休尚賢，妙在知民不畏死。美羹養傭傭疾耕，惟欲可以勵官使。自是太公分肉技，主事日成人不記。知微而論制天命，渠欲不多難與易。明珠彈雀不及泥，佐世良材罕拘細。救餓以珠未如粟，須用文詞爲彼諱。肩摩踦切於俗一，四夷伊反能開地。務責不務所不責，管論去就教必計。四海歡然惟恐變，除非復用古荀子。

欲人必農僕餘子，便高廨舍非但仕。何殊仲父譽富策，不取高言與僞議。子女人君之棄簀，非天所設休疑忌。今乎婦女何足誅，論罪才將竊鈎比。愛均則不足動人，須將秀傑先羅致。以其所難禁所輕，論義之本誠在利。如此審權以操柄，使私其樂梟翻懿。啓一門以致其欲，塞諸道以窮其志。能言之類莫能加，何多智者嗤商子。

守要主强仝此機，使功擇人不自已。奪儉與惰吁必衰，旅新不惜翻君臆。內不開中難覺視，虛奮之學深堪恚。人輿三世民始安，師商又有韓非子。

止欲不能令弗欲，賢難爲俗治在勢。獨見在操約省分，皆可自爲休令忮。好施反是來怨道，舉賢非謂仝乎自。亡羊與牛則利爲，幾人寢説不言瘞。國奸國妖嗟名尸，要識陳言止於智。衆人以爾爲己桎，自是灾人致凶器。呴沫不如與歸湖，彼自有餘安用畀。使蚊負山寧有益，徒令巨盜趨持櫝。苻石輒將芻狗爨，周服難教猿獮衣。三王之迹既非履，吁嗟陳人空習肄。何必《洪範》與《商頌》，亦莫湮没小山子。

陳事有緒理一制，將文與政歸化理。王公無暇家脩禮，要由自敬禮之至。灼知聖道昌也潛，策訓不受隋遂止。賞愚寵儉補鄒書，食民以積斯管意。切實可行勝退之，載道爲書之後世。遺訓假飾僞成名，文同實違空遺悸。主憂莫肯與其害，皆由國慶專豐利，脅誣訖各行其私，斯人祧去文中子。

廣五噫歌

《三輔决録》：梁鴻東出關，過洛京，歌《五噫》，有『民之劬勞兮噫』句，肅宗聞而非之，求鴻不得。若余丁極盛之世，但言一己之身而已。

誤墮人世兮，噫！問所自而不知。聞有諸天妙喜，反將信以將疑。
群生歸盡兮，噫！血肉爲吾禍坯。既釀無窮病苦，還餘腐爛形尸。
哀哀父母兮，噫！修短莫能代之。甚者何曾逮養，思之總欲淚垂。
獨無兄弟兮，噫！重責教余委誰。使得賢明昆友，大雄容我緇衣。
眷屬假緣兮，噫！骨月（肉）知音古希。況被無常吞却，茫茫西岸市涯。

叠二

彼貪富樂兮，噫！更誇繞礠蘭芝。至竟冥冥泉路，一般倀倀何之。
争名奪利兮，噫！顯華崇騁如斯。我覺其愚益甚，軀尊形役靈澌。
九州廣闊兮，噫！緣何不能奮飛。恃積適足爲累，遠輸技藝身資。
胡爲虺蜴兮，噫！幸灾樂禍深機。安得隱娘一劍，復還太古恬熙。

胸無奇異兮，噫！自然萃祉承禔。抑又非生所願，嗚呼造物小兒。

鼓吹曲，一曰短簫鐃歌。劉瓛《定軍禮》云：『鼓吹不知所始，或言黄帝、岐伯所作，以建威揚德。』《建初伎録》：『列於殿廷者名鼓吹。』然《西京雜記》：『漢武祠汾，有黄門前後部。』鼓吹則不獨列殿廷，短簫鐃歌，鼓吹之一章耳。漢有廿四曲列之鼓吹，如《思悲翁》《上之回》《巫山高》《有所思》《臨高臺》《將進酒》等。而曹丕、孫權各令其臣，用諸舊調改造新名，以自誇功德。晉受禪，又改名，如《因時運》《順天道》等曲。蓋《風》《雅》《頌》亦樂調，區名邶鄘，亦今大石、梁州之比。以音不以詞，但取律調相尋，不拘拘詞句之增減上下也。劉宋何承天私製十五篇，則擬漢舊名而别增新意，疑未嘗得被於樂。齊梁人追擬古題，亦皆立義不同。老杜知詞可擬，而音不可復，集中獨無。元、皮盡補其缺，已屬無謂。今但即題字之義，而以新意擴充之，至於無可加，奚不可？

鼓吹曲

漢鐃歌之《朱鷺》，因飾鼓而名之。其《巫山高》，言洪波迅疾，無梁可渡，遠望思歸耳。齊梁遂雜以陽臺事，足見文章家例無定法也。今於無德可揚者有慨，偶以總署爲單題，非懵矣！

銅角原軍號，畫鼙增士氣。不是將軍不鼓吹，假借何時及文吏。文吏承平猶顫振，六孔交譁驚百姓。

無庵居士坐焚香，錞革喧天方可聽。糾墨鈇鑽令詩書，五尺自謂羞夷吾。章句坐守亦無患，群卿不揖吁可歎。出楊《解嘲》。蕭何律豈唐虞用，言奇見疑因異衆。上無所蔕下無根，鋭思宙外謚何存。沐浴太和氣不得，羊豖困身空屏息。見班固贊。豪家除夜鬧門樓，亦復鼓吹依更籌。鳴鐘里閈人望影，抽腸獠膽曾不羞。等似蛙鳴坎中耳，皆可自爲休付理。

臨高臺

西都雖已有上陵事，後漢章帝始自作上陵樂府。而何承天云：『士女追扳映濕原，爽鳩既没景君嘆。有生必死亦何怨，取樂今日展情歡。』《臨高臺》古詞言：『臺下水寒，黄鵠可射。』而承天則言：『仙道凌太虚。』謝朓但言：『倦遊臨望傷懷。』與古詞意並不必同。余則取宋人『憑高俯見萬界春，下瞰無邊春世界』意歌之。

臨高臺，臨淄億户君前排。荆南兆姓齊窺䡖，望春亭俯長安街。洛陽浮屠高有階，上頭堪蹲煉石媧。紛紛在下嫗扶娃，正穿羅襪横金釵。鶯生奥博膏粱儕，盡眼所到殊無涯。春風秋月入君懷，韶光淑景除烟霾。月仙緑洞疑書齋，香幃綉闥香痊哇。睢睇重將雙目揩，妍形秘狀娱魂骸。譎詞雲構義無乖，奇情欝起胸峨褱。既愈頭風又已痎，千秋萬歲不用埋。臨高臺，有高不據寧仙才。繁華空遣成飛灰，更覺人間劇可哀。八駿安能遍八垓，登峄空望西戎隈。不如臨此煩襟開，窗中春老嬉相偎。樓頭年少吁徘徊，玉山當晝胡爲頹。浴欄颺幔何皚皚，屏山誰家積雪堆。忽然灼見花中魁，六宫十院争比來。增益人壽消天灾。由來得士須升臺，不然汩没塵與埃。妄欲招仙胡爲哉，長嘯一聲唇起雷。

横吹亦北狄樂，自漢以來，總歸鼓吹署。其後分爲二部，有簫、笳者，爲鼓吹，用之朝會、道路。有鼓、角者，爲横吹，用之軍中。張騫入西域，傳其法於西京。李延年則因胡曲，更造新聲十八解。魏晋以來，僅傳十曲：一曰《黄鵠》，二曰《隴頭》，三曰《出關》，四曰《入關》，五曰《出塞》，六曰《入塞》，七曰《折楊柳》……十曰《望行人》。後有《關山月》《洛陽道》《長安道》《梅花落》《紫騮馬》《驄馬行》《雨雪》《劉生》等八曲。《樂録》云：『梁鼓角横吹曲有：《企喻》《瑯琊王》《鉅鹿公主》《黄淡思》《慕容垂》《地驅樂》《隴頭流水》等歌，其餘有聲無歌。南北朝時，横吹舊曲十四篇，惟《捉搦》《淳于》《東平》《劉生》有歌，餘並亡。然又有《幽州馬客》《慕容家》《高陽王》《木蘭》等，詞並存。

隴頭水

漢北多山少河，以冬春無雨，夏始微零，故流沙，東西却否。古詞有『隴頭流水，流離西下。今吾一身，飄然曠野。西上隴頭，羊腸九回。山高谷深，不覺脚酸。手扳弱枝，足踰弱泥。寒不能語，卷舌入喉』句。而陳後主有『隴水向東流，海氣旦如樓』，蓋渭水源於隴而此海殆。耶律詩《天山》《天海》之類，抑設爲反常語，寓言北方之强歟！漢武開回中道，以望西域諸國。余則見中『國人已滿西，猶有大荒徙』，實囿佳，微官較苦耳。

天水生成此大阪，其阪九回行脚蹇。馬蹄釘鐵習陟登，驊騮不得如風卷。崎嶇七日乃得越，除非蔥嶺尤高遠。連鼇突兀上龍背，形似累棋雲外㬰。動心最是隴頭水，雨澤爲源巔注底。汩汩循阪回亦回，磊區林阻盤嵬疊。山河不改世代遷，勢積形張廣麓連。安得一回爲一堡，沿波築壘護園廛。徙諸殷羨實其中，商賈流連百貨纏。秦稱陸海率多阪，曲江圓匝且遊叢。視隴頭，非其比。喜大功，推秦始。幾時復歌上之回，金輿淫樂不可見。微官窶客驅衛過，此神荒氣沮，蕭颯徒堪哀。隴高處有百家，下十萬户。回中宫，始皇建。

出塞入塞之曲

《西京記》：『戚夫人善歌《出塞》《入塞》《望歸》之曲。』而《晉書》云：『劉疇避亂，遇諸賈胡。爲此曲，以動其遊客之思，皆垂淚去。』魏武作《度關山》，亦言君當勤勞四方。梁戴嵩則但叙征人之苦。余讀《中興遺傳》，乃知世間不可無同甫之筆。以豪俊俠烈魁奇之士，泯泯然不見功名於世者，何多也！遂云乎爾。

前出關，今入關，日月爲君耀朱顔。前出塞，今入塞，草木覺人光盼睞。君不見，中行説，教會單于身不返。又不見，班定遠，闞得封疆年已晚。渠心不似陵與騫，又不似遼也先。奈何輕沙漠涉窮邊。北邊無人漢道渴，而有張元吴昊侏儞言。應爲胸藏萬世奇，欲因衆力還行之。奚心專一獨可教，堪與立法不我岐。權皇帝建九斿車，極尊還讓八思巴。人生但得如此供養兩弟子，何必自爲方足誇。聽我歌此歌，千秋壯莫過。笑彼韋家金捆馱，僅與交易稱賈（hua）。金捆馱，姑勿粲。征夫怨婦始堪矜，功成狗磔尤可嘆。

悲漢月

以擬子建之惟漢苦。古之關山月，胸中自有詩。故無蹈襲之弊。評者謂：構新情，豈常均之所企然。不然乎？

秦時月，照阿房。漢時月，照昭陽。照過相臺照建業，重到長安照李唐。回身復照洛，照汴照餘杭。鏡中多少風情稿，才華俊妙粧華好。千秋萬古一輪冰，奈何往迹都如掃。何似平陽埂，留著金蓮影。並彼代來人，而亦歸消泯。自從外樂禁增嚴，凉蟾慘淡入枯窨。内情不禁僅鄉里，月姊但看隨分寢。人隨分寢，國亦興亡。鼠竊狗偷，一貞半芳。嗟月娥，奈天何。因鴛笑，怨鸞歌。似因君已老，不遣更情多。爲娥試唤長陵黠后起，與君婉論當時所據之山河。

長安道

梁元帝《洛陽道》有『多逢秦氏妻』句，簡文《長安道》有『許史夜留賓』句，皆以南君羨北。余反其意，或以爲庚子山『思心委折非舊作，徒叙繁華』者比。

長安道，西京猷。洛陽道，東京籌。二京無窮濃冶事，賦之未盡非才流。仙李春風三百載，重爲全秦一華彩。挑燈讀罷《洛陽記》，元家猶頗能奇麗。自從安史化幽燕，耶律都來千數年。驕奢雖有麄疎甚，細膩閨情漸不傳。曾不如，低建業，小臨安。南朝舊有風流癖，夢華猶足萬年看。感此傷人今古情，韋莊懷古夕陽城。惟有功名狹邪路，比視蜂窠尤賤惡。嗜好逾猥品逾俗，不求兼室但求貨。

《相和》，漢舊曲也。絲竹更相和，而執節者歌。本一部，魏明帝分爲二部。晉荀勖采舊詞施用，仍漢名，謂之清商三調。歌詩即沈約所謂『因弦管金石，作歌以被之』者也。唐《樂志》云：平調、清調、瑟調，皆周房中曲之遺聲。清調高於平調，毛西河備言之。又有楚調《漢房中樂》也，與前三調總謂之相和調，殆如今戲場合唱耳。張永《元嘉技録》有吟歎四曲：《楚妃嘆》《王子喬》《王明君》並《石崇詞》，亦列於相和歌。又有大曲十五篇，分於諸調。惟《滿歌行》一曲，諸調不載。詞有『轗軻人間，何有何無。遺名者貴，師彼莊周』云云，附大曲下。

對酒當歌

魏武賦《對酒歌》。《太平》言政理人和，梁范雲則言『但當爲樂，勿殉名自欺』。魏冰叔謂：『天下學士泯然自甘，若蜉蝣之采其衣服。藉門廕者，侈然自大。』然其志初無所自立，苟且卒世於狥浮名者尤憎。

古人愛酒欲其昏，免對徂物傷凋殘。所以當歌，轉不歡歌。雖述至娛，翻面是悲吁。不如飲醇酒，忘却諸史書。劉伶李白呼與居。呼與居，亦斷腸。不能無醒時，一醒一損狂。抽刀斷水水更長，歌酒俱非延壽方。不如還將咬嫪代，雙物趨死如飛逃。鬱佛否則生生謀事佛。

將進酒

《經》言：酒過四，眷屬棄嫌。諸根闇昧，智慧漸寡，事業不成。《將進酒》古詞大概以飲酒放歌爲言。宋何承天則言：『朝會之飲，梁昭明直言輕薄遊飲。』余偶憶唐人『可惜當時好風景，吴王却不解吟詩』意，拉雜書之如左方，似較淳于髡説有河海之别。

將進酒，夫人執尊公執卣。夜草軍書掃群醜，營似無人驚漢狗。公綽知人家事謬，趙憙張嶷堪我友。戚媍宗媄心罷臼，稱恩萬福思前僽。處分機速毅而剖，自許凌烟名不朽。趙宗雙媛顔非黝，乞得元家舊瓊玖。女戎勝我言何有，海國咸來進姝口。孫搴韋氏寧爲厚，叱洛侯妻未嫌苟。赫連定婦皆歸牖，陳馮二姓婦姑抖。諸將嬌嬈全不忸，吴女作奴十八九。富商大賈皆兒某，高雞泊裏看王嫂。河陰下馬騎圍笱，慶之車前鄉里走。世充代閱皆鳳手，所質將家亦姿藪。國媛相隨盤旋走，敕婦縱觀辰及酉。于家女佾揚姿首，空閨努力加餐否。年年錦字今相守，大褚小褚教督糾。景宗長明操畚帚，風貌群臣供狎蹂。廂廊然燭通宵櫼，安能苦身同世杻。此際英靈堪十斗，事業無成家屬呫。當時一醆令人嘔。

長歌行

《古長歌行》言芳華不久，當努力爲樂，故曰『老大徒傷悲』。魏文則言仙道，陸機復言人運短促，當乘閒長歌，有『悲哉帶地川，但恨功名薄』句。子建擬《長歌行》，又名以《鰕䱇篇》。舊説《長歌》《短歌》，大率言人壽命長短分定，不宜妄求。余則願人使短似長，無使長似短云。接輿曰：『今福輕於羽，禍重於地。宜弱步清蹈，燭彼浮險。』王晋卿云：『萬恨千愁人自老，春來依舊生芳草。』忙處人多，閒處光陰，幾個人知道是余旨也。

苦哉來日短，翻覺去日長。芳草還生人自老，儂家舊有展春方。去日則誠短，來日須斟量。莫教醉夢過生死，及至追悔何能償。亦莫咿唔帖括向雞窗。函天蓋地好胸次，乃被此物輕消亡。亦莫乘車騎馬踏朝霜。掃門懷刺備醜態，有何樹立長匆忙。亦莫持籌握算堆白黄。陶朱智術孫吴亞，終稱錢虜多恐惶。有情且作閒文章，一味游戲休面墻。諸天沙界粧不盡，丈山尺水堪誇揚。有興且燒百和香，山谷一壺消孟光。谷有『老妻學飲伴清談，江山也似隨春動』云云。室非孟光須勝友，共笑李白昏酒漿。有致不妨攬群芳，花天竹地水洋洋。樂天當時愛歌唱，終爲世樂歸悲傷。寒爐煨芋夏烹蕈，何必腥羶充胃腸。廣厦千間悦僮客，所據衹此八尺床。暑刺白舫荷中央，高空覆水紅碧凉。偶一摩挲古彝鼎，亦莫溺惑成癡狂。放情蕭散顔師古，長墟通垣好林塘。春至秋來皆永日，冰壺月朗開兩眶。月是人間幽冶物，有月切勿先鼾僵。溽則挈伴登平岡，冷亦放教傾洞房。尤須莫問由天事，天高難與細商量。諦察蠅營鴛變者，志趣逼促身踉蹌。偶然乘風忽折檣，靈光倏落無何鄉。此活數十年，較彼百歲强，是耶非耶君審詳。

短歌行

魏武《短歌》『人生百年，去日苦多』，余則翻《列子》『百年猶厭其多』意成文，而末一句掉轉便使錦綉如土。

乘時徇地龍韜展，蹂躪群竊勢席捲。良平信噲咸鷹犬，滿帳盈營裸嬌婉。歡多却幸傷痕淺，崇本降邠恭客汴。避暑張園縱沈湎，仙人憫爾流光短。富貴逼人臣素願，開府封侯義兒健。邕仁丹景宗遵彦，齊涼妃主酬功眷。紛紜師旦雙眸眩，玉質髫齡潘衛面。俘獲由君恣貪孌，嘆爾精神去如電。據億丈城乘輅輦，儷盡寰中屋連棧。珠翠瑩煌天地轉，有色必搜無近遠。齊桓有管誰能譴，石虎年華偏有限。生者無窮爭及簡。王叡嗤愚飴蜜餍，王肅圖仇停樂膳。十六官爲奉宸監，撫事捫躬魂欲顫。没入内庭饒淑媛，時蒙勅賜橫羅薦。可悼可憐時遽變，家稱程卓饒財産。娶得文君百一選，纔過二十連分娩。嬌兒如畫行冠冕，青雲有路趺無跰。翁媪相慶抱相軀，中道殂亡遺厚腆。兄有朝權父諳練，性不適俗眈遊宴。衣糧具足僮奴便，山水難裁探未倦。恨不乘槎窺汙漫，古未到國皆看遍。白髮催人返鄉縣。短歌行，千古恨。費咿嚶，填憤懣。幾隊俳優幾場諢，幾人解向蓬萊遁。

相和歌詞中有比瑟而歌者，名《瑟調曲》。今率取其題字之義爲詩，並不必倣古詞之意，何況諧革木叶絲弦乎？不名以樂府題詩，而猶渾名爲樂府，殊當自笑其無謂如。

善哉行

此題古詞有：『來日大難，口燥唇乾。今日相樂，皆當喜歡。』魏文則云：『有美一人，婉如清揚。妍姿巧笑，和媚心腸。眷然顧之，使我心愁。嗟爾昔人，何以忘憂。』又云：『持滿如不盈，有德不能卒。君子多苦心，所愁不但一。比翼翔雲漢，羅者安所羈。冲静得自然，榮華何足爲。飛鳥翻翔舞，悲鳴集北林。樂極哀情來，寥亮摧肝心。』魏武則云：『自惜身薄祜，夙賤罹孤苦。抱情不得叙，慷慨淚如雨。我願何時隨，長嘆亦難處。』子建則《擬善哉行》而用古詞首句爲新題名，曰《來日大難》。今曲牌名中多此一例，皆本乎此也。然子建此詞有『日苦短，樂有餘，乃置玉尊辦東厨。今日同堂，出門異鄉。别易會難，各盡盃觴』云云。亦皆以出於諸集，未必可奏，不入《樂志》。

况古詩法壽樂歌，未始道佛事。而梁武更造新聲，則竟製《善哉》《大道》《天樂》《天勸》《仙道》《神王》《龍王》《滅過惡》《除愛水》《斷苦輪》十曲，愈去愈遠。余即賦得題字，亦何妨名以《善哉》耶！

真善人，照我以有慈無忍之膺，示人以殲凶殖弱之能。仁以遂飛旋動植之天性，智以翦爪牙角刺之憑陵。平生未嘗誇博施，畏仇嗔。專求無告，告能使不平平。孔子曾言，得見善人斯可矣。如此好老公，豈有人知哉？已既不言，超衆上世。或謗彼，矜殊才。自從作善，爲名使善，士久已無高懷。嗟乎，悲哉！甃橋建，刹善毁，短甚至。取多與少，猶作善人猜。

艷歌何嘗行　又名《重叠體三婦艷》

從來樂章封節，與詩章封節不合。詩可合一章，樂則斷無不解之例。如分一截爲艷，一截爲趨之類。趨，促急也。悠悠慢腔，聲相抑揚，今謂之慢。不知艷亦然否？蓋樂自爲節次，不以韵義爲起訖。雖古樂既亡，而樂例猶可彷佛焉。

《艷歌何嘗行》古詞：『各各重自愛，遠道歸還難。妾常守空房，閉門下重關。』魏文帝則云：『男兒居世，當各努力。蹙迫日暮，殊不久留。』是皆有艷之歌，不必楚歌曰艷也。余戲取古二題合爲一題，又以艷作字義云爾。

大婦衛家種，中婦富家姝。小婦雜傅婢，媪監亦嫻都。貴慰長饑渴（陸機爲顧彦先婦答：願保千金軀，慰妾長饑渴），日飲參一壺。大婦理簿籍，中婦主中饋。小婦司香花，兼督灑掃事。主人坐博覽，嘉饈酬腹笥。大婦習擊劍，中婦技尤工。小婦兼善騎，精於曳彈弓。主人挾數客，伺盜向湖中。大婦稽耕採，中婦催織綉。小婦善琴簫，厥婢諧笙奏。主人偶擊鼓，夔吼駭猛獸。大婦能吟咏，中婦善揮毫。小婦弄柔翰，丹青藝頗高。主人雜其間，寧復嘆無聊。大婦斗方醉，中婦亦數升。小婦烹佳茗，微酡便罷斟。主人且端坐，一一玩儀形。大婦戒濫交，中婦誡閒與。小婦言所見，狡陋難招聚。僮僕隔鈴下，亦令遠相距。大婦爲正冠，中婦爲更衣。小婦前進帶，媪婢納履綦。主人但照鏡，何德以堪之。大婦曰天寒，中婦請共衾。錦衾長八尺，小婦偎足跟。主人久罷官，亦不聽雞鳴。大婦暑命浴，中婦手相擠。小婦從頭拭，至足皆如法。衛靈試一窺，影合殊嬌恰。大婦臨上床，中婦爲易履。小婦媚中婦，亦曲中規矩。主人常靦然，莞爾深嘉許。大婦事軒皇，小婦背爲床。中婦持玉胻，徐陵諂孟光。主人營綉閣，冬暖夏窗凉。大婦結髮年相若，中婦陸續稍參錯。小婦分瓜碧玉年，先來數輩已脩碩。楚秦閩越各異音，主人顧之樂復樂。大婦父兄能護持，中婦耶孃日餉遺。小婦馳婼争承奉，柔屈勤劬並有姿。勝於禁臠多箝制，借問主人應屬誰。大婦嬌羞十分足，中婦姿形盡如玉。沓璧連璋到小婦，演出圖經幾千幅。或言素女即丹砂，主人但唱三丰曲。大婦愛霑中婦澤，中婦貪看大婦粧。一一憐才兼好色，草韤轉臭亦成香。主人煉作多情塊，不信人懷嫉娟腸。大婦胎珠姿愈嫿，中婦生兒眉似畫。小婦幾人猶豆蔻，蕉心初展中情怛。主人精細莫豪麄，締玩濃芳勝疊卦。大婦兒孫已服官，中婦娶媳好容顏。小婦後來俱抱子，無一殀病乃爲歡。艷歌何嘗行若此，非與貪癡俗眼看。

櫂歌

魏明帝《櫂歌》述先世征吴，故有『列舟紛旗幟，櫂歌悲且凉』句。陸機、簡文則但言乘舟鼓棹而已。余偶用唐人『抵死尋春不自憐，夢中猶上暗門船』意，而推極言之。暗門，巨艦後藏妓處，通一舟之底，日亦篝燈。

儂知爲客苦，特倚舵爲生。歡至如家居，何憚萬里行。張帆曳纜奴，俱儂自傭隸。視歡如主公，儂本無夫婿。儂多妹與女，非必皆一姓。同舟有十郎，枕簟互相競。向儂有阿姊，大道開攤坊。亦自雇奴僕，郎去堪徜徉。姊儂都善烹，專工飲與食。取郎金不多，翻得日封殖。求索若無厭，適以資別船。蕩子或傾囊，士客多疑嫌。郎若再來時，但帶花與粉。更要紅紵絲，金蓮與歡脗。儂舟連夜行，不遣前途賒。歡事人不聞，與櫓相咿啞。最愛小順風，微陰息耶許。儂當去襪舄，儘郎慢消暑。

决絶詞

楚調曲中有《白頭吟》，蓋疾人以新間舊，喻君恩之薄。又有《决絶詞》，亦出於此。故鮑照有『古來共如此，非獨君無情』句，香山云『豪家多婢僕』，東坡云『羞看一首回文錦』。今不擬此則已，擬則何能待斥，秪自咎其無地爲正。

决絶復决絶，勿復爲人妾。妾容鏡頗知，妾才不知誰。妾父妾母貪豪貴，賠産輸資以妾歸。君徒言，非舊閥，視之等輕塵。不遣明粧據華闥，裸裎日令居抱中，妾解爲君治院宫。妾使天妍皆進御，不教錦綺遮羞惡。妾將綵線綉奇葩，覆蓋亭園遺麗華。妾能胞胞生孝子，争以肥羜餍阿家。彼哉舊閥何知識，優孟姒任猶未得。望雲唧勒人習騎，擺仗頭高終廢斥。無鹽翻在深宫裏，李白當年欲垂泣。婢僕既多教别去，已作女冠清絶處。

妾薄命

古賦此題，妾字爲婦人通稱。余則實指妻妾之妾。故夫君未易得近者，但論女君可矣。

分已爲妾，敢篡敢獵。抱衾與裯，願偎願貼。賤妾視君若薺音，女君視妾等瘻嫫。賤妾捧君如明珠，女君視妾猶夷倭。妾願眠君玉趾畔，君眠不容妾近幔。妾無貳意君多猜，不遣夫君晝相看。主公舊篤伉儷恩，信妾才容不足論。妾身進由女君手，有悲無怨甘空守。誰知薄命加薄命，女君仙去新人進。新人貌遠遜舊人，惟有嫌疑意尤甚。往往誣言妾謗主，妾恨不無相爾汝。主公竟言妾慢上，至遣還家責無狀。婦人理，不二天。况本鄉，無高緣。不恨妾才容，公母皆不知。只傷出寒微，無地爲人妻。

清商曲詞則吴聲歌。其始即相和三調，並漢魏舊曲詞，皆古調。晉南，其音亡散。宋武定關中，收其聲伎，得江左所傳舊曲及荆楚西聲，總謂之清商。殿廷宴賞，則並奏之。隋平陳得之，因置清商署焉，謂之清樂。唐太宗十部樂，此樂亦在。天后後不重古曲。（女主而治，安爲非常事變？宜乎樂變亦非常矣！）工伎廢弛，於吴音轉遠，存者僅有《子夜歡》《聞前溪》《讀曲》《神弦》等爲吴聲。

西曲，則《估客》《襄陽》《壽陽》《江陵》《石城》《共戲樂》《烏棲曲》《烏夜啼》等，或舞或倚歌，雜出於荆、郢、樊、鄧之間，以其方俗，故謂之西曲。凡倚歌悉用鈴鈸，無弦有吹。及梁武，則改西曲爲《江南弄》，有『連手蹀躞舞春陽』句。又有《遊女曲》《陽春曲》《采蓮》《采菱》。沈約製《鳳笙》《龍笛》等，總列清商。

子夜夏詞

子夜，或云晉女名，造此聲者。子夜警歌無送聲，故呼爲變頭。所云改調歌上聲是也。《古子夜詞》有『歌謡數百種，子夜最可憐。慷慨吐清音，明轉出天然』『反覆華簟上，羅帳了不施。吹歡羅裳開，動儂含笑懷』等句，鍾、譚以爲至樸至俚，而至華、至蕩，殆以中有慷慨之意歟！于鱗亦有『暑服不掩體，唤媪及寒漿』句。余故集古語，爲夏閨詞以廣之。

稠霧結空樹，嚴氣集高軒。夕陰晦寒地，晨雨闇平原，苦騷蹙愁腸，姱容空滿樓。（一截）天凉秋水急，遥空澄暮黑。日火斜還冷，景移林改色。蟾影落江寒，高樓亦損歡。（二截）有些晴日照，十里暖風光。穠華春發彩，清鏡朗開房。雖被晴烘拆，嚴粧猶未摘。（三載）農莊對蒙密，蹊徑轉深斜。暄光遠阜赫，幽庭野氣奢。端儀選景餘，殊美絶快初。（四載）俗士重虛名，庸夫耽世要。賓從共矜驕，輿馬增誇耀。青驪歌尚遥，争使裙香飄。（五載）霧露隱芙蓉，見憐不足喜。無油何所苦，但遺天明爾。爲誰懸日月，豈是豪賢意。（六載）暑風最多情，吹我羅裙開。即吹歡裳開，動儂含笑懷。履色鮮殊衆，爲郎雙雙抬。齊梁履已逆填墻，巧爲鸞樣雙鳳凰。試看楊履散裙香，直欲萬世忘感傷。（七載）春風徒笑妾，我飾爲誰榮。多感緣情起，深情以體生。脩軀長比論，鮮妙兩難分。芳艷洽歡柔，回互非一形。意趣既相得，合沓紛可憎。同羞不設難，對哂更無嗔。粉光仍似面，朱色未勝唇。徂年停促慮，淚點自今晴。夏日彰微遠勝燭，一刻千年猶不足。盡眼凝滑無瑕疵，却願天地恒炎曦。（八載）美女兼香草，借喻君臣好。裳解履遺時，庶顯全身皎。萬古此風騷，邃意皆詞表。但憑清氣蕩熏濁，落葉哀蟬曲休作。

共戲樂

古詞：『時泰民康人物盛，腰鼓鈴盤各相競。纖腰裊舞會人情，觀風采樂聖壽登。』可見離却婦人，即無可戲。大復嘗謂：『杜欠流轉，又不似古人託男女。』故余托之，以戒妒焉。

婦性盡嬌妒，同居輒相惡，豈識人間共戲樂。即專夫室工歡謔，無人共戲終寂寞。終寂寞，過一世，孤陋寡聞空善忌。歡場無限殊尤事，懵爾平生就埋瘞。泉途欲戲却拉誰，尹邢所貴交相媚。休恐分甘棄環麗。

襄陽樂

劉宋竟陵王誕，始爲此，郡聞諸女歌謡而作。有『大堤諸女兒，花艷驚郎目。腹中車輪轉，歡今定憐誰。空手攬抱儂，貴得相纏繞。畏見多情歡，忽如提儂去』語。《估客樂》，則齊武所製。其布衣時，常遊樊鄧，登祚後追憶作歌，祗『感慨追往事，意滿情不叙』四句耳。使管弦之，且不能成。釋寶月爲人靈巧，試習之，便就諧合。梁改名《商旅行》，大概言市妓之相得。舊舞十六人。余則合兩題爲一題，亦無不可。

襄陽樂，俗兼秦楚洛。壽陽樂，潁蔡連陳亳。壽陽世刺綉，恒女無不學。襄陽俗織錦，鈍婦無不作。山南薪木斫不盡，鄧樊土習倉廒並。宜城女子奏何雄，暎簾並坐非渠輿。劉家彩艷甚神人，壽至唐初天禀勝。二州何獨樂前古，祇因售色多於葱。嶺户烟月如何成，作坊又因貨聚來。群估延安習獷俗，安夷晋俗勤忮多。岈阻人，心所安。樂國禁，不能圄。冷鄉小塢亦藏春，曠野豁原讓平土。香粉雜遝無休年，屣履纚沓無閒釜。南齊武帝據劉宫，猶憶當時估利豐。巧言險語舌傖獰，下人力學陶朱公。千秋豪伉讓估竪，日語額瞬嗤章句。唐宋還容畜官妓，後來漸次囚纓芾。遺山游汝掛彈章（遺山有『清汝風華地，春必萬金酬』句），衙官俱得持短長。有位不足勝齊民，不如心歷百貨作商人。

讀曲歌

憲王云：黄鐘歌，富貴情。仙吕調，清新令。正宫多雄壯音。商調感凄凉輿，大石調最風情，歇指調更分明，中吕高低韵。高平滉漾聲，陶寫天成。越調穩，悠揚盡，飄逸皆能。此言歌中宫徵清濁之殊也。宋袁后崩，百官不敢作聲歌。竊聲細吟，要是吟出依腔貼調，須識高低停腔，能待拍放揞會收拾之概，非吟其字義也。然《讀曲》古詞有『我色與歡敵，誰能空相憶。慎莫罷儂憐，餘花任郎摘』語。余雖實爲讀院本傳奇而作，然亦不離乎此四句之意。

又余唱白鶴子、天净沙、憑闌人等牌名，益知古詩亦曲。《白鶴》詞：『寂心無象染，實腹有丹成。丹實汞難飛，象寂鉛偏盛。』《净沙》詞：『山林遠膈紅塵，清閒曠世高人。日午幽齋睡穩，旋呼童子開門。』《憑闌》詞：『露冷池塘秋水澄，夜静松風音韵清。一天凉雨晴，半灣斜月明。』皆詩也。使今之作古樂府者，悉聯此三調，叠而成篇，亦何難管弦之有。

琵琶

衲故又何妨，遜新亦非耻。衹要色才情，三人如一耳。

西廂

儂生已枯地，歡有必榮姿。貪渠聊受辱，誰知卒被嗤。

牡丹亭

歡似倒栽柳，儂似玉樹花。生死死復生，因留此兩家。

想當然

渠與歡締結，儂方獲所委。歡雖終離別，一宵亦可喜。

雌木蘭、女狀元

儂詎不可武，儂詎不可文。持此邀歡重，誰恃石榴裙。

慎鸞交

儂苦貪歡色，歡偏吝一諾。儂愈重歡品，甘抱中閨脚。

憐香伴

悦儂即爲歡，豈在計雌雄。儂歡作鴛鴦，看郎施巧工。

凰求鳳

歡既才貌兼，儂寧競相共。王郎雖見逑，專房亦何用。

奈何天意中緣

欲界歡儂事，十九奈何天。袁娘前世因，不妄想他緣。

白練裙

歡名蓋秦淮，儂來自烏傷。所貪深解事，遑論老脚長。

女兒子

《樂録》：梁壽陽樂女兒子雙行纏、夜度娘作蠶絲平西樂，楊叛兒、來羅、孟珠夜、黄鸚樂、拔蒲等並倚歌，有吹無弦，用鈴鼓。余則采樂府題爲詩，以戒溺女。何必定以古詞『巴東三峽猿鳴悲』爲式哉！

李翰林白有云：『十子若不肖，不如一女英。』東家無女兒，有五子負債。恒嗔耶不死，耶死事人如僕隸，委櫬荒郊家不祀。西家無子但女兒，乘亂滅父仇，築墳與山齊，使諸義男傍冢棲。君但見，世間女兒倚婿供父膳，志士羞稱轉相唁。惟有此女倚智變，女能强立即勝男。克家何必不高髻，男爲流丐亦不世。生女兒子且勿棄。（無錫孫氏女以賣文兼醫養父，不嫁。有詩二卷，名《峽猿吟》。余爲梓行，且表其取意於樂府，以女兒子自命如此。）

舞曲，則周有幔舞、羽舞、旄舞、干舞、人舞。漢後，雅舞用之朝廟，雜舞用之宴會。有鐸舞、拂舞，率有聲，而詞不須可讀。漢高入蜀，賨人並趫捷從爲前鋒，定秦楚。高皇樂其鋒鋭，存其武舞，曰《武王伐紂歌》也。使樂工習之，名《巴渝舞》。魏文改爲《昭武》，晋又改爲《宣武》，皆名《渝兒舞》。隋文顧以非正，罷之。（晋樂舞奏魏武《碣石歌》。首章即『水何澹澹，山島竦峙』云云。二章即『逆旅整設，以通賈商』云。三章曰《土不仝》，言『鄉土不同，人性各異。則士隱者，貧勇俠輕。非心常嘆怨，蹙蹙多悲』云云。四章曰《龜雖壽》，則『神龜雖壽有竟時，騰蛇乘霧終爲灰。老驥伏櫪，志在千里。烈士暮年，壯心不已』云云。）宋《樂志》：晋楊泓《舞序》曰，自到河南見《白符舞》，或言《白凫鳩舞》。其詞似患孫皓之虐，而思屬晋。故晋改其詞，有『樂我君惠，振羽來翔。攀龍附鳳，目望身輕』語。晋《白紵舞歌》云：『輕軀徐起何洋洋，高舉兩手白鵠翔。宛若龍蛇乍低昂，凝停善睞容儀光。如推善引留且行，隨世而變誠無方。晋世方昌樂未央。』梁武則云：『短歌流目未肯前，含笑一轉私自憐。赴曲君前不思歸，上聲急調中心飛。蜚芳舞縠戲春風，如嬌如怨貌不同。含笑流眄滿堂中，朱光夏日照佳人。含情送意遥相親，嫣然宛轉亂心神。命逢福世思溢盈。（大抵心無二用，必須行者舞而坐者歌。故曰赴曲，言赴他人所唱之節也。若恃所執之物爲舞容，即埋没舞女之體態。如右所引《白紵》數十句，一句用不着矣。劉貢父《詩話》：今之舞者，必欲曲盡奇妙。又耻爲樂工藝，正謂：執物而舞是樂工藝。若令美女作樂工，徒效樂工所習，真俗不可醫之蠢物矣！）余謂：今人事事過宋，此一事獨遠遜之。古君臣或自舞，今僅以演劇代舞，亦有冠冕而串戲者。至舞花、舞燈，非雅非艷，不武不文，自鄶以下尤不欲觀。昔廉夫詩格好言富樂華侈。今人欲擬舞詩，當取隨世而變，誠無方句爲題旨，庶幾開後人之意識云。

談容娘　即《舞媚娘》

庾信《舞娘詞》云：『朝來户前照鏡，含笑盈盈自看。少年惟有歡樂，飲酒那得留殘。』陳後主又有『淇水變新臺，玉面含羞出』句。余意則特爲丈夫而妾婦者，命此一題。

千秋人笑談容娘，官人竟作紅粉粧。峨峨寶髻烏雲光，娉婷妠裊皎而長。麝裙襞積金縷香，履色鮮紅鸞一雙。上籠藕覆跟施墻，㛀到裙邊站堂堂。舉趾揚趺匝舞場，欲前故却袖翼張。忽起忽卧如迫忙，弄手呈姹刺眼眶。纖趨胡旋近癡狂，騰軀踴足欲横翔。跟忽反貼夔樣行，膝骨如綿巽木强。到頭更學合生郎，妃主情貌頻寫將。或嗔或笑或商量，穢嫚爲歡柳彧傷。不是脱鞋形類薑，不夭不曲天厭剛。憑何分晰子與姜。君不見，五經掃地飄纓侶，遥望車塵龜背俯。仰面看人似尪鼠，以頭搶地腰傴僂。雖然上殿身隱柱，人笑亦笑語亦語。有時媚色兼軟語，有時趨繩還步矩。各隨時好免齟齬，不以方圓辨良苽。相逢卻拊宣明肚，鬚髯戟張隅負虎。若論張錫容娘舞，猶是家姬佞家主。明學妖嬈畫眉嫵。

盤舞歌

唐王大娘能戴盤中十八人舞。王粲《七釋》：『七盤陳於廣庭。』張衡《舞賦》：『歷七盤而縱躡。』曹植於《妾薄命》題言舞有『齊舉金雀翠盤，能者穴觸別端，同量等色齊顔。裳解履遺笑喧，任意交屬所歡，召延親好宴私，恩深愛重難忘』語，言至裸私布穢，亦緣世情不擴。其分量所極，不止由面端。寄意衣中，見情而充。類至盡耳。如歌内娖字，亦用古而不爲古，用一端若幼于。志舞十二卷失傳，此歌殆索解不得矣！

古寵姬，必教舞，洋洋習習增柔嫵。泰交始解灣灣取，婉靡順隨如弱櫓，髀腹輕便由習武。可惜歷來諸舞譜，一概銷亡昧前矩。翠盤何代忽翻新，壯姣遴來嬴戴擎。一人頎妙立盤上，鮫綃不着明媌娙。舉臂艷於袖悠往，踴娖盤蓮厚貼金。忽然翹取一娖舞，一娖回翔竦峙吟。乍前乍跕如在地，倏左倏右疑閃避。戴人蹲跪渠亦蹲，戴人團轉渠端峙。首或踐地足蹈天，添上一人尤可憐。兩娖交纏兩娖用，兩臂交摟號肉仙。有時沓立進且退，有時高抱環盤駾。倒抱剛令唇嚙私，兒擎又似教遺濊。持人繞身若纏蛇，靡附如綿巧莫加。文武都施一盤上，盤中蹴踘尤奇衺。于頔誇女佾，相較輸淫泆。曹真踐鼓娖，紶露猶纖縠。嗚呼！裸嫗西京已有之，聽聲不若察形嬉。遺老娛情聊永日，高柳心悲世若斯。

人舞歌

亦名以《捉搦歌》非《捉溺》。古詞『小時憐母大憐婿，男兒千凶飽人手』等義類也。

由來能事各有主，昔氏造端君創譜。不知何時變人舞，蛛絲不著賞婦女。角妙捋材鬬手脚，犯脣入穴脚揮霍。脚犯人上手犯下，斯爲捷技臻神化。漸次從人骭腹登，或由屄背升巔稜。一娖孌立一娖運，弄人脣鼻侵胸膺。或坐青顱忽仰卧，四肢垂垂舞還磨。驟然孌立胸膺間，一娖犯⿱孔八如閒閒。彼人忽捉此人軀，有如羊侃持石夫。一臂挾脅一持髀，娖欲擊天頭劃地。如翻倒轉絶疾迅，一手持乳一執脛。持之上舂且胡旋，已方盤躚何豪健。抛將接住當哇哇，高舉横擎無不便。如提嬰兒臂兩踠，就呈私娖轟堂粲。俄而倒挾兩人躬，鬬其四娖捷於風。搦人輕似搦短戟，古來無此巧戲劇。

雜曲歌詞則漢魏之世，而詩之流乃有八，曰：行、引、歌、謠、吟、咏、怨、歎。步驟馳騁，謂之行。高下短長謂之曲。吁嗟怨歎，謂之吟。及陳而有《伴侶無愁》《玉樹後庭》等，則新聲之極也。故有名存義亡，不見所起。而有古詞可考者，則若《生別離》《長相思》及側調曲之《傷歌行》是也。古詞已亡，而後人繼有撰述者，則若《出自北門》《結客少年》、齊謳、吴趨之類。又如曹植之《惟漢苦》《思欲遊》《桂之樹》，鮑照之《君子有所思》《北風》《苦熱》之類，或用意命題，或學古叙事，則古固猶今也。

緩聲歌

古詞。本言歌聲之緩。陸機則言，冀命長緩，欲流聲於歌曲。余則用魏武『盈縮之期，不盡在天。養怡之福，可得永年』意，而笑其以『壯心故竟，弗克如願』也。

人言百歲後，傳者非紳紱，緇銖名級糞土疴（合顔陶詠太白詩）。有酒須緩斟，有詩須細哦，未成蔗滓姑沓拖。花須取次看，月須將坐挪，務盡其美休錯過。體金亦莫馱，長劍亦莫磨，技似安常勝換鵝（宋龐安常以醫交坡、谷）。蛾眉當審畫，鳳手教久搓，參差碧玉長摩挲。樂如同隊魚，少味失未多，蜜房各自開牖阿。閒談勝服藥，留宿看騎魔，幸逢聖主賜寬和。禪書終近諂，典引不妨頗，絶交辨命詞濤波。遇晴即乘騾，遇雨即放艖，麗山鮮水近峨沱。十年一狐裘，三秋稍綺羅，男女調𡋯政無苛（本王褒語）。飯後且徐行，夢裏不操戈，樂而忘死愁則麽。藏身若歸巢，葆生若護痤，壽命之士藏雞窠。偶荷樵夫擔，忽披漁父蓑，談何容易不著靴。面目雖似公，慈惻殊似婆，鰌鱓逃歸邵子窩。收此文章戲，往持活國柯，笑彼徒然夢寧哥。混淪音已少，王駱亦江河。李奇姑罷唱，爲我緩聲歌。

無歎耳！

歎老吟

《古怨歌行》：『天涯悠且長，人命亦何促。人間樂未央，忽然歸東嶽。當須盪中情，游心恣所欲。』《傷歌》則傷『日月代謝，知友别離』。《悲歌》則言：『傷悲客遊子，欲歸無家人。』今即免於悲、傷、怨，竟復不能無歎耳！

深愁緣欲老，老過更驚心。第一曹子桓，惆悵亘古今。自古皆悲恨，半有詩可吟。羊公亦可憐，湛輩更堪矜。樂天洎子瞻，感慨尤酸辛。空餘爛文章，老催未盡情。泉明與酒交，聊藉忘始終。發言雖澹永，見悴亦悲恫。吾性詎獨殊，亦合傷五中。萬萬隨化遷，何論知雌雄。如來諸世尊，枉自説苦空。無生必永滅，紿謂梵天通。誘使生存時，力省諸煩惱。此即世尊恩，豈有他權巧。儒言則不爾，所以難户曉。其實魯東家，方寸亦未嬈。可恨是青鏡，促我凋玄鬢。更顯諸醜狀，教消少年興。琵琶送一杯，不信真舒懷。可恨是高馬，顯我不能把。盡氣一著鞭，喘汗已如寫。摩挲偏髻姬，人則焉用之。少年無限人間事，抛擲東流帶眼移。空吟元美多情句，愛花身老妒花肥。我一吟兮，覺慘悽，豈學東坡更染髭。我再吟兮，隔墻人笑，聞聲猶覺應傷悲。吟復吟兮，僮婢悉聞，蠢愚翻覺我怪奇。高聲吟兮，四鄰驚起，中有俊物增危疑。低聲吟兮，精靈過往，謂我言然非懵迷。撼柱吟，聲澌澌，反沈思，取笛吹。豈少生當昏亂世，恓惶逃竄驚鼓鼙。豈少生在極貧家，駈驢拾菌味書詩。豈少生逢沙漠地，安知花柳相參差。豈少生爲貴近臣，趨朝視事無休期。爾即殘光半山日，堯天晴宇正舒遲。莫道秋場無意築，一日身謀且望晞。豈羨彘肥因得地，未驚蟲豸解緣梯。親朋喧詎慰衰暮，笑看年少莫沾衣。既不能學李遷哲、蔡瑁等輩窮愉怡，當如杜預作終制。司空表聖築生壙，呼賓宴友禎貽溪。始而噫，已而嘻，抱膝吟成兒嬉。

升天行

子建《升天行》，又有《五遊篇》，皆言人世不永，俗情險難，當求仙出六合外。余則因稟氣不足，神情傷悯，有三界俱是空花、人天仝歸一幻之感。

一恨生無劉胤長十肘，崔稜面目夷甫手。馬騰馬保固不必，如胤等輩亦無忸。二恨生無老羆萬斤力，啖彘一肩聲霹靂。敖曹地虎誰敢攖，萬里獨行爭饋食。三恨生無穆之目十行，五官並用曾不忘。枵腹粧嫫徒費黛，不然蘇白莫吾當。不恨不生陶朱家，父兄致金未足誇。不恨不生衛霍室，材殊豈少豪門匹。不恨不逢善誘師，連詞含意視天資。人何至被無塩憎，何顏更見洛川神。人何至受豸虱欺，鱉來廝踢也蹰踟。人何至比蠹魚苦，記性鈍拙勤難補。三德稱孤見莊子，愚陋恒民真可恥。卑卑笑殺薛元超，彼恨纔如蟣蠓細（薛有三恨：不進士、不娶五姓、不修史）。自今施色修寶塔，世世端正人歡納。生白身天身鮮白，目犍將弟窺闐闠。自今施力餐餓夫，世世武健休侏儒。空生亦復兼五欲，宮殿隨身大力扶。自今施辨潔羹菜，世世辨才得無礙。剛氣漸堪勝步履，五車將到非非界。閻浮惡魔天，樂天猶郡縣。分部落兜率，暇曼持忙，還要熏香事玉皇。將天妓樂來迎請，許我須教鸞鶴引。傳聞天正葬神仙，此恨何時方釋盡。

遠遊篇

尸身在沙界，所得幾何利。浮生在沙劫，所得幾何位。無如諸天何暇及，諸地實多不相至。四海復四海，九州復九州。入飯稷鄉謂無粟，入淵招獸太愚鲰。我生掌紋雖藻炳，累於窮累争遠遊。國醫不隨珍藥貴，膳夫豈有黄金周。溟寥子亦空言耳，終亦拘窘如係囚。忽然物化比浮漚，千秋傷感蘇子由。就使持節乘海舟，千人盪槳百丈修。十未到一將奈何，欲返難返留難留。幸有歷來四夷志，瀏覽聊且舒青眸。近益泰西諸載記，胸加展拓除煩憂。閒晏未能窺梵筴，且與王充論四洲。不然人生雖蜉蝣，豈有見聞止此甘便休。獨居能無怨造物，不生人足如驊騮。蚪髯力取一國耳，伎倆如此仍可羞。姑以卧遊當遠遊，風雨從渠撼小樓。

大言行

用子建《遠遊篇》中『大魚若曲陵』意，極筆衍之。

南溟有巨魚，黛白身千里。我欲乘之行，皮帳張脊尾。華燈大鼓吹，滿帳兒女子。炊黍具豐膳，鋪筵設床椅。醉卧越人衾，海國無不羲。東山有巨鳥，鳳羽鵬搏徙。我欲據之飛，天方片時抵。亦將諸侍衛，勇悍與柔靡。暮即宿其背，彈琴散憂痞。所遇不當意，回旋特迤邐。西洋有巨犬，戰騎與同傀。我欲令守門，曉夜伺凶匪。岷蜀有巨樹，我欲移抵沚。刳爲園丁廬，四面蔭清泚。女丑有巨蟹，我欲屋介底。一筐飽一户，不須籌粟米。如甕有巨桃，我欲勝參滓。一切虛實病，舐汁皆良已。西域馬高十餘丈，臨洮犨重千萬斤。或騎或啖皆有取，任我鋪張與排比。但恐尖鑿墮惡諢，又愁空誕汙人耳。直舉胸情調故佳，萬斛傾珠行雪耻（末句用放翁語）。

苦熱苦寒行

清調曲内《苦寒行》，魏武上太行作，備言溪谷冰雪之苦。《苦熱曲》，古詞，則備言炎海之苦。鮑照亦言南方瘴癘，故有『生軀入死地』句。余合二題爲一題，且言寒熱皆有因地者，皆有不因地者。

生長東南濕且卑，蔀屋半丈河之湄。土垣瓦礫色紫烏，泥壤泛潮難步趨。左右前門俱市屋，一區弓半猶不足。匹如襱襶作卑官，惡酒嬲人迎送煩。又如估舟人貨咽，交易相争飯將噎。夏日中原未爲熱，無天無地四時濛。蒙蒙欻欻老箐中，深流夜風旋幽谷。鼻凝清涕鬼欲哭，竈突煤烟濕漉漉。何異貧儒下第歸，霜天中路披單衣。亦似遠商頻折閲，江畔春寒飧薄糜。遭逢如此始難堪，穹廬積雪非苦寒。

相逢行

《相逢行》,一曰《相逢狹路間》,一曰《長安有狹邪》。陸機但言『世路險,狹邪僻』。古作此題,或言所遇兄弟車服之盛。《行路難》始見鮑照作,備言世路之難,多以『君不見』爲首。余特曲暢而旁通之。

收爨桐,買朱絲,相逢道是鍾子期。誰信全無師曠耳,箏琶俗調猶不知。帶長刀,裝短棣,相逢道是古劇孟。誰信黄金濫交罄,朱生見利形如獍。購秘籍,布雕章,相逢道是韓歐陽。誰信浮麄看史事,車前劉緦被雌黄。頗幽棲,近閒冷,相逢道是陶弘景。誰信豆羹能動色,背後流涎看畫餅。襲綺服,頂華巾,相逢道是潘安仁。誰信男兒能傅粉,休爲誇向卓文君。守蘭陵,不輕視,相逢道是廬州惠。誰信東鄰被鑽穴,澗邊丈母矜仁義。裝簡古,體翩躚,相逢道是精神仙。誰信詣娼餐大胾,洞寫腹脹神淹淹。俱貧賤,笑齷齪,相逢道是桃羊角。誰信能渝車笠盟,視物如塵己如嶽。喜清戀,愛碧波,相逢道是張志和。誰信遨遊原寄托,情存阿堵非詩歌。時慷慨,忽惆悵,相逢道是生瑜亮。誰信摇摇似颺旌,棄弱投强心膽喪。説高義,扇清風,相逢道是郭林宗。誰信夜眠多甕算,見人富貴眼珠紅。不酖人,小宫已,相逢道是羊叔子。誰信親朋偶託孤,吞噬肝腸卒然起。容壯偉,度寬柔,相逢道是文富儔。誰信忌才兼愛諂,定無功業可垂休。拒嗟來,斥管宴,相逢道是真原憲。誰信曾萌竊屨心,兼向牛衣誇嫪孌。今日相逢不如古,莫令點漆成盲瞽。若聞此曲慢胡盧,問君啓户出門無。

塘上行

古詞。相傳甄后作。而陸機則言婦人衰老失寵，故有『沾潤既已渥，結根奥且堅。男歡智傾愚，女愛衰避妍』語。余生江浙，誇所得見而已。

常憶吴塘與越塘，遊冶無如塘上行。沿塘花市迢迢長。玩好排門觀，不獨履與香。驚撼無波濤，平穩有橋坊。瀰漫遵岸緑泱泱，靚妝藻野人丰昌。不少金根車，置之遠一旁。步蓮不復微遮藏，息婦頎皎隨姑嫜。峨峨偉態性沈詳，何妄男子遥端相。中有俊媛年近老，似曾嘆息難重到。五陵愁碧已萋萋，龍虎山塘天下少。

側調歌

《古傷歌行》，屬側調。余於知友則以偏側者爲同調，蓋亦有所傷感而云然。亦名以《側調歌》，猶夫鼓吹曲之。姑取題字，不避統名。仄，側也。故竟體用仄韵也。

清琴不彈吹鐵笛，空雲裂粉纔舒氣。歌鐘不鳴習羯鼓，急於雨點奔千騎。作書不楷蠶食葉，字如瘦棘攢黑刺。寶劍不帶插匕首，晝遇不平宵一剚。籃輿不坐策高騾，一日能行八百二。文士不交遊技勇，毛錐僅解相文致。侯門不謁詣茅廬，易時未必非奇士。金珠不收取古鏡，照過無窮舊殊麗。錦衾不御卧稻盒，全家不信寒天地。肥甘不嗜煎苦藥，英雄須是嘗兹味。醇醪不飲呼火春，志願不得腸欲沸。嚴粧不賞視裸人，黑白短長無處避。名姝不近赴老咬，技熟形模得奇恣。螻蟻不傷搏狼虎，古廟深山中夜伺。歡笑不戀學悲悽，悟得浮生盡虚僞。川原不游尋僻徑，竹木鬱叢乃幽異。儒書不讀閲釋老，空言無證供游戲。白日不家愛夜談，邀客聯床窮意智。晴明不嘯貪聽雨，窗簷掛瀑連綿至。樺燭不燒焚魚膏，燈魂隱映常無寐。常史不温憐委瑣，長語讕言皆籍記。世間不少嵚崎歷落可笑人，倉猝難窺彼胸次。要非盲處俗物得同調，爾輩如狗初乳蒙蒙視。蒙蒙視，休猜忌。聽吾歌，知古意。

結客少年場

古詞。本言結任俠之客，爲遊樂之場。故云：白刃起相仇，被捕遠行游。去鄉二十載，復得歸故丘。九衢羅將相，車馬若川流。老歸獨何爲，撼轗懷百憂。余則覺郭解静『悍不飲外爲恭儉，不敢乘車入縣門』。感慨不快，意所殺甚多，尚不及遼也先輩之大。

朝覓張王孫，夕赴李舍人。某甲父兄賈多金，扶肩挽臂相追尋。吾儕今雖共遊嬉，異時富貴以爲期。福必共享危必扶，糾合不許他人欺。西鄰有翁鞠躬坐，噫嘻中壽彼何知。誰知澄河目，遠志半成灰。徵逐既紛拿，一旦成禍胎。對吏搶頭群委避，延年廣漢如風雷。西鄰翁，頷首招。壯士束身秋毫裏，妙如郭解不輕交。蛇志成虬先伏氣，長刀遮客客斯么。剛足決疑智析微，敏手擘華（山谷語）冰雪消。聞道魏群兒，楗國本奉詔。睡獸一動百族燋。聞道李秦王，成功以諸少。偶然湊泊斯英妙，豈有預憑歌酒相呼嘯。雷同復社獼猴跳。

行行遊且獵

梁《企喻詞》有『男兒欲作健，結伴不須多』，『男兒可憐蟲，出門懷死憂』，本北歌也。劉孝威《遊獵篇》亦曰『行行遊且獵』。余獨取《莊子·盜跖篇》爲之，且致不時不可之意。與《結客行》相發明。

郿塢未然臍，赤眉方掘冢。豺狼盡冠纓，兵鼓震關隴。時有高敖曹，倜儻非常猛。未肯拜蕭曹，羞與原憲拱。荒淫隱蓬蒿，師跖作虎踴。一夫可敵千，何須萬騎連。百數同心膽，横行中與邊。但擇瑕處衝，智使老羆眠。兼習蠕蠕雨，行遊一十年。秦晋豫楚吴，閩越各半天。州有長姣靡不獵，拼香棄雪皆留屧。肩輿裸載三十妻，叛卒猶然况豪劫。飫肥擇甘及村堡，秦牛肥膩酥勝雪。到頭徐福是依歸，公孫朝穆羞牙頰。訪徐福，居海中，何必相臺石季龍。坐殿括取民間穠，終教敵人四面攻。

大道曲

晉鎮西將軍謝尚嘗在佛國門樓上彈琵琶，作《大道曲》。市人不知是三公，率言桃柳中車馬。梁武願以名佛曲。余此篇約略近之。

途道輪回兮，佛作恒教，何吾外道。謂不經領略，何從得精要。坐脱立亡兮，禪作常解，何吾外道。謂難事昏疑，空欲情瀟灑。遊神集舍兮，道作切驗，何吾外道。謂渺茫株守，頑軀甘受殮。以多自證同自慰，盡此而已吁可喟。執諸名相説良知，所道争比人天師。不信人間有今古，自是空有金剛皴。渠亦有丹君信否，聊堪幽冥作糧資。不到離形能自主，遊魂變相成妖魑。若使仙人不見我，真覺明月空相知。幸而古仙頗相存，誘我遠學超儒泥。看渠運化輪筋力，濟險夷常死先逼。安能絶倒玉女側，況於游戲華嚴域。倘歌君子有所思，争免牛山淚沾臆。拙者安能斗筲役，饕蔬酤酪供朝夕。杜衍猶能破迂執，大道東西休面北。

起夜來

沈約《夜夜曲》：『月輝恒射枕，燈光半隱床。靈明向誰道，寧知心有憶。』簡文則云：『愁人夜獨傷，滅燭卧蘭房。只恐多情月，旋來照妾床。』陶弘景《寒夜怨》亦有『思來誰能忍』句。梁柳惲作《起夜來》云：『城南都有騎，月影入蘭臺。洞房且莫掩，悲君起夜來。』則來字是實義。余游戲所及，意宜出乎其外。

低迷思寢人，孳孳蹶然起。内懷殷憂輩，深宵猶未笫。惟有奇才與志士，中夜炊燈起環視。有個一掃一百篇，有個一舞一千跐。世有相知時有擬，便槖龍韜揮馬箠。其胸浩浩包滄溟，元氣盤結高嵬嵓。心欲獨出無古初，掃掩衆説猶遺矢。小詩亦復舌起雷，詩意清凉過於水。或則長刀身畔倚，刀重千斤若提匕。視彼豎子如螻螘，不求黄金籠下生，羊皮買死嗤百里。無此兩人心，静夜思尋履。金缸青凝照炯炯，定是頹思無偶比。顯面高棊承曲屣，彷徨自設矜旖旎。（頹思、顯面，見《長門賦》）

同生曲

古《上邪》歌：『我與上相知，此命無絶衰。山無陵，江水竭。冬雷夏雪，天地合，乃敢與君絶。』何承天直言：『上邪，下難正。濫刑，秦以亡。』沈約製《携手曲》：『所畏紅顔促，君恩不可長。』實本繁欽《定情篇》『苟自相悦，終自傷悔』云云也。

張衡作《同聲歌》，爲古今極口盡言之格，窮其筆力。故有『邂逅承際會，得充君後房。情好新交接，恐慄若探湯。不才免自竭，賤妾職所當。綢繆主中饋，奉禮助烝嘗。願爲莞與蒻，在下蔽匡床。復願爲衾裯，在上衛風霜。重户結金扃，高下華燈光。衣解香粉御，圖列枕席張。素女爲我師，天姥教軒皇。衆夫所希見，儀態盈萬方。樂莫樂於斯，没齒焉可忘』等句。

晋楊方仿其體作《合歡詩》，故有『虎嘯谷風起，龍躍景雲浮。磁石引長鍼，陽燧下炎烟。宫商自相和，心得自相親。我形與子親，譬如影追軀。居願接膝坐，行願携手趨。子静我不動，子行我不留。子笑我必哂，子慼我無歡。齊彼同心鳥，譬彼比目魚。情至斷金石，膠漆未爲牢。但願長無别，合形作一軀。生爲併身物，死作同棺灰。秦氏有至言，我情不可儔』等句。其『合形作一軀』，即《説苑》『訴耻不訾』之説，漢順帝禪位之意。余謂此不可儔之情，必因才貌起見。非但男婦，男與男、女與女亦或有之。遂易同聲爲同生，而且推極。非併身，不足取真愛之意。若唐人，此題則神弦中一，神號同生耳。

茫茫天壤，攘攘人間。情以人殊，理因代異。悠悠萬古，淚潸潸如。何竟有三數人，同天同世同心顔。思見雄俊話古情，心能鏤樸工雕頑。頗知好色傷大雅，取掇世艷皆心攀。無論直趾與高鬟，可憐衹是隔關山。欲往迎之水幾灣，忽然合併終夜談。如彼伉儷相呢喃，王立崔慎趙荆三。彼此見識均超凡，君容我貌共所貪。爾慧予才皆可眈，奇謔極浪絶不慚。千年一昔斯已酣，龍糜鳳膾何足饞。如餳似醴未爲甘，靡膚屬體有餘婪。目鎸心入疑癡憨。彌時其詎幾，慘此世無歡。四體助深悼，兹形將不堪。初歌携手曲，闇塞尚可删。旋賦定情篇，滿室俱醃醰。新詩百首相和歌，黄金紫玉烏沈函。留贈無窮後來者，寰區遍地教模寫。

獨搖手

梁吴均《大垂手》《小垂手》，皆言舞也。故有『折腰應兩袖，頓足轉歡巾。羅衫恣風引，輕帶任情摇』句。東坡云：『吾昔有見，於中口未能言。今見《莊子》，得吾心矣！』『亦不得乎世。而以文詞玩世，則必爲世所不敢道意。』蘇天爵云：『今人作詩文，或擬樂府，正如童子鬬草。彼有是，我亦有是。』或云有作者風，殆不欲遽相斥笑，姑爲此以諛之。余則固不受諛，亦不受斥。

書展專門之曲，論江山粉黛闇然昏。上蔡諳欲性，反議鄰侯村。君心依舊春，惟堪令閤聞。令閤聞，固生機。五噫歌罷無聊賴，不覺春從案上知。情殆不能如是盡，僞更不能如是醫。人有秀貴，物有希奇。各有分宜，奈何一之。一之以格令，上壁非人徑。精益求其精，義蘊似無剩。百鳥馴，一鳥逞。百獸服，一獸憬。盜君之戈刺君癭，君乎君乎將抱頸。安得天河變酒胭脂波，不論愚智，飲者胥融和。嗚呼！生蘴在樹謞已久，南華仙人獨摇手。

郭茂倩所選樂府，並唐後俱在。則有《昏恣淫慝》《胡無人》《福順樂》《香初上》《歡好曲》《難忘曲》《登樓曲》《登山曲》《泛水曲》《送遠曲》《有女篇》《遊女曲》《望行人》《娥眉怨》《若之何歌》等題。或謂既已不能入樂，但如時人集中衹作五七古自可，何必用樂府題。余曰：豪淫鄙倍，有皆本古意者，非樂府題，即不得然。故胸有所懷者，必不肯廢此體。然既已名樂府，而實徒詩，則或古之題，或今之題，或人之題，或己之題，尚何所拘限耶？因悉録舊作於左。

相思曲

《長相思》，古題，言行人久戍。昭明則正言相思，又有《千里思》亦然。夫雋骨發艷彩，始是六朝。故抽思接慮，多所經畫。而中無意緒，即不能發。又或夢中秘事難與婢言，雖日多所縱變，要須獨闢意境，務去郛廓。余翻《高唐賦》『上古既無世所未見』意，製爲此曲，雖堆垛死尸不悔，然非宋人曼章一類。

我所思，衛莊姜。謔浪豈嗔嗔笑傲，肯教緑襖掩黄裳。我所思，玉真主。一洗劉家傖悍氣，道情飾貴堪相語。我所思，故大家。得與和憙相習狎，不數宣文坐絳紗。我所思，參語諾。西漢婦人習黄老，故於世務能斟酌。我所思，野王君。庾文君且輸伊樂，如君等輩最酣春。我所思，裴婦健。性能强立不相離，自辨行裝能善便。我所思，赫連躬。堪作堂堂陸家母，衛種長白傳無窮。我所思，綉旗將。英雄不減符毛后，負我能行堪倚仗。我所思，建德曹。兵多未肯衣羅綺，又勝薛舉婦凶豪。我所思，謝道韞。雅人深致服心神，手劍還能洩郎憤。我所思，汾州楊。致財翻應朝廷急，億萬皆由彼手創。我所思，劉三妹。才鋒色彩若神人，遠至唐初渠尚在。我所思，盧瓊仙。北魏宫中多女職，何如劉晟后妃妍。我所思，齊婁逞。變男子服仕揚州，老嫗如斯堪一挺。我所思，韓蘭英。有膽能文工自獻，彼於劉駿且知音。我所思，仁基女。呈身自請作充華，不屑專房作民嫗。吁嗟乎，悲哉！我將思，男子同類易相觝。不見相知人，但見古墓圯。思婦如蔓荆，蔓延不可耕。身非黄鸝子，促景悲徂齡。神仙不道全無有，飛瓊自挽雙成手。正憂我未脩天趣，安得與伊同處住。十萬玉女一丈長，自顧么麽不足當。惟有思量到泉壤，他年入地謀吟賞。諸類之外饒嬌嬈，淑姿秀體嚴幃包。床上故書前世夢，安見多生衾未共。無慚無愧想連持，惟見妙好寧知非。一片柔情如水弱，西惜東憐無著落。年移代去感精魂，豈能酣暢萬古情。血軀鄙執多邪妒，腸臟盥汙非粹玉。世休謬解相思曲，要補平生所不足。長明燈下絶生源，已斷色聲香味觸。

長門五更轉爲楚服輩作

從娘得女伴，修夜無寂寞。譙樓未一更，已就衾裯樂。滿衾脂粉香，靡體酥綿弱。玉趾即了字，何須勢搥卓。三更話轉多，染語驅睡魔。兼亦論兹理，靈犀舌底過。旋復顛倒寢，遷延已四更。妙蓮通鼻觀，微妙自然生。拭肢如濯藕，把乳如瀹卵。五鼓始酣眠，女長男所短。一似有六更，纏綿不肯起。爲待紅窗日，照此雌連理。

慷慨歌

老萊諾楚王，妻曰：『妾不能爲人所制，正恐無麥君之足耳！』余故云然。

生世當如肉飛仙，蹋壁直上千尺竿。又當身如鐵猛獸，長戟倍尋鋼射透。日食一牛何足張，剔人騰上不由槍。拊床一呼雙盜殞，挾獅踰墻拔角哂。還須健踰麥鐵杖，天涯容我雙足放。報國堪司旗鼓矣，三魔至地死生以。既然緩急仗吾儕，寧教醉尉見呵來。居室纖瑕招詬誶，古聖人爲名臣諱。君不見瑯琊吕母將仇剸，五女猶能同赴義。豈隨宋子與齊姜，盡作田家掃除隸。高鬟尚作猛將躍，襲門駭溷令嘲笑（宋玉所謂雌風）。受制刀筆誠非夫，伉情决語歌可夫。

英雄樂

余觀古人全集，乃知儁老鴻生中，有崇深宏勝之骨，未可以嫚褻捐而奇誕詘，未之逮有志焉。

將登竺嶺無春嬉，欲渡蓬萊少厥妃。既已不往東，又不皈西。人生苦，苦莫苦於卑且微。啓口動足便罹網，抒情寫志皆蹈機。彼躬人欲口天理，吞聲暗服甘受紿。遠古英雄窮樂境，誠有其才不失機。金多位極人已老，刀頭取辨無淹時。更有英雄姑忍屈，後出者强先衆非。情見弊露猶破竹，連雞併鼠隨展施。茅廬擬定新格式，竟付蕭曹遵用之。豕安芻豢傭共羹糜，有何肥甘不足體。掃除之子千姜姬，乃推大戀收秀傑。爰將清静肅威儀，仙釋聞聲俱頷首。教遣青鸞取若歸，須識書生别有樂。日日太平理頭脚，孟光賢明足偎托。皜棊自韵膏脂婥（膏人、脂人出《素問》），寄心有所免蕭索，亦焉用城社著，亦焉用啣鉗約。

恨無媒

我思佳人，乃在瑶島之西隅。尊貴且嚴重，年華已邁逾豐腴。群真擁，萬靈扶。三灾五福視伊符。頗聞厭寡鵠，嘿欲求兒夫。不奈元君意，妒向毾㲪趨。上元加謹畏，未敢冰上驅。我思佳人，乃在遮須之遠國。主此國土者，才情雙絶華顔色。嬪妃鈍，嬙媛黑，復擬衡茅遴内職。頗聞知婉孌，兼亦容袒裼。其奈謁蹇脩，欲饋無秦炙。衆妁笑掩扇，孅步賣盤辟。天壤豈是無奇偶，化女化男技空有。梯仙無穴雲無階，箕踞横陳是誰某。

試履行

分題賦《閨裝》得此。

柳子厚『薑芽盡是捧心人』，喻女手也，而喻未弓之女足尤肖。

屧響全因祇墊跟，不弓何取後爲䠧。因識西施亦弓足，姬姜裙底已堪捫。頑人雖未言迫袜，約縑已久秘辛載。墮履遺鞵醉短髡，若現薑形孰能耐。抱朴戲婦規其足，非弓何規應嘿會。湘東也道巧爲鸞，鸞形雞似理須觀。晋世重臺想亦爾，分梢聊便短長間。梁代逆填墻試履（王暕有『試履逆填墻』句）。逆字全因墊跟耳，浩態狂香纔醉心。纖却能長故如此，明德和熹八尺軀。亦無甘似騕騠理，致光所謂緻而圓。圓即駢枝拳倒詮，宛轉翩翻成玉筭。以其身拳抄斯尖。今人事事錯會古人意，即此一端亦可譬。萬途皆有匠傳來，此藝獨無人悟至。新巧争馳墮險俗，側篇不免爲人棄。必將雅正律詩情，幾將訓詁代謳吟。好遠兼會今何人，廣恕通方乃許聽。（觀此，應知世間之事，非但人變人法，勢有必至。即以人變天，亦有理不可磨者。）

賦得玉樹後庭花

即遺山『六朝瓊樹掌中春』意。

天壤生花預生樹，楊柳腰身最豐嫵。大則數抱小栱把，枒枝得風都軟㛹。誰誇萬幹與千株。要識樹身原有玉，挺幹成圍固奇絶。穉弱苗條亦生趣，枝分上下曾不繁。不待風颺工躧舞，自然香氣勝沈檀。温柔比玉猶嫌錯，人間除此總非花，紫薇酷愛人搔爬。若論牡丹尤艷然，濃葩細葉當丫叉。皤桃欲熟魂銷盡，願剖青門五色瓜。瀼瀼零露滴仙掌，叢芳穰蕚藏深窪。會家須是顛倒看，何妨抱得玉欹斜。玉蘭差可參玉版，似蕊頭花更足誇。非比么荷將葉喻，微頳遜此蕊含霞。解知此曲惟玉茗，爲儂唱向張麗華。

樂社曲

出來幾處未還家，閩中花異秦中花。既得蘇蕙書，便令忘𡟤㛹。書來道及分社鲊，所喜他鄉亦有社。亦有社公母，聚淳於握胎。偷墜履大嫂，抱兒牽齔女。牽齔女，拜高禖，更祈將相之靈胎。且願州州歲豐稔，到處輸金共醉頽。

怡神調

容成抱鼎於黄山，經文圖勢多且嫻。當時素女爲儔侶，優游俯仰於其間。有眼勿視藍田玉，有鼻莫嗅甌峰蘭。但將一把女香草，招致元君置履灣。人間柔曼亦傾意，意態雜惡誰真智。惟餘清絶玉天仙，堪與同床論煉氣。如雲滿身得自由，分身出神無不至。蘭香自挽雙成手，未卜何年共飛至。三五個，董雙成。八九位，樊夫人。酬酢紛紜真妙喜，猶恐來凡渠俗情。争如獨睡湯一醆，霜鐘擊曉最怡情。

宛轉歌

英雄亦知色是魔，無奈伊人宛轉何。純狐當日獨不死，苟活全憑用柔昵。息婦無言却有兒，料工流目非裂眥。如何漢帝終戀戀，難描阿母情綿纏。柔性能剛僅皇甫，遇勸存勖安有吕。上陽宫中力士息，詔貸應緣解歸暱。滎德依依勝昔年，足雖稍大亦堪憐。不因巧媚能奇黠，奉仙安得專生殺。君不見，楊安兒母年八八，脂粉膏油善塗刷。三言兩句强邀歡，滿帳義兒誰忍㓞。諧臣媚子術皆爾，不獨釵弓計如此。當機有决古英君，不容宛轉揚羅裙。

攤坊春

簡文云：『當爐設夜酒，宿客解金鞍。不知心恨急，翻令衣早寬。』余此作亦其意。時在山西。

劉郎未鬚鬚，赴選入長安。野行初寂寞，店宿乍蹣跚。久與玉人别，誰念衾枕單？日暮停驂休一肆，寂寥尤令客心寒。誰料蕭晨遇温律，唤他如夢亦奇歡。倚劍初疑一偉人，已擬文章謁後塵。乃蒙祭酒邀晚膳，袚去寒酸已五分。何况偉人貌華腴，照耀微軀氣欲吞。開口便言請抵足，亦拚從伊綉被宿。驚絶雄談正醉心，雙勾巨麗勾魚腹。急挽瓊枝把握之，翩翻大屈拳柔荑。徑及垂腴與胃廓，隆隆悉異尋常姿。偉人亦遂施手法，㥾動如天安可持？身遽相加口問故，君得歡耳知何爲。人上彼上俱宜稱，任前任後隨情性。吮玉含丹令抑堅，染語咬言竭才應。萬劫千生難兩遭，千秋萬古誰珂並。李祭酒不言來歷，再執手却弄男子。如嬰兒適志，如君世希有。從今更惱王霞卿，復笑殷彝空泥首。可憐行人夜夜費金錢，僅買村姝傖嫗眠。

叕漁家樂

廣山谷《新婦磯》《女兒港》意贈閩客。

漁不在揚子江，漁不在鯉魚浜。利舸全湖深曲處，千叢蘆棘蔽朝陽。纔聽人聲已回避，旋轉無窮曲折藏。漁不在堞樓前，漁不向楊柳邊。堅艫直入大海水，隨風所至但觀天。有時載貨入諸國，曾無留滯心悠然。漁亦解靈符咒，漁亦具好身手。持桅似箸，遇凶人，打入洪流若無有。漁亦畜雞與彘，漁亦工釀與味。賣魚得錢易珍錯，百物盈箱良藥備。漁所造艙平闊，漁所住房高匝。夏蒲冬稻藉尺餘，雪楮週糊香間發。漁之衣，惟大布。漁之衾，惟厚絮。瑪婦收來作水工，同理網罟施釣具。漁奉諸母生孬妮，姑姨婼妹貧來倚。外�內屬各分船，媳口依期往相比。漁家息婦就姑舟，濃粧髻樣皆奇尤。婭姒姈連都一例，贅智還多靳袖羞。漁墳依島高十丈，不上官糧無篡葬。漁死諸婇壘一垍，汞陽貫竅陶棺螘。漁師家法殊自別，古律今科皆莫紲。漁父看盡好雲霞，風雨陰晴都不嗟。歌曰：興，亦是百姓苦。亡，亦是百姓惱。祇有穹廬逐水草，差堪仿佛無拘撓。猶恐英豪召作兵，道輒訴説漁家好。

江左詩律屢變，至沈、庾始以音韵相婉附，且精屬對。顧齊梁體，終於非古非今，别爲一格。古今體之分，寔成於唐之沈、宋。知之者僅有馮虞山，而王新城得秘授，其古詩别有律調，且熟全史，參經義，或感時，或緣情，皆以興會爲主，行乎不得不行。寫景又能若遠若近。嘗述牧翁關西文翔鳳，新奇險譎不從繩削。如魔王波旬〔一〕具諸天相，能與帝釋戰，而宫室遇佛難免震壞。荆名士所選，如摩登伽女淫咒，聞者皆爲所攝。固皆邪師外道，别有門庭，終難皈依正法。要之，風人心曲，與訓詁肝腸，迥不相同等語示人。而最不喜今人作樂府。以聲失義起，樂府熄矣！况乃今人絶無寄托也。謂風騷後有樂府，猶詩之後有詞曲。聲聽之變，有所必趨。情詞之遷，有所必至。譬之今既短衣，誰堪服古大袖？竟作填詞自可，何必擬樂府爲？

余按：陳后主自作《後庭花》（太簇商曲），已有『妖妃臉小花含露，玉樹流光照後庭』句。隋樂正白明達所造新聲，亦既掩抑摧藏，哀音斷絶。煬帝又因開河而製《水調》（商調曲也）。至於但有去聲，殊無回韵均之樂府，而吐詞輕艷，寔漸類今之南曲矣！雖李賀樂府數十篇，雲韶諸工尚能合之弦管，想亦如今之曲牌名。《小秦王》竟是七律，必須雜以虚聲乃可歌耳！下至今粤東之木魚歌，往往如《連昌宫詞》之類，至

〔一〕旬，底本作『甸』，據意改。

數百千言，每空中位以起止。蓋太簇調而第以三弦合之，不過如今謷詞促彈曼吟而已。

惟是趙廣固有云『千頃之波，不可清濁』。作詩必使後世知其人，兼可以論其世，乃爲止乎禮義之尤者。若今之以詩文爲傳舍，字句爲過客，或餔醨糟，或掠影響者，烏測其志之所在，安所得而知之而論之？吾第問吾之神與形，倘讀之神形超越衣冠，聽人之指似可矣！元章唐裝依然米芾，苟神與形優孟矣。誰謂宋優劣於唐優乎？則取南北曲而游戲出之，固我也。即用古樂府題，而游戲爲詩，亦復我爲我也。小華山人自識。

顔注《漢元紀》，度曲，度字作大各切。五季後，樂家多爲新聲，其音譜轉移，類以新奇相勝，故古曲多不存。惟老工大曲，往往猶是唐本，而弦索家尊之尤嚴。故言《涼州》者謂之濩索，取其音節豪嘈。言《六幺》者，謂之轉關，取其聲調閒婉。而言散序，則多攏撚。唐起樂皆以絲聲，竹聲次之。以管色起樂，蓋始於尚南曲耳。大抵唐人歌曲，本不隨聲爲長短句，多是五七言詩。歌者取其詞與和聲相叠成音，各句雜以散聲也。易安云：自沈約、謝莊於四聲中又別其清濁。於輕重浮切間，五字首尾皆濁音，而中一字清者，曰蜂腰。首尾皆清，而中一字濁者，曰鶴膝。然詩僅以平仄爲韵調者多。而詞分五音，又分五聲，又分清濁輕重，非如始初填詞，只填其字句，未並填其聲也。荆公作小詞，人必絶倒，不可歌，故即山谷小詞高妙，亦非當家語，只是著腔子唱好詩。坡嘗謂歸去來詞不入聲律，稍加增損作般涉調哨遍，然自知三不如人棋酒唱，故其詞多不入腔。正不如柳員外能變舊聲作新聲，語意俗下，却甚協律也。四六且須裁翦，經史語不可用，全文如上天之載，無聲云云，況詞曲乎？

昔人謂練句太過，意必不足。詩文欲高雅，平淡無雕鐫。氣欲其好即非好，故怪麗之甚，不如清奇可愛。然《漢書》華贍而緩，豈若七國壯偉而逞。又如《新唐書》者，正以雕鐫文采太過見劣。若天后欲得一好人任用，《通鑒》改爲奇士，《新書》改爲奇男子是也。故韓文以有意爲而卑，杜詩以無意作而聖。山谷云：『謝、庾不及陶，以有意於俗人贊其工拙。況凌夷至梁陳佻巧小碎已極乎！』樂天云：『當韋蘇州在時，人亦未甚愛之。』東坡謂：『浩然如造内法酒，而少材料。在海外絶無書，適黎家有柳文，日夕玩味，乃盛稱焉。寫我心耳，豈求知於衆目哉！』荆公云：『作詩用事，須自出己意，借事以相發明，使情景畢露。太白止於豪逸，不知變，且無鋪陳終始之作，不解探尋前事，求取形狀。杜則發斂、抑揚、疾徐、縱横無施不可，而壯顔毅色不可見。』山谷云：『詩文不可鑿空，强作如兒就課，須待境而生便自工。』故張文潛謂：『惟谷詩破棄聲律，如金石未作，鐘磬聲和，渾然有律吕外意。』谷亦自云：『詩詞者，與時乖違、遇物悲喜、同床而不察、並世而不聞者之呻吟調笑也。豈訕謗詬怒，披襟受矢事乎？』如坡詞『乳燕飛華屋』，本説夏景，至换頭時，便只説石榴。蓋文章之妙，語意到處即爲之，不可限以繩墨也。至於用韵重出，用事隨筆而誤，尤勿拘泥。以詩詞曲者，妙觀逸想之所寓也。其喜峻健，忌散漫，要在秀傑之氣，終不可没耳。倘如兩漢作騷，句句規撫，但换字樣，適取厭棄。杜集有古詩，而終篇對屬精切者，如《岳麓》等作。坡效之，則有《香積寺》諸詩。詩有句句用人名者，亦意在别立體也。文章變態，初無窮盡，惟能者得之。今人不於用意處一氣，而但於句字求貫穿，盡成死語。古今用字，有或作平聲，或作仄聲，如《中興》。《中興》之類甚多，況古今語言固有各出於一時，不與後世相通者。對偶盡工，皆寒乞相。如坡之『山中老鶴依然在，案上楞嚴已不看』，細味之，對偶的到，字却不露。老杜集中以鯉魚對鴻雁，烏鵲對熊羆。及『厨人具雞黍，稚子摘楊梅』，皆假借對，豈正對耶？換句對，字如谷之『只今滿坐且杯酒，後夜此堂空月明』。於當下平字處，以仄代之。其氣挺然，實杜集中拗體。『静愛竹時尋野寺，獨行春去過溪橋。』『山蔚藍光交繞舍，水桃花色合圍臺。』謂之折對。余則謂：『詩詞不論艷不艷，以深至爲主。若窮盡性理，移奪造化，雖怪艷，亦未宜廢。』

以上《獅行集》，以下爲《繹經集》

和示婿元度

我尤畏時務，誰許塞門竇。亦思飼魚鳥，家貧還似舊。古有終天恨，無術貽世宙。

原句云：老來厭世語，深卧塞門竇。贖魚與之遊，餧鳥見如舊。但當邀之子，商略終宇宙。

和與呂嘉問

世紛未容厭，但勿趨衆軌。子書差未腐，觸悟心難已。惟此禹九州，何處著吾廬。我思餌賢智，宜肉不宜蔬。蛛網加纏縛，僅可羅鯫魚。智愚不别分，虎鼠梏一居。空令萬蟲蛆，入溷争棄餘。

原句云：紛紛舊可厭，俗子今掃軌。使君氣相求，眷顧未云已。念子且行矣，邀子過我廬。汲我山下泉，煮我園中蔬。知子有仁心，不忍勾我魚。我池在仁境，不與猴獺居。亦復無蟲蛆，出没争腐餘。

震川自謂一生得力在子書，其法以我用古人。

和咏龜

彷彿每長齡，跳躍隨雲興。恃得狙公易爲力，目無羆虎輕崚嶒。何必靈虬是神物，鯤鯨就陸皆兢兢。搜山剔谷享果實，恰如天畀天生烝。

原句云：世傳龜百齡，逮及隋唐興。前年赴海不量力，欲替鼇負三崚嶒。商周寶龜謂神物，奉事枯骨尤兢兢。殘民滅國遞争奪，有此乃敢司黎烝。

何遽忘『已生之夢獲名獲，而有生才故有山川氣』句耶？

和真人

安得遇真人，能藏毒而寧。即避穢就净，難易羶使馨。與其貴而梏，不若賤而伸。桃源僅虚想，漢豈必勝秦。地利不足籌，我心安敢親。

原句云：余嘗值真人，能藏毒而寧。能納穢若净，能易羶使馨。與其貴而拘，不若賤肆人。豈伊不可懷，而使我心親。采芝商山中，一視漢與秦。

和墓松

即能將夢比，逍遥難似蝶。軒車轀斧鉞，去矜争去怯。栩栩方翩飛，兢兢旋泣魘。何必思悦楚，亦無庸駭葉。去不但去，悔豈復能追？來即倘來，就或不如拒。敢謂松高許久依耶？吾憂坐雨而行霧。

原句云：如能覺如夢，自喻一胡蝶。彼哉斗筲人，得喪易矜怯。或叫號而寢，或哭泣而魘。僞鳳易悦楚，真龍反驚葉。去自去耳，吾何闕而追。來自來耳，吾何妨而拒。汝謂松死吾無依耶？吾方處陰而坐霧。

和貢侯

禹州幾人知此理，實薄虚榮視如屣。執定迂庸但刻新，庾塵一瞬變灰塵。

原句云：貢侯可與談妙理，視棄榮觀猶敝屣。世事紛紛洗更新，老來空得滿衣塵。

和我行

天既無定雨，我行不如住。晴雨日翻覆，我皆不之遇。

原句云：我行天即雨，我去雨還住。雨豈爲我行，邂逅與相遇。

和幽獨

幽獨盡人悲，鮑葛偏竊喜。惟山可避日，惟水可洗耳。

原句云：幽獨若可厭，真實爲可喜。見山不礙日，聞水不逆耳。

和種桃

種桃遍野費防守，偷餘不待東方手。莫説根深樹難朽，天地豈容伊獨久？何况偷餘思久有，不比窅歸堪窨酒。

原句云：仙人種杏令虎守，百年終屬樵蘇手。我哀此果復易朽，蟲來蝕根那得久？瑶池紺絶誰見有？更值花時且追酒。

和𩆜

太陽雖溥照，民隱尚深愁。時非不邁古，終非所好逑。物理豈易了，人徒矜距勾。書雖宜廣讀，呶呶即下流。潦旱無常歲，實濟未容求。

原句云：白日不照見，乾坤莽悲愁。時也獨奈何，我歌無所求。惠施說萬物，桀特忘一句。寄語讀書人，呶呶非勝流。寒暑自有常，不顧萬物求。

和擬寒山詩六首

牛鼻須人穿，人不必挨磨。馬頭應人絡，但令飽不卧。智愚苟無等，蹻驤不如墮。輪回付冥司，治術須者個。

原句云：牛若不穿鼻，豈肯挨人磨？馬若不絡頭，隨宜而起卧。乾地終不沉，平地終不墮。擾擾受輪回，只緣疑這個。高歡翦惡馬，不絆竟不蹄，則不以御群馬法例之。

愚賤如牛馬，得豢即歡喜。愚賤之女人，暗羡好男子。各有前世因，何必齊彼此。因物以付物，愚智皆受使。法爲萬世開，何有於一己。已於衆類可超然，言寄千秋匪徒爾。

原句云：我曾爲牛馬，見草豆歡喜。我曾爲女人，歡喜見男子。我若真是我，只合長如此。若好惡不定，應知爲物使。堂堂大丈夫，莫認物爲己。心於萬物久蕭然，身寄一官真偶爾。

勉强登人屋，墮落傷己頭。人屋古多漏，我血休使流。誰不代班斫，鉅匠争自由。

原句云：風吹瓦墮屋，正打破我頭。瓦亦自破碎，豈但我血流。我終不嗔渠，此瓦非自由。

積智已億萬，斗尺難盡量。悉以世間眼，評論較短長。智愚倘異法，貴賤皆温凉。

原句云：幸身無事時，種種妄思量。張三袴口窄，李四帽簷長。誰知受熱惱，却不解思凉。

防賊賊愈甚，宴客客乃歡。客歡幫抑賊，心服少欺謾。不然役一己，能有幾肺肝？我言非譫謎，祇少智人看。

原句云：打賊賊相拒，看客客相歡。十九客是賊，切莫受伊謾。樂哉貧兒家，無事役心肝。既無賊可打，豈有客須看。

人多羡賈誼，未必皆精意。千秋讓韓管，錯會成疵累。吾爲下註脚，蓋與萬夫異。

原句云：洛陽多少年，擾擾經世意。粗聞方外語，便釋形骸累。尚自不見我，安知汝爲異？

和贊友

新詩何取動衆目，要其筆力非人間。詩雖雄盛付誰手，誰知妙偉之作須俟百世後，造始不與衆彙並。

原句云：微之新詩動我目，已怪筆力非人間。君詩雄盛付我手，吾又以知妙偉之作不在百世後，造始乃與元氣並。

和送韓維應富并州辟

今者棲棲輩，自詡忘摧塌。隨順聲勢尊，庶幾相贈答。烏知萬石鐘，勢難使鏗鞳。

原句云：嗟予棲棲者，氣象已摧塌。況於聲勢尊，豈易成酬答。有如持寸筳，未易撼鞈鞳。

和意行

君思福萬古，便合乘桴去。禍福皆奉天，區區詎能與。

原句云：意行天下福，事忤油然去。命也固有在，臧倉汝何與。

和草端

無術物難滋，有位天使固。休訝目前人，未必後來悟。

原句云：草端無華滋，陰氣已盤固。暄妍却如春，歲晚曾不悟。

和咏揚雄

管韓爇火起，莊列亦逢辰。侏儒戲場中，殘官徒失身。來者疇可語，吾空師古人。

原句云：衣冠眇塵土，文字爛星辰。攘攘外逐物，紛紛輕用身。往者或可返，吾將與斯人。

和不得

雖與今人居，徒與古人游。筆則推古意，口則與時酬。法卑計極高，悦吝要在實，吾有滑稽〔一〕編，莊

〔一〕稽，底本作『嵇』，據意改。

韓許相識。豢牛與飼鷹，皆因而付物。渾淪生物是盲風，分別靈頑須異術。

原句云：不得君子居，而與小人遊。高語不敢出，鄙詞強顔酬。後生論常高，於世復何實。中材蔽末學，斯道苦難識。安知鴻都法，永以程人物。盲風生物尚有意，壯士憂人豈無術。

和一從

即使髮恒青，難教我心喜。自屏忍所欲，生死同枯瘁。稱意寧易得，非我司春事。衰翁却難笑，爾豈長壯異？

原句云：一從鬢上白，百不見可喜。春歸只如夢，不復悲憔悴。寄言少年子，努力作春事。亦勿怪衰翁，衰强自然異。

和曈曈

照廠有明燭，曬隙無奇光。天上謂是露，地下或成霜。

原句云：曈曈扶桑日，尚有萬里光。可憐當此時，不濕地上霜。

和駑言

欲以富養貧，不令富鰥惸。勤民家被破，惰民亂乃生。

原句云：駑言發富藏，云以救鰥惸。鄉豪無一盈，疲弱安可生？

和山雞

知身如夢後，緣物益成愚。駑飽方争路，昏鄙致忘軀。

原句云：山雞照渌水，自愛亦何愚。文采爲世用，適足累形軀。

此公所作，能用簡嚴祛繁縟，雄渾泯尖巧，以險絶爲工。俯視萬流，儕諸古學。飽胸次，驚瀾翻，筆端衆泉湧。此萬卷胸會使詞林百怪降者更高一格，覺小材易窮，真鼠技也。顧其本領盡於知世，如夢無所求。無所求，心普空寂，還似夢中。隨夢境成就河沙夢功德四語，而豈因糞壤栽培力？自得乾坤覆載，心中材隨世就功名。志士無時亦少成，江有蛟龍山虎豹，清光雖照不堪行。君家塵，我家雲，莫將塵土來汙我。我自有雲持寄君，云云。較之劉原父之『毁巢鳳不至，竭澤龍不游。澆淳不相襲，豈爲萬姓謀』，魚子潜之『柔言文長跪，信是富貴媒。但恐氣習移，古今不同才』，吕惠卿之『平生性懶惰，趨跪非吾真。况乃重殘賊，旦氣能幾存。自知小人歸，昭昭復何云』『無人肯贈除非乞，没藥堪醫便是風。求乞害風俱占斷，算來世上略如公』，蔡持正之『葉底出巢黄口鬧，波間逐隊小魚忙。何處機心驚白鳥，誰人怒劍逐蜚蒼』，李明道之『南人不知兩膝貴，曲折萬態卑且勞』，張功父之『非闗好事取高名，此中耻但稱能吏』，蘇季子過之『物理未易知，時來即所遇。穿墉何卑微，托此得佳譽』，李清臣之『客汴增煩渴，涸魚不可活。論辨苦難裁，氣焰倏相奪。所喪或捐軀，所得未一撮。世事劇飛電，人生真漂沫』，錢舜舉之『一水澄清魚避影，萬紅狼藉蝶分香。東風自是無情物，白日楊花莫漫狂』，曾南豐之『丈夫卷舒要宏達，世路俯仰多拘牽』，楊壽祺之『滚滚京華志氣低，舉頭霄漢路岐迷』，有過之無不及也。先是，又有判登聞石曼卿詩俊邁迅逸，不可尋繹。雖有『耻生湯武干戈域』句，范文正亦愛其書，以視南宋之福唐劉翼。晚而避俗自樂，盡去法度，自成一家言者尤别。而彭城顔太初疾石，與宋城張方平負氣使酒，知此公有所惡。學士安陸鄭毅夫、東陽滕達道嗜酒無檢，作『高論孔周儒者事，却是屠沽解報恩』語。遂呼爲滕屠、鄭沽，甚其詞曰：『昔在典午朝，人妖亦繁滋。東州今逸黨，尊大自相推。號曰方外交，蕩然絶四維。六藉被詆訶，三王遭毁訾。坑儒愚黔首，快哉茍門斯。與世立憲度，迂哉魯先師。流宕終忘返，惡聞有民彝。或爲牧童飲，垂髽以相嬉。或作概量歌，無非市井詞。或作薤露唱，發聲令人悲。或稱重義氣，金帛不自私。或曰外形骸，麀聚獶雜之。遥聞風波民，未見如調飢。偶逢紳帶士，相對如拘縻。都緣極顯地，多用寧馨兒。斯人之一唱，翕然天下隨。公朝論人物，翻以逸爲奇。家國盡爲逸，理法何從施。分捕須大索，使之無孑遺。無使永嘉風，漬此承平時。』嗚呼！待世之苦客、脱世之俊客、戲世之怪客、了世之解客，固非治世之正客。而如公之以知空不空爲真際實相者，有幾人哉？若鄞相彌遠以贊廢濟，王立理宗柄廿六年，至禁士夫作詩，反不及入汴金人，一切書版皆取去矣！澤州陳閣老且能拈『珥貂日下癡如夢，縱酒清時醉似泥』一聯。虞山牧翁『嫌庭聞師心自用，謂其詩如觀眩人』，耳目回易，而不能自主。常熟昌穀厭薄吴聲，僕於詩則於沈思忽往者尤愛。既不及香山之詩，似馬蹄隨筆去，又乏推堅洞隙之力。兹第就記憶傾倒之數語和之，不檢視其全章矣。

時有示余以《箬溪過（姓）半谷集》者，遂即用集中語意，書十絶於行間。

結契青冥匪渺茫，馳神八極豈虚張。我言名相塵勞外，一切由心有法王。（孝廉世奉《感應篇》《陰隲文》，自書勒石，拓以勸世。而集首《擬古》有『神馳八極』語。）

忽然不愜在才人，寧爲人間腐鼠呻。槁項吹竽良可憫，况於膏火自燃身。（『夜坐忽不愜』等亦其句，似與『執誇舉業稱精能，試奪千魁鮮適用』者異。）

部伎嘈嘈等號詩，無弦非指阿誰知。牛毛不把媲麟角，始識熙朝翁阮詞。（翁山有『最早知音是阮亭』句。阮亦有『嘈嘈立部伎，孑孑寡女絲。巧笑倚市門，漆室聲苦悲』『世人少見多所怪，絶技豈必昭群聾。無情畫裏逢摇落，濃春烟景似殘秋』語。）

得鹿亡羊何足争，平生頗憶李長蘅。文長奚藉荆川譽，自有中郎歎且驚。（半谷自稱漁者，又自署者。布衣李，亦名孝廉，本歙人，居去余家數武，而籍嘉定。王元美後荆川死，每惜其溺宋學。）

多君論著似論書，互用方員骨内儲。持此故宜身與世，保無矰弋到閒居。

侮民苛吏古難撓，恭儉終憐郭解曹。荃蕙寂寥猶可忍，争禁貐猰踐蓬蒿。（集中有『侮民意氣』云云，亦與王新城『公堂侮下民，意氣一何豪』一首相似。猰貐，高四十丈，見《述異記》。）

休説唐言與晉言，幾人才筆及金元。遺山妙訣傳心了，切玉禪刀是本源。（『心聲只要傳心了』『禪是詩家切玉刀』，皆遺山句。）

爲文要以意爲先，無意文名意益堅。解識易堂深到作，理人英略未嫌偏。（單椒秀澤不連陵以自高，意在名，則非以耳目。奴心揣摩世好角階序者，傲分而弗援。）

淋漓樂府氣妍華，極艷幽思亦可嘉。笑我多情曾學步，向誰拭鏡賞空花。（集中有贊長吉、鐵崖語，亦覺聲妍寫冶，能令珠翠媚棨者。）

雪爪鴻泥正苦忙，衣冠蒲博更荒唐。其間不乏生民秀，罕辨吟窩臭與香。

詩文集卷二

詩二　熱謾集

今十八拍

羊祜姨兮，悲自家。十八拍兮，應胡笳。我劉商兮，亦嗟呀。助樂句兮，醒木敲。空煉石兮，笑女媧。人既生兮，胡又死。各千年兮，豈不美。胡不少生容久視，况爲江山戰無已。令慘殺兮，命難擬。（本王充意）

拍第二拍兮，絳蠟高。試呼造物兮，問兒曹。某甲何壽兮，乙何夭。彼過豐亨兮，此無聊。誰被蟒玉兮，誰蓬茅。夭或在顔兮，壽或柳。未必榮枯兮，依好醜。圓穹懵懵兮，任雜揉。不得其平兮，物哮吼。幾時伸出兮，補天手。（彭城劉商進士爲郎，精思工文，性耽道術，有十八拍盛行於世。）

拍第三拍兮，地爐酒温。連揮數觴兮，再與細論。蛇蠍等類兮，惡且可憎。蠅蛆汙目兮，何難不生。既崇真宰兮，却推混烝。貌且才貴兮，人中仙派。恣取其類兮，寧非一快。衛文自佳兮，姬壽自介。胡將衆嫭兮，分配蠢怪。猥云天命兮，致人成瘵。

拍第四拍兮，夜已二更初。城頭畫角兮，遠遠其嗚嗚。歷數英雄兮，吊古而欷歔。貪樂忘身兮，似不如愚夫。半犯不韙兮，重煩史筆誅。明知此事兮，一成則九斃。盡其智術兮，甘心以兵殪。倖而得成兮，精神先彼逝。徒殃子孫兮，他人莫肯貰。秦遺空山兮，漢餘芳草地。

拍第五拍兮，商聲讀此曲辭。横竹欲裂兮，侍兒從旁和之。尤所不解兮，輪回世上蚩蚩〔一〕。既不能雄兮，恣其心所欲爲。又不能雌兮，向蝸角而舞機。罪業山積兮，所受用者幾許。家如棘叢兮，蜜滴不勝餘苦。七情紛糾兮，百病因之纏汝。屍無汞灌兮，血肉爛成臭滷。

换六拍兮，添三弦。彈鵾筋兮，響徹天。釋前恨兮，姑爲言。學龜鶴兮，時可淹。匪天靳兮，不與年。粤上古兮，悉遐齡。人不合兮，喪古心。寧一事兮，亡其精。彼西戎兮，不窮争。數十里兮，固一君。（王充云：人以氣爲壽，天安耐增減人之年。）

轉七拍兮，琵琶又來諧。比亮瀏兮，嘈囋如雷。壽在培兮，先舒鬱懷。富勤儉兮，誰則不該。貴須求兮，心靈即才。賢而獨兮，由彼前因。黠而窘兮，誤使綉針。若人人兮，純樸慈仁。悉轉劫兮，黄耇玄孫。縱不顯兮，無復窮民。

到第八拍兮，侍女添香。氤氳蘭麝兮，滿内書房。物無蛇蠍兮，果報焉償。太陽有毒兮，猶體生瘍。

〔一〕蚩蚩，底本作『虽虽』，據意改。下同。

福人不見兮，彼自掩藏。諸華講究兮，雖未融通。四大海外兮，地詎可窮。彼萬萬國兮，俗固不同。安知無法兮，巧奪化工。求生彼處兮，如夢天宫。

已第九拍兮，酒興殊未闌。濃如琥珀兮，藉此少爲歡。英雄判命兮，不盡愚而貪。病死亦痛兮，砲矢稍凶殘。短年受制兮，何如死之甘。恩仇威福兮，非必盡山河。半途即廢兮，極欲已駢羅。法開一代兮，入史即難磨。彼謂數稔兮，已算萬年歌。子孫他人兮，爲慮豈能多？

又第十拍兮，潑墨横斜醉書。蚩蚩酬答兮，豈其君智我愚？我即守雌兮，安能禦彼衆狙？愈讓愈侵兮，馬將受欺於驢。使盡入山兮，深山又變虎區。山田既瘠兮，何以致彼倉箱？已即願苦兮，妻兒啼笑難當。力不任耕兮，詐僞差爲所長。即彼僧道兮，權巧方得齋糧。普天王土兮，看君逃往何方？

十一拍兮，終莫解。無主宰兮，儂便罷。天即理兮，將人駭。理何難兮，作柱枴。使如麟兮，心純楷。膚變革兮，臟脆骨。正一丈兮，死不坼。年晝一兮，皆數百。預知期兮，共幽宅。或化風兮，香無迹。（王充：一丈，正形也。）

十有二拍兮，責上帝。使山界斷兮，高無譬。凡數十里兮，爲一櫝。聊且相長兮，無足覬。誰能大戰兮，兵少翅。何難使人兮，心普善。無復受報兮，森羅殿。富不盈溢兮，貧足贍。烏用多官兮，相鞫讞。熙熙皞皞兮，但歡讌。

十有三拍兮，言龐語紊。錯雜無章兮，似乎不韵。繭抽一緒兮，無窮釀醞。報身雞犬兮，已足示訓。何須蛆蠍兮，據濕聚糞。天地誇大兮，生物取廣。大而不粹兮，半區魍魎。裁成輔相兮，厥才又莽。遂令珪璋兮，混埋塵壤。致渠不服兮，輕蹈法網。

十有四拍兮，悄然廢書。歎英雄一半兮，激成者公案。身逢擾攘兮，深山難遽竄。已不制人兮，反遭彼糜爛。小儒執筆兮，何難輕下判。既已墮地兮，牢圈不能跳。僅有此家兮，略與蒼蒼。冡亦天生是兮，敖曹而桀驁。豈伊弱喪兮，所得相尤效。惟應覽古兮，作幾場談笑。（『小儒輕董』，出杜詩。）

十有五拍兮，更與蚩蚩説法。遇橫且狡兮，未必他鄉都狹。無殖産業兮，到處容君荷鍤。覓取孟光兮，賢醜可逃擰摺。示窮且拙兮，庶其免於凌壓。保業須强兮，心由此爲祟。讓與伯季兮，豈不蕭然無累。勿居朝市兮，應得晏然酣睡。雖無生趣兮，可以稱爲善類。對曰不能兮，不對驕尝不醉。

可奈何兮，生人區。奈若何兮，法最清。除爲僧道兮，太華之巔。人代雖更兮，此間如不聞。第十六拍兮，再消一盞葡萄。

但祈求兮，含煖後生。在諸天兮，願悉得所。見所聞兮，迴殊惡濁。不染彼過兮，免復墮地獄。第十七拍兮，且濯蒲公之足。

由彡兂兮，往净土。讚佛乘兮，坐蓮花。本無無兮，但空皆氣。形與象兮，悉氣所爲。佛亦有氣兮，故能顯象。不落陰陽兮，純乎真元。

百代而常今兮，可形可影。萬劫而不古兮，無滅無生。第十八拍已終兮，梵聲笙引。魚磬促其弦管兮，燭擒香銷。

王充：『太陽之氣，天氣也。』故世間鬼神皆此爲之。樂天以集置藏中，言願以今生世俗文字，放言綺語之因，轉爲將來世世讚佛乘、轉法輪之言也。

鄒評：如西凉州唄源出關右，而流於晉陽，其起擲盪舉平折，放殺游，飛却轉動。韵則揄靡不窮，張喉則變態無盡。蓋奏歌於金石，則謂之爲樂。贊法於管弦，則稱之爲唄。雖復師師異法，吐納抑揚並法神授。若惟聲而不文，則道心無以得生。若惟文而不聲，則俗情無以得入。佛有氣三字，本傳大士。佛性是生氣物，不可兀爾無知。非但雖知法門，如空誓、畫績，莊嚴虛空而已。

彈楊慎詞作放歌

粵稽帝堯初立名，因兄被廢稱放勳。第一聖人福已薄，僅有一子非成人。乃攜二女付一鰥，大能无霎深結親。聊將此位傳乃婿，有弟如稷未可君。古人幸不似隋晉，丹朱在側無猜心。稽舜父頑悲惱多，幸登大寶稍平和。眼見妻兄已如此，冷覷商均不復訶。决意爲民受辛苦，庶使知人鑒不訛。並無弱息更醒悟，且令族彥當洪波。禹功如此天宜酬，胡爲生桀貽其羞。後醜何關先世德，聖人於此寧預憂。殷開篡逆説難詮，謟莽因言革以天。禹孫有桀紂何怪，竟至帝首高竿懸。姬氏家風世作家，男婦心齊務可誇。昌發名心轉昌熾，旦也思令後莫加。當時未及郡縣法，習難遽變非知涯。好公好母謀繁衍，乃有管蔡雙哇哇。曾過幾代幽厲來，烈祖亦奈之何哉。秦雖馬卒既得地，遷周一舉基已開。厥後比人高幾許，伯舅叔父聊相栽。王季在天應已曉，代者有秦根早荄。鄭伯奸雄竞射王，已先魏晉自殘傷。宋襄夫人鄭夏姬，遺種亦復多此行。聖人雖欲正萬民，難教後裔謀必臧。雅頌洋洋聲動地，亦猶後世姑閧堂。魯鄒動輒援文武，猶乎頌聖將人降。强秦自悔殺之師，深沈堅忍務凌欺。前用懷嬴後宣后，女身不文志圖伊。陰符渾似趙襄子，所由報以邯鄲兒。始皇雖是邯鄲兒，雄才却足張先威。使非斯人至大膽，事業未免不甚奇。倏忽代僵固吕氏，嬴享其名吕殲夷。周家緒脈或不爾，面縛何取甘懦雌。漢高本是麄田父，萬女司濯歡欲舞。能面寡羞奈雉何，英雄暗疾難醫堵。竇習黄老幸舉暢，家法須知傳自吕。聖賢值此或放逐，英雄飾貌惟佯瞽。赤眉解事勝單于，前生或是烏江羽。隆準於淫未精擇，不訝曾元亂帷簿。文叔藏亡匿死輩，欲心早噬豪家斌。爲姊無妨更覓夫，人須得欲何男女。元德寧非嗜色徒，雲長亦向曹求吕。老瞞參透人間事，崇名失樂非殊智。欲使平生不負身，不握威權安得恣。哀傷小智沐猴冠，肯謂給人人不詈。賢女配獻獻已安，虚名亦是而翁賜。因孃愛晏視猶子，人倫本幻何真僞。樓船心已滅孫劉，二喬入手猶牽臂。但得居然似王季，後人榮辱誰深計。睡獸逢人輒稱好，沈敏堪爲魏家保。見時可乘兒亦佳，安得雄心不酣飽？况遭鼠輩全忘分，快然一逞姑娱老。後人失策局縱横，豈繫祖宗防不早。司馬家兒猥固當，猾鬼一笑知無惱。淵曜勒虎皆殊才，戎種從來能事早。苻堅纔是可笑人，嬴得雙飛快一搗。恣情不及朱三遍，博選尤輸季龍狡。彭城豈果曹公亞，漢家婬業應重瀉。至被小人輕斷頭，所喜蕭郎未相跨。剛博孫男與孫女，極欲窮歡幾冬夏。齊梁勢亦難罷休，均歸一噓何須詑。古來僅見寶寅袒，亡國之餘還遇炙。高家奪位至無親，不脱孩童貪啖蔗。仇兄乃報以八嫂，何殊宋業凌楊姹。蒙師老嫗作王妃，無二空來千載駡。寺尼抱子那羅延，萬古同州民嚥嚥。宇文十九爲楊用，報已埋根天入罅。見人子女輒求乞，嗜色幾將楊廣駕。仙李春風千古漾，收場太慘温無狀。父子兄弟祖若孫，一一色情難遽鈌。男既同然女何怪，文明衣鉢開奇樣。宣政殿中聚命婦，引薦不窮宜寵仗。誰知展敬實莊心，一身駒隙須豪宕。母固隋宗生此女，天之報李殊生創。姚宋諸賢並列朝，用至開元猶受貺。後此諸宗皆所出，不以淫梟减福量。滿區戎羯滿軍麾，三國聯姻由謔浪。士生其時亦遂欲，吟詩教舞規蓬閬。五代彝常掃地盡，理家不得不稍振。趙郎兄弟心計重，及報其天亦如印。淫恣不深酬好婦，嘗后聊償花蕊命。已亦人臣不忘本，待之不異家人分。老蒼亦報以名臣，後世緣臣著君敬。强金三世何多材，可憐太宗空使勁。章宗之母宋女甥，筆學宣和皆報應。上帝於蒙何獨厚，遽令威聲天壤震。教得寰區惟嗜欲，何殊五季三綱紊。釋道倡優却遇時，此意憑誰把天問。雖返龍沙國自存，天獨厚蒙應益信。區區論德亦迂談，吾且放歌傾美醞。筆力本自莊騷來，未許俗物相疑猜。（八嫂字出《莊子》。杜評李空同有云，能洞視往古，可謂振古豪雄者矣！）

五子歌

亦百姓《畫一歌法》，律漢字經之意。

順服好利陳一指，役隸五家惠靡已。法不足治則用術，厥分一定不相抵。使民盡智人噬人，所隸知能半如豕。猶馬怒則分背踶，及其喜即交頸靡。外無所矯内全樸，毁珠摘玉宥偏治。無窺其情問其名，俗人皆不憎異己。不爾愛民適害民，偃兵正是爲兵始。鮑叔於家有不見，漫爾將人不數比。空思同所不能同，以不必必兵斯起。不肖實衆休尚賢，妙在知民不畏死。美耕養傭傭疾耕，惟欲可以勵官使。自是太公分肉技，主事日成人不記。知微而論制天命，渠欲不多難與易。明珠彈雀不及泥，佐世良材罕拘細。救餓以珠未如粟，須用文詞爲彼諱。肩摩踦切於俗一，四夷伊反能開地。務責不務所不責，管論去就教必計。四海歡然惟恐變，除非復用古荀子。欲人必農僕餘子，便高廨舍非但仕。何殊仲父譽富策，不取高言與僞議。子女人君之棄簀，非天所設休疑滯。今乎娼女何足誅，論罪纔將竊勾比。愛均則不足動人，須將秀傑先羅致。以其所難禁所輕，論義之本誠在利。如此審權以操柄，使私其樂梟翻懿。啓一門以致其欲，塞諸道以窮其志。能言之類莫能加，何多智者嗤商子。守要主强同此機，使功擇人不自已。奪儉與惰吁必衰，旅新不惜翻君臆。内不開中難覺視，虛奮之學深堪恚。人輿三世民始安，師商又有韓非子。止欲不能令弗欲，賢難爲俗治在勢。獨見在操約省分，皆可自爲争令忮。好施反是來怨道，舉賢非謂同乎自。亡羊與牛則利爲，幾人寢説不言瘗。國奸國妖嗟名尸，要識陳言止於智。衆人以爾爲己桎，自是灾人致凶器。响沫不如與歸湖，彼自有餘安用畀。使蚊負山寧有益，徒令巨盗趨持櫝。苻石輒將芻狗爨，周服難教猿獮衣。三王之迹既非履，吁嗟陳人空習肄。何必《洪範》與《商頌》，亦莫湮埋小山子。陳事有緒理一制，將文與政歸化理。王公無暇家修禮，要由自敬禮之至。灼知聖道昌也潛，策訓不受隋遂止。賞愚寵儉補鄒書，食民以積斯管意。切實可行勝退之，載道爲書之後世。遺訓假飾僞成名，文同實違空遺悖。主憂莫肯與其害，皆由國慶專豐利。脅誣訖各行其私，斯人祧去文中子。

（机評：嘗聞古人有不通處，正古人大通處。今人所謂大通處，正今人不通處。昔人謂郭象注《莊》自成一書。今題雖咏五子，其實深指巨略。以一篇詩，自成一子。故雖非詩體，却不可廢。昔淵穎集中有《讀諸子廿四絶句》，亦此意耳。）

歸去來詞

摘《莊》作注，梓入大藏。因兼採皇甫湜意，戲爲此詞嫦娥云云。又李白『北宫遊上元』意也。

詩邊就夢，昔歸宅矣。歸非海山，必兜率矣。爛銀色界，金光赤矣。

其正色耶，遠有物矣。彼之視下，亦空色矣。榆枋近地，氣在積矣。

惟彼大知，春糧必矣。梅花萬樹，粉香熾矣。幽蘭萬蘗，芬芳逼矣。

云胡不歸，此間僻矣。等閒簾幙，闌干碧矣。藐姑滿空，互喧唧矣。

悉謂前身，駘它戚矣。去人滋久，思人激矣。美形動物，非往昔矣。

知美於人，賴鏡晳矣。宛其息矣，翻入室矣。極乎無親，大方得矣。

不藏狂言，郭君識矣。德合一君，遭笑斥矣。舉世非之，無阻隔矣。

聾不但形，智妄執矣。宋人章甫，噫可擲矣。心與形然，大哀戚矣。

非其所是，由明闢矣。務使群異，願不失矣。各安所是，誰憂殛矣。

審乎無假，萬異一矣。因便施巧，遊刃術矣。名爲凶器，灾人桎矣。

秖論常情，言不溢矣。以禮飲酒，終亂抶矣。放物自得，物宜適矣。支離其德，轉安吉矣。斫乃用膠，聖人弗矣。何彼穠矣，亦既碩矣。歸歟歸歟，爲洗滌矣。旦旦娛樂，非但夕矣。桑氏之言，飛瓊摘矣。乃千斯雙，不復隻矣。以神受用，形畏忒矣。遊形骸內，非外獙矣。精血受傷，今何盡矣。腋下汗出，光潤濈矣。教訪西母，認爲嫡矣。送配恒娥，慰孤寂矣。恭謁黃姑，與牛揖矣。驪姬登床，悔其泣矣。同夢境攝，蝴蝶忔矣。我安適歸，淚如汐矣。爰得我所，恨斯釋矣。遊乎太初，通物造矣。開天之天，大全覈矣。不形之形，棄隸急矣。不際之際，昭然析矣。所在皆我，甕雞出矣。神氣不變，何肥瘠矣。能所不能，學斯的矣。然所不然，可所佛矣。誰敢儒服，天有勑矣。埋憂地下，事便訖矣。寄愁天上，心孔亟矣。思玄賦就，戲論畢矣。寫入琴絲，漏三刻矣。正爾孩咍，耳似殷雷。似有人言，曷歸乎來。帝釋曰歟，汝往惺哉。逃乎恣睢，得轉徙哉。人之小人，天君子哉。揮手起哉，孟光喜哉。客盈庭哉，日向晨哉。不與眉好，猶彼盲哉。反於大通，腐鼠酖哉。昔子往矣，月照窗梅。今子來思，日已頫隤（時卧疾已月餘）。子之苦兮，實傷予懷。子之樂兮，殊不我念哉。嗟來嗟來，時哉時哉。儂亦曰吁，弗哉弗哉。除日無歲舊，都抑又忘哉。可適之國，若存亦若亡哉。既而曰知我者，謂我仙才。不知我者，謂我堪哀。凌誶始樂，鑾觸禍哉。鱉睍坎蛙，何自大哉。喧譁狂喜，豈相慕哉。誰取《南華》、《秋水》讀哉。予雖有倡，孰予和哉。所見謬哉謬哉，亦已焉哉，曷若如前歸哉。

川上葩流曲

社集柳莊，醉餘戲墨。聞古之賦學，專尚音，必使宫商相宣、徵羽迭變，姑以此擬之。

世有梅花，誰解求伊？世有桃花，誰解留伊？我得梅花，夫人内之。我買桃花，侍兒待之。梅花謝矣，其地如雪。桃花飄矣，其水如血。謝矣如之何，匪雨不卒。飄矣如之何，匪風不堲。胡然而嬌也，胡然而飄也。物如兹花兮，恨之苗也。胡然而妙也，胡然而謝也。物如兹花兮，愁之窖也。地有雪不可掃也，貞芳之蜕不可笊也。如其笊也，人而獠也。水有血不可攬也，妖麗之魂不可擾也。如其擾也，人而恅也。娱我以夢來，報之以詩才。匪報也，無以爲懷也。報我以重開，迎之以酒杯。匪杯也，心不能灰也。采采芍藥，於田於礿。於以奉之，金瓶玉托。采采牡丹，於隰於山。於以奉之，綉幄珠簾。葉之紛紛，花之盈盈。人之多情，我以爲卿。葉之穰穰，花之瀼瀼。人之十香，我以爲鄉。夏有菊之蕊，開不我屋。不我屋，其清也俗。春有蘭之卉，開不我邊。不我邊，其風也傳。秋棠之葩，婉其艷而。豈不爾思，爾易怨而。緑荷之葩，大且遍而。豈不爾思，池未便而。俟我於寮乎而，俟我於野乎而，與爾遊冶乎而，移爾於盆乎而，寄爾於缾乎而，與爾同春乎而。山山桂其色金兮，金粟雖香未算親兮。林林松其花冷兮，碧粉雖瑩弗如娗兮。春葩爛兮，夏葩汗兮。彼美人兮，何必斯人兮。玉蘭肉兮，玫瑰馥兮。彼美人兮，兼此色馨兮。緩緩奏樂兮，賞之園之閣兮，叢叢看隕落。噫！不壽不年，胡取乎姹與嫣兮。急急誦經兮，送之河之濱兮，種種付東瀛。噫！不聞不見，胡取乎嬲與孌兮。（朱評：孟浩然文不按古，匠心獨妙。）

李白曾至新安，安知不至豐樂溪耶？里門有樓，予亦題以太白酒樓。繪白像壁間，余像聊爲執卣。甲子中秋，陪大鴻公度宿樓上，醉後浪筆聯其佳句於屏，以明予之尚論也

年六十四壽不少，官僅待詔亦已渺。沙門作偈嗟冷落，拾遺何足光旌旒。幸而重筆不重官，放君高出詞人表。鞭撻楊馬驅屈宋，横被六合鳥歸鳳。古今遺集遏不行，已往諸公聲盡鶡。文章種性難致詰，别闢吟天信雄縱。初居襄漢遊泗陳，去職重過趙魏城。魏都青樓夾西岸，蟬蛻塵埃玉雪清。西涉邠岐還至洛，復從吴越至南京。（白遊金陵，即今南京。）川原趣備足揮寫，知音乃秖台越人。（天台司馬子微謂其有仙風道骨，可與神遊八極之表。白因作《大鵬遇希有鳥賦》。太子賓客四明賀季真見白『吴歌楚舞歡未畢，青山欲啣半邊日』句，謂可以泣鬼神，呼白爲謫仙人。）始歎水國多英奇，能知興會所屬詞。氣調儁偉弘且麗，古亦不逮何時師。奇情欝起忽馳入，拔俗萬丈高崔嵬。黄河自天添海瀾，萬里瀉入胸懷寬。落筆九霄陶

謝避，豈論綺麗追建安。力扛十牛毫五色，飛文如灑萬象剜。我觀不在飛揚處，心法無軌多秀句。天機特契南華仙，不矜不暴君鵬賦。特非廝養所成就，秪堪直上高天步。自言萬物貴天生，得骨崑閬姑射嫮。愍笑禰衡並不狂，頗希捫虱壯龍驤。愛交沈悍嗤魯儒，妻子之愛循天常。且窺灌頂甘露椀，昏疑滅盡精要彰。亦貪粉色艷日彩，妓妾雖好雅不傷。却嫌雲月多僧氣，賢豪蘭蕙同壺觴。（白詩『蘭蕙相隨喧妓女』，又『自有兩少妾，雙騎駿馬行』。）彼其喜飲亦有説，萬事難詳天禀媸。不如醉失天地身，免思矯翼凌空鶩。文聲兒戲不足道，豈恃區區號人傑。管樂成灰亦下物，歲星臣小應藏舌。赤壁争雄如夢裏，搥碎黄樓姑媟褻。於愛欲泥如蓮花，精神高秀誰能頡。但苦浮雲蔽頽日，又恐東風花不實。心傷流俗昧玉珉，所以皓齒終不拆。丹青能令醜者妍，西施負薪嫫母册。無鹽翻在漢宫裏，明妃一去無來夕。縱爲夢裏相隨人，非是襄王那傾國。不求黄金籠下生，低頭盧孟因真逸。噫嘻乎，悲哉！青雲當自致，何必求知音，餘帛誰裁寒女衾。一生欲報主，百代期榮親，羌戎未息悲途濘。鏘鏘振金玉，首首欲飛鳴，亦能高咏誰堪賡。思見雄俊士，共話今古情，贈言鏤劍應不泯。日映水成空，澄明洗心魂，相心未有五湖存。掇取世上艷，所貴心之珍，次亦携妓逃人群。白若白鷺鮮，清如清唳蟬，受氣有本不爲遷。不能與群雞刺促争一餐，惡其不得開心顔。蓬壺雖泯絶，鸞鶴心悠然，假仙何必讓真仙。點額不成龍，歸來伴凡魚，身隱屠釣玉成玦。投汨笑古人，臨濠得天和，卷舒在我冤已多。杯勸天上兔，琴彈松裏颱，目皓沙月心松風。蓬山振雄氣，綉服揮清詞，一官即夢見環姿。隨山起館宇，鑿石營池臺，等作松塵等舉杯。川光晝昏凝，林氣夕凄緊，畫出寒霾嗔酒醒。良宵宜清談，皓月不能寢，空言不歡裘换飲。日月終銷毁，天地同枯槁，蟪蛄難見青松老。金丹寧誤俗，昧者難探討，劇愛騰空與焦姥。呼天哭昭王，無人賞駿骨，老懼驊騮因誤蹶。天生百尺松，豈爲微飈折，歲寒轉碧虯如鐵。秋風度江來，吹落天上月，正惟理外方奇絶。波翻曉霞影，岸叠青山色，兩句天成佳妙極。爾獨知天風，我行懵道遠，心隨風去吹雲散。鵷鸞不司晨，龍虎謝鞭策，海鶴囊鶉空絶隔。憶君詩把君心揭，亦似狂飈吹古月。詩中山水含碧鮮，明冰孔竅光穿穴。耳目之前意想外，可輕當世無前哲。使人可學非生龍，薛能嗥囈如驕妾。當時摇艇入新安，下窺天目低吴越。拱手促步言卑弱，五屬十連世所悦。苟有便捷躍青冥，醉吟一本吾墳楔。恨君來時我不睹，睹必横眠枕君股。今宵我亦甘芳醑，滿壁參差寫君語。鄙言累句鮑昭知，清風吹歌入空宇。

補樂府地厚天高之歌

趙云：樂府以聲不以辭。音不可復知，故老杜獨無，元皮何盡補其缺。

門户都由汗血功，世世臣僕誰代雄。一兒一女志宏長，天作之合世其昌。早相推轂迄有成，閨房之内遘知音。謹承妯娌按深機，消釋猜嫌姜子師。賦命多仇不隱銛，便令身世墮危阽。取婦必得至貴家，人生此世重矜誇。高凉冼氏亦不群，遺之首飾驕紅裙。若能柔制尉遲姝，不須殺却尤歡娛。宣華母亦河東人，卓特端嚴八尺身。雖攖妒忌莫長嘆，横陳請君還出山。世人伉儷空婀娜，事無内助歸蹉跎。老物可厭生兒才，不如親自緐鸞鞋。鍾樓一舉驚乾坤，縱不自苦亦可存。吾姒至此俱勝緣，出不及顛宜金蓮。毆尖至死太后樅，夫婦禮齊何得撞。高生争嫡判雖優，亦須能分丈夫憂。宣示萬古女兒曹，地如不厚天損高。地厚天高兮，壽同日月。引大喻小兮，中心勞勞。

因反其意爲房中曲

曹云：自宋齊梁人爲古曲，已就題立意矣。

新人如花雖可寵，故人似玉由來重。再入昭陽寧敢怏，感得君王頼惆悵。人生回互何窮盡，眼前好惡那能定。意在浮憐摘抛水，水猶聲聲入君耳。夭桃變態求新悦，牡丹露泣長門月。君豈獨濃古皆歇，家雞却將野鶩壓。誰笑當年李齊運，妾著冕衣詞不順。相如原似無情嫗，錯把黄金買詞賦。貯嬌不言君不寢，生死同歡指天永。千秋高演同楊瓚，天壤一半成消難。眼中沙即掌中玉，不道心移誣貌縮。一番弄色一番退，小婦新粧大婦慨。房伯玉女不須論，妻娘避室真學問。形由禮比以趣艶，婦德寧因制夫健。不可貸借常聲嗓，互相扇誘其恒想。以奉百年休忘舊，攪亂春團是獅吼。地既不厚天難抱，兼女觀能休妄譟。《關雎》風始兮求淑女，以衍《螽斯》兮采蘋蘩。而佐宗廟褒揚功德兮，聲滿大造。（北魏王孝友曰：婦人多幸生逢今世，王侯多尚公主，公卿皆娶后族。習常天下一妻以制夫，爲婦德云云。）

讀曲歌

艷曲奉禁，故□□□□，讀法因復作歌。〔一〕

衲故又何妨，遜新亦非耻。秖要色才情，三人如一耳。《琵琶》

儂生已枯地，歡有必榮資。貪渠聊就辱，誰知卒被嗤。《西廂》

歡似倒栽柳，儂似玉樹花。生死死復生，因留此兩家。《牡丹亭》

渠與歡締結，儂方獲所委。歡雖終離别，一宵亦爲饎。《想當然》

儂詎不可武，儂詎不可文。持此邀歡重，誰恃石榴裙。《雌木蘭》《女狀元》

儂苦貪歡色，歡偏吝一諾。儂愈重歡品，甘抱中閨脚。《慎鸞交》

悦儂即爲歡，豈在計雌雄。儂歡作鴛鴦，看郎施巧工。《憐香伴》

歡既才貌兼，儂寧兢相共。王郎雖見逑，專房亦何用。《凰求鳳》

欲界歡儂事，十九奈何天。袁娘前世因，不妄臆他緣。《奈何天》《意中緣》

歡名蓋秦淮，儂來自烏傷。所貪深解事，遑論老脚長。《白練裙》

〔一〕按：組詩卷一已收，此乃重出。

小星七索

段評：昔人謂飛卿詞嬌語異。吾今亦云。

春嬌兒亦藏尤物，汗浸從郎索手揩。最是燈前難忍笑，替人換取合歡鞵。
鳳笙逸響助雷琴，染語從娘索賞音。最是初更難轉步，看人談笑入鴛衾。
深缸暖鋪夜如何，長枕從娘索一窩。最是三更難睡去，聽人乞乞笑能多。
一般玉筍破青天，洛浦從人索兩肩。最是炎時難暫制，替人高捧半邊蓮。
身均妙麗命難猶，斜眄從郎索倦眸。最是日高難咽恨，看人含笑起梳頭。
泥人情態令人醺，逞媚從娘索齒芬。最是人歸難告訴，替人背脱軟羅裙。
故呈粉撲露胭脂，握手從娘索撫髀。最是浴堂難釋忿，替人磨盪玉交枝。

禽蟲語　戲爲一蕩子作

不如歸去，買笑亡金，窺簾無路。名艱利薄，衾寒馬仆。壺中人，雖不玉。亦不是，醜醜婦。不如歸去。

脱布袴，襄樊渡。多少芙蓉錦綉包，我少金錢難詭遇。大堤諸倡亦爲貧，十二時辰解裙布。荆布君家固有之，曷不歸歟脱布袴。

提葫蘆，酒家胡。典却汝裘剥汝襦，不容更向房中趨。桃花面別葫蘆久，憶著葫蘆墮淚珠。願伊急往慰羅敷，一般含笑提葫蘆。

泥滑滑，歡喜殺。金蓮遂把英雄踏。横陳盡頎姣，一樣聲啑嚃。飛入明空宫，滋味同邋遢。手牽紅，休別趏。儘百年，泥滑滑。

唧唧復唧唧，私語唇脂濕。忽高呼，震鄰壁。苟狂來，誰肯嘿。杵臼雖苦辛，鴻光許豪逸。已而聲漸低，唧唧復唧唧。

姑惡姑惡，不勸笑謔。命宿帷旁，難乎運作。姑昔未霜，和鳴恣樂。入婦耳目，曾不是怍。不諒人只，終夕摸索。徐淑秦嘉，芳香藴却。調羹不洗，心言姑惡。

得過且過，姑年已大，争似未還鄉。昔昔和衣卧。姑有時詐癡聾，郎且來挨磨磨。沈欝兮枝挫，得過且過。

七歌爲某作

吁嗟我生倏白頭，我髻母逝父病弱。讀古未能奸僞測，謀生却昧貨殖略。小遭艱阻心怦轟，計無所出將人捉。見偏不得堂前意，無弟無兄增落寞。嗚呼一歌兮歌思迫，空具纓緌與錢陌。

有媪有媪非自出，碩大且儼視如一。弁兮猶倚脚跟眠，祈我長雄言甚暱。日調豐膳强我喫，惟恐顔容少華色。及得吾妻一樣憐，今忽我離剛八十。千秋萬歲不得祔，雙目存形但悲泣。嗚呼二歌兮如憶娘，白門音語耳邊厢。

有母有母十輩行，兩母於予特用臧。摩瘡挽髻换履襪，酌量冷暖添浴湯。姑杭姊蔡生母地，母視皆如藏異寶。其頎且晳珠翠粧，邇亦魂兮去飄渺。嗚呼三歌兮歌且歎，緊我獨壽心何歡。

有姑有姑家並豐，軀亞馬鄧金珠籠。幽林蘭静存淑質，加我膝上教國風。我年十六已伉儷，姑常來至眠床東。石鞏當年撫九妹，阿妹才半恩未隆。嗚呼四歌兮歌四闋，隆施莫報難重説。

家河南陌城之西，有姊有姊壓姜姬。眉目如畫玉雪媲，英爽豪邁皎而頎。不同谷妹瘦啼飢。一姊爲我作媒妁，一姊贈我雙小媄。兩姊皆同我妻密，纏綿止宿如癡迷。嗚呼五歌兮歌五轉，一般鏡裏容顔變。

我生無兄弟俱夭，同堂邀得雷淵嫂。拮据百計助淵妻，騎服還家齊笑倒。大嫂苦肥不吝步，二嫂重貌貪娣姣。姑姊妯娌常共闥，驅往書房去孤眺。嗚呼六歌兮歌未已，事在目前俱老矣。

有女有女平陽字，能讀父書窺父智。家門世多拜認女，邂逅此生惟一視。婀娜時時倚膝間，歸寧欲别猶流涕。八母參差極短長，女雜其中殊不穉。自老至穉悉歡諧，可知女德兼才慧。嗚呼七歌兮歌且吟，安得見汝携兒孫。

金錠回文

屈而環之二十字，可得五絶四十首，故魏氏名以『廿珠環』也。

鏐鎔圉艷羓，娖雪圍良賂。賕紅炬變丫，齪褻緋香洿。

金釧回文

嫩芳凝飾纏，柔熱鬖華整。腯墳瑩赤堅，揉捏貫斜整。

吁嗟莫相責行　又曰《嗚呼行》

假托親愛攢額頤，狀若相覆已露之。如此責善是巧謗，吁嗟隱惡誰嘗窺。狂不更事莫甄察，高指下劃拒則軋。如此責善是輕詆，吁嗟不幸交此黠。求所不堪深論詆，稍或不承拂衣起。如此責善是求絶，吁嗟諫臣亦師爾。同翼並足忌先奮，依倚相知箴諂佞。如此責善是争名，吁嗟可悼寧堪敬。緩急號救内不辦，外耻怯名虚論贊。不附事情爲放言，實不可從原欲逭。如此責善是避事，吁嗟秪令人交嫚。規欲見圖辭懇惻，干將入握言俱食。參商生禍詭調和，稍或異同不教直。如此責善是匿奸，吁嗟惟有祈天殛。嗚呼！更有當面稱諛背面嘖，晚託末契亦何益。寄語悠悠世上兒，好惡無争莫相責。

咏史四絶

毁短他人自發機，那知先手落昭儀。可憐乞署回心晚，青竹無情響玉髀。高宗后

萬古衝冠嘗后圖，侵他辱彼始歡娱。蘇家婦似韓家婦，争奈師王看得殊。師旦妻

千古詞人代歎譩，臨濠王氏配玄暉。除非騂角尋常有，許展文心化俗機。謝□婦

妻任兄眠反被誣，名之不孝去頭顱。人間稽吕知何限，經律翻貲鍾馬徒。吕安友

張評：萬古同慨。

詩文集卷三

詩三　花骨集

江南樂　社集限韵

淮北花稀景蕭索，物産不多衣食薄。近有河患水濁惡，女亦肥健或豪婥。罕見腰身能裊裊，青兗言音更粗爆。土多水少地焦燥，形非驍悍即願慤。嬌嬈策蹇塵汙脚，燕薊風沙邇朔漠。習食辛葷漫吞嚼，無山遮日暑思殼。婦態便辟憎其嫚，清伊碧嵩雖舊洛。大致傖荒如宋亳，男婦也都餐餺飥。身縱細滑少綽約，晋土堅勁人才橐。狐范遺風産鶻鶚，道以蠶桑足花萼。劉高霸業繁華各，元白胸情芬齒齶。何至風流如掃籜，空餘并賈金堪鑿。陝華高原泉費斫，陸海雖寬風恣撲。唐漢驕奢徒憶昨，宮闕崩填魂喜謔。一片無情土磅礴，資財雖勁崇淳樸。（遺山『北俗資財勁』，又晋人稟性多真純。）周俗多商或騎鶴，門塹崇邃屋走駱。長姣非無寒似玃，楚鄉魚米真潑綽。路蒼無極曾遊泊，硬語乾音多客作。江芊（音米）粗疎欠乖覺，宋玉才華偶揮霍。雲雨空稠情落拓，東鄰處子含糟粕。自閩航吴佑數數，知尚侈麗貪優渥。石路坦坦橋堅確，時常潤溽膚顯灼。漳女泉男誇玉琢，田少山多海颸虐。滇池不用披狐貉，十月日長花滿壑。望後月盈稀雨落，西鄰佛國天高擴。地多温泉勝浴鑊，人不習冶墻無堊。譬如未畫牛羊鞹。物繁鮮，人謹娖。水淫漾，山奇卓。浩浩白水修修魚，漆紫土膏青略礿。蔬笋滿筐蠶滿箔，簫鼓畫船張彩幄。月午樓臺吟芍藥，金蓮綃袴香泥閣。苦茗香醪迭斟酌，灑酒重悲天塹壑。漁洋深悵詩腸犖，眉眼盈盈堪住脚。較量還是江南樂。（陸評：散花摇錦，而沈鬱雄高。韶湛中有浩然孤行之氣。）

擬昔人聞風有寄，灑翰遥贈得仄韵絶句九首

麈吏梃兄難借鑊（用山谷語），淑艷猶生漢唐郭。爲遣相思夢入秦，暗螢照見儂愚慤。

聞道庚長明可喜，卷軸精華都賦爾。不將白愛轉紅情，夢到并汾幾萬里。

襄陽有堂號瀟碧，一門才子傾都邑。弱妹聞知更警韶，遥叩鳳尖抛彩筆。

漳泉十月開金粟，中有瓊仙道粧束。訪蘭尋蕙意孜孜，難見空聞争不哭。

西子故鄉多粲娿，王家有女端而焕。久知一夢了人間，到底此情難冷炭。

武林春勝迷樓夢，聽説妙清才邁衆。弱水從來淺且清，欲將身入冰魂縫。

洛有閨豪飲如注，修碩三姝皆整嫮。結社專將經濟談，休怪狂魂夜相赴。

白下言音自東晋，峨峨皎皎人玄鬢。久識君兄似謝莊，何能禁我魂相認。

神人竟復生劉媪，不獨摛詞能妙好。年踰四代我猶憐，豆蔻花中怕春老。

代王肅妻寄魏公主

夫婿雖殊分甘讓，可知衲故增歡暢。幸遣青鸞取妾來，執帨猶能侍羅帳。妾作穆真終古怏。

代王景深寄宋公主

兩家一樣都王姓，比美固知難與並。卿卿雖得玉交枝，教僕從誰索歡倖。斬衰三年心始稱。（末句用《房琯傳》。）

代祖娥罵武成

自問何心將姊妒，身甘作爾酬兄具。所嗔知欲不知情，爭又給人媚朝暮。醫道大虛原自誤。（朝雲暮雨）

代王氏嗤王燮

不成兒女將儂笑，只儂代爾羞光耀。阿娘雙眼依舊清，作過如斯有何妙。貴人速請盧醫療。

代義渠嘲宣后

粉面狼心恨易釋，最恨紿人盡筋力。旋復回思恨力綿，留爾殘魂恣凶譎。且喜魂知歡是實。

代尉遲氏駡獨孤

兩家俱以戎勳發，貌亦相猶若門閥。惟爾全無同類情，一妒直令權勢竭。讓伊從姊將伊扤。

代獨孤氏怨唐高

君王自合將人繫，小妹何辜充美餌。惟言世不少男兒，王姬剛得身爲厠。公有威尊人有恚。（唐高則三女再嫁，太宗亦二女易夫。）

代姊妹誇大足

并州二税終周免，親族鄰參命婦晏。群從姑姪皆主封，鄉閭何必生男健。天下老娘君郡縣。

代臧韋謝天恩

不有藍田安得玉？自傷玉不療田腹。易子而歡出上裁，聖智所成忠恕鵠。尚宮煩道餘生足。

紅福咏

荀賓

娶妻竟得太后母，封侯夢裏猶驚走。羊琇雖歡無此配，洪之善附分佳偶。指尖浩氣成雷響，寫到君家情惝怳。

蔡瑁

蔡洲别業五十處，肉屏數百成歡聚。逍遥勝韋死乃休，樓船鐵騎吾何與。英雄纔解將人庇，何必皆生無事世。

李遷哲

襄陽第宅千餘里，第宅相次鳴笳徙。男女駢連七十人，生非其世安能爾？儂在老婆襌裏度，描寫姬姜三百句。

馮熙

無意之中得此妹，公主滿家兒百輩。七十六般精舍成，高山曲阜恩華内。吾寫牡丹即鐵筆，玩清遊曠崇歡適。

褚太上

陽翟褚家因女勝，宋齊公主床堆併。司馬蕭劉夢屢更，早識非常保全盛。柯南一國癡螻蟻，古來貴美無君比。

曹景宗

皎然八尺端然貌，憑仗刀頭邀爵號。宅延數里列諸門，作字何妨隨意造。景茂閲人昌位瑣，獨君嗜内偏安妥。（茂位爲官，俱好徑入人家。）

柴守禮

民間乃有天下父，更有何歡君不遂。遊魂那信劫成灰，墮魄空知身是土。命終不見陳橋變，尤是多生曾積善。

劉崇俊

祖楊得世爲濠長，掠美自奉政亦廣。猶勝輕情轉重錢，曾無一户蒙安養。世間美好人奪冐，小醜推君君勿譟。

張者

時來太姒寄其宅，數學惟君能自澤。一個榮僖四十秋，子廿四人財滿籍。香魂都是承平嫗，對厩開窗春煦煦。

趙輝

宋裔邗人明祖婿，壽閲六朝全盛世。嗜好雖奇恩遇隆，歡同保吉譏苛吏。未爲外傳供戲劇，瀟瀟數點江湖墨。（石保吉，宋祖婿。）

桑和

桑冲争及千牛快，隋煬定憐卿狡獪。東鄰西舍麗難儔，一尺高鬟都靡賽。我憎吴鴨宣名字，空飛一滴相思淚。

崔生

柳誓周仁無此暢，潛遊何待窺羅帳。月下騎鸞盡麗人，梨花豈不開天上。木邦變人爲狍㺄，妙術同歸不負眼。

車過老娘趺，戲有數言

大孤呼作姑，拾遺雕十姨。甚矣人嗜内，獨處發淫機。更願山爲輚，携家輚裏棲。纔出新婦磯，又入女兒港。當時坡笑谷，無乃太瀾浪。誰知姥娘趺，今我征車往。玉肌花貌歸無常，固知不如代以水色兼山光。青山緑水古今在，舊歡何處教悲凉？争奈看山亦復染心起，又道惟有蛾眉堪一死。千鬟萬髻高峨峨，高歡錦城輸此美。高家窩，杜家套，者等勝場都引笑。忽憶涪翁漁父詞，便恐詩魂銷得掉。白溝河，紅花嘴，令人遽念金陵腿。儻遇博陵崔十四，定騁歐書題傀儡。勸君悔悟抛名象，抹却世間微細流注諸相狀。

自題濯足圖

昔者遊焦山，臨江曾濯足。聊藉萬里流，洗去三生醭。此惟暑月宜，餘時鍾冷毒。飛雨凄寒序，陰風攪短宿。氊帳效香山，已教張夏屋。階閣並殊異，房廊相映屬。顧盻芳姿儔，汗粉光臂玉。爰學蒲公孟，大小令更僕。當時漢高祖，於此好已篤。匪自蒲家始，蒲嗜尤其酷。兩肢春悠悠，通體俱霡沐。從兹卧起時，不惱惟有懊。比素照鉛華，更賴塗金燭。對玩咸可喜，意狀盈覽矚。微躬旅長世，賞味歸斯族。愧無公孟勳，却擅陶朱福。笑彼馬周酒，醉不到魚腹。窮途强豪舉，悲淚霑袿襹。翻輸我尺三，日日近春淑。文昌但金盆，注水時澆漉。曾否命鸞臺，頻用霜膚掬。有動定論機，虎不居卑隩。男兒具十趾，須將萬夫蹴。教誇太尉香，差稱平生欲。惟憎相譽輩，脅肩形似蝮。何似多柔荑，磋磨談法觸。此身入誰門，曾與鈿車逐。朱顔奉更衣，皓齒飄芳馥。諸餘誰更數，韓愈思偏熟。歲去不知春，荀濟徒歌哭。得歡須作樂，陶潛尚遺囑。親識豈相思，其言尤苦蹙。束教已自拘，况負茲湯沐。隨分鬭金鈿，量力衣羅縠。隨馬有新娃，潛行盡坊曲。夫人接貴手，仙人失神躅。矧予隔兩塵，詎免貪癡欲。誰謂侍無婢，猶嫌病相速。秖傷年貌改，因遺丹青續。由來境與畫，一種空花簇。畫看勝栽看，但非軟暖肉。使彼後來客，睹此秀眉目。灼知心所積，俊朗有才局。興屬既閒長，騁我徑寸竹。弱毫多所宣，雄古羞儕俗。（元相『觸處閒行爛熳狂』，白傅『畫看猶堪勸酒盃』，江總『朱唇玉面非一行，競奉更衣蘭麝氣』，韓愈『朱顔皓齒計莫親』，此外諸餘誰更數。）

渡河謡 社題

人間齊牢情忽斁，天上隔河心弗隔。人間相愛無津渡，天上分離歲一度。天孫壽已萬數千，一歲一宵亦抵人間鴛帳百餘年。天孫至今鬟雲姣眉嫵，人間不四十秋成老姆。天上或耕或織，各勤其事，無夢靡所苦。人間分手，喚他如夢，多愁多恨多病楚。吁嗟人間，乃有閒暇，爲伊傷別離。匆匆草草，如電如影，行即長別初不知。便令日夕操琴瑟，爲歡不敵雙星稀。况至中年同嚼蠟。覓侯作估，種種忘晏私。吾聞諸天相，視成陰陽有時一。男眷屬，萬天女。争及牛郎情長義篤，終古惟守一故妻。將無帝，威嚴厲，一似人間嘗禁臠。奉法惟謹，不容心復思姜姬。不然牛郎，但知農務心淳古，千嬌百媚，姝好萬狀非所期。杜君示我渡河謡，謂我今年七夕，群賢良晏拈此題。就中瑰詞秀句詭麗無不有。我亦狂歌拊掌，聊爲捧腹資。

渡河謡，一歎噫。爲道人間執我，我所一切皆幻妄，不獨銀潢鵲橋之説荒唐，誕杳無妨戲論之。（宋謙父：休笑雙星，人至中年，雲雨何曾常有。）

又

明河但許望，那容凡子親。有唐宋學士，癡欲窺天津。終古因緣可喜生，亦復聚散如彩雲。浪代悲歡人世人，欲界無期别，殊不早覺驚。色界刻期離，翻爲不滿情。素女圖經日日新，偷得天孫餘巧成。秖恨春蠶到死無佳趣，才貌相憐江截住，慣遣鵷鸞匹狐兔。争似寒星縫裏相思路，生有靈烏爲引渡。

又

郎渡河，重惆悵。凄涼一載空相望。今宵縱復極綢繆，伴帝時多限隨唱。渡河郎，休悒怏，歲歲秋秋得相傍。不比長生殿裏人，一别千年看玉葬。郎渡河來情滿暢，天孫自織鴛鴦帳。年年變换合歡圖，未禁人間偷巧樣。競作渡河謡，總涉貪癡相。靈雲秀雨出天才，蠢女騃男錯名狀。費盡靡詞刻畫成，難脱卑凡綺語障。醉眠憑夢近機梭，宛然貝闕珠宫上。

論文

論詩以絶句，始自金遺山。今代漁陽公，繼作詞班班。吾社衆君子，載筆心手閒。請以詩論文，將持詔區寰。陸機與劉勰，厥論人熟嫻。必論所未論，識闇詞則艱。無已抒管見，各窺古一班。爲文貴英變，摹擬即愚頑。《左》《史》與《莊》《騷》，好在不一般。理偏文反健，遷軼固已尫。二王無臣法，傳意名弗貪。不獨岳陽樓，文正記可觀。何必效儒鈍，纔與世相關。進參華嚴法，妙義如轉圜。意陋詞雖侈，紙上空编斕。既已恃源往，底慮才華慳。即彼徐庾體，濃至亦難删。匪病而呻吟，盈篇皆草菅。腹中無古今，筆肆氣愈孱。若更慕茁軋，缺舌同八蠻。不是光明錦，第足誇市闤。杜韓焰萬丈，終古兩莫攀。韓以文爲詩，後賢猶譏彈。杜以詩爲文，未與作者參。詩不立言詮，文情多折灣。勿遽託殊詭，須看紋皺間。要令長不廢，必有至可耽。宋人詩近理，所以味不甘。明人文尚襲，面具增厚顔。一自制義興，此道尤鮮諳。不窮山海人，得膳口易饞。聊爾襲膚貌，誰復肆沈酣。正如學語兒，呢呢復喃喃。三四百年中，家集千百函。熙甫與文長，晚出真弗慚。後更有萬年，架屋其何堪。會當挺宗師，大半從刈芟。精微詎易悉，姑舉其大凡。

螽斯篇

螽斯螽斯聲呷呷，類雖繁盛形極微。等諸蠅蚋誰比數，奈何祝頌登風詩。周家公族雖振振，曾不二代管蔡生。性殊氣雜出幽厲，基隳業壞儕平人。世間惟有魚蝦賤，子子孫孫塞溪澗。若使蛟龍皆孕育，亦應河海難清晏。世間惟有烏鵲多，啁啾嘈囋遍山阿。若使鸞凰皆度種，亦應蔽日遮嫦娥。悟此頓明真宰理，勿與俗流鬬牙齒。唐姚似可無朱均，方丈仙人顧殊異。吁嗟庸夫祈廣嗣，憐少羡多千百計。執持此惑作君師，合坐林逋不孝罪。（東坡贈子厚『方丈仙人出渺茫』。王評：羊祜寇準俱無此物，勿論商輅矣！）

烏鴉篇

烏鴉烏鴉聲嘤嘤，飾觀亦復無羽毛。村姑穉子見之怒，謂渠報灾防禍招。我從去看九重天，多見少怪知不然。五鳳樓頭午門裏，散朝時候鴉萬千。及閲明人諸筆記，由來已久非今世。宫樹高喬故愛棲，魏闕相容肯回避。聱嘈便算善談言，何曾真實説灾原。偶欲於中採片羽，飛鳴一樣空譁喧。目前足以推四海，寡不如衆從可概。鸞凰縱有但文章，鷹隼生獰又何愛。聖人習久未深厭，堪笑無知彼微賤。喜鵲臨門爾便歡，思惟亦是烏鴉變。（顧評：與李東陽《咏燕》同妙。）

青蟲歎

當初枉把青蟲殺，至竟青蟲非巨黠。昔者青蟲解吟咏，今也青蟲空攷訂。昔也青蟲顯揮霍，今者青蟲暗歡謔。青蟲自視大於天，青蟲腹笥能幾篇。古來公案知多少，青蟲涉獵何嘗燎。青蟲輕易笑仙釋，豈省青蟲多滯癖。勝國青蟲禮最隆，青蟲半恃口舌攻。昭代纓緌半朔代，青蟲姑聽其冒昧。寄聲萬世萬萬世，休與青蟲專計議，一夫迂執萬物弊。

金邑尼庵傳有活觀音像，往拜則弓趺朱履，漫題數句，亦偈亦詩

性乃含識氣，相本任如何。現人喜見身，所以髻峨峨。豈有男女相，真實在娑婆。未嗔震旦人，貌寫不厭訛。况復金沙灘，欲治馬郎疴。正宜弓灣履，配此長裙拖。何必不雙鴛，何必但雙蛾。悲哉兒女儔，憎醜遂成倭。胸則愛積雪，靨則愛生窩。目則愛皎月，頂則愛青螺。惟心造不已，遂更施凌波。莊嚴以凡飾，刻出雙玉梭。驚鴻觀音舞，與此同一瘥。大士囅然笑，似覺顔微酡。照破多媱心，便欲騎此魔。如此亦不惡，隨順於爾他。吾願救汝苦，吾智捨汝摩。吾慈破汝迷，吾悲不汝訶。脱下雙蓮瓣，遽成大艄舸。慈航即在兹，載汝皈補陀。

讀陶偶作

五柳當少日，撫劍亦頗厲。渾源念愍侯，心豈忘匡濟。有志不獲騁，乃復顧後嗣。不才方已焉，决保骨肉計。愍侯繁侍婢，千僮頗雄恣。一餐必酬報，耻領尚書事。昔也急小君，後將江賊制。却異沈慶之，貪彼膝行至。賢孫無此歡，乃以杯引睡。諸子不同生，房闥知粗備。山河滿目中，一首最淒悷。何必争此場，慷慨但一世。意指得盧人，百口一擲戲。亦憎元規塵，亦笑茂先瞖。亦嗤求節醜，亦藏運甓智。或看作酒徒，謂秖耽斯味。學作冷淡詩，訖無壯夫氣。適貽後來笑，懵爾人間事。淵明全士行，王謝千家璧。黄菊傲秋霜，低助喬松致。爲我告寒儒，摹本非容易。（杜詩：我觀陶潛集，頗亦恨枯槁。）

咏林和靖

菊既伴東籬，不復友餘吏。梅既嫁孤山，寧復親濁世。花與人異類，本難相妒惎。博愛及桃杏，梅見應斂避。堂前坐鮑姑，梅心當不忮。要知好一分，知己便其次。人之欲得妻，大半爲兒計。矢志在妻梅，並不念續嗣。傷心無限史，休爲先生喟。鍾情到此客，堪與終天地。休妄談緣分，固以同臭味。若將俗褕翟，持與緑華被。何異向飛瓊，哆富供大畩。總爲者梅妻，不商亦不仕。遂成千古奇，海内誰可貳。貞淑各有家，梅身鐫有字。此後咏梅花，即爲漫調戲。冰魂笑且詈，無益取唾棄。

雪樓詩

人間酷須惟有月，九衢茫茫如貝闕。人間足喜惟有雪，遮盡醜惡成光曄。杯底應吞月萬團，胸次宜堆雪千凸（音疊）。暑月恨不宵宵滿，羸身終夜寧嫌褻。雪花恨不炎時飄，冷素自恬清可咽。月朗寒冬亦自佳，爲照飛瓊骨頭屑。雪挾剛風亦不厭，那顧羅敷眸子裂。我常月地訪薛濤，泥令吹簫羞狎媟。即曰終是一人眠，不遣照床要近劣。我常雪地披猩羢，大放紅燈映清絶。即曰春不到牛衣，未合將頭藏被穴。月華增益我心幽，雪冶醫療彼腸熱。枕席無歡帝妃死，却喜雪氈能普設。庶幾太姒與湘君，粉肥雪重看無別。徒赴張鎡會牡丹，何如裸館看霜潔。助以笙歌雜以酒，皆非真賞同抛瞥。邇聞世間亦有不愛此物人，即愛不深因冷冽。我詩自咏還自娱，不爲渠伸廣長舌。（徐文長句『最宜才子著紅衫』。又云花與月耳，以比美婦，縱以比美婦也，何不比之太姒、湘君？）

蘭山咏

余號雪樓，又號蘭山、柳莊，復有蒼筤亭。

植物可人惟有竹，不許輕將儕食肉。花中可愛更推蘭，梅花既嫁就君歡。種竹須種百萬竿，大如泉甕緑光寒。栽蘭須栽滿一山，油油緑葉亦殊觀。竹内玫瑰花可摘，色紫香奇襯幽碧。不然間以萬碧桃，清中欲艷非窮癖。山逕幾枝秋海棠，爾色乞憐蘭自芳。菊花亦可列數本，色不宜雜專取黄。玉蘭雖號花命婦，長身白肉能邀顧。若論郵亭弱草身，全以檀心受知遇。另栽命婦伴大夫，我有蘭兮已不孤。（大夫，謂松。）

自題修月小像

繪己像作吴剛持斧於月輪中芟桂枝，又以此圖刻墨兩面，爲玉勾詞客填詞墨云。

太皞賢妹手空忙，諸天沙數補何方。假使當年不粘五色石，我今反得從下窺中央。羿妃苦被寒浞泥，携蟾棄子登雲航。金蓮縱步跨一丈，千跨便已冲玉皇。寄之月輪傳後世，不似白兔餵空王。住久漸憂輪破壞，始從下界招吴剛。吴剛應即西施郎，越夫人叛，又復貪娥孀。况有兔尻九孔芳，與蟾更遞蹲匡床。餘暇閒芟桂枝冗，分俵賺得青衿狂。豈知嫦娥修飾恃巧匠，能合妙散療癡盲。興亡飽閱漢唐宋，偶然一謫豐水鄉。不到百年便歸去，聊繪形貌教宣揚。圖之末已刻作墨，一千年後磨古香。

膩寒鴉

余制墨名膩寒鴉，面刻半身美人，上題『賦物如坡仙，工巧不嫌曲。從今册子中，時現嬌鬟緑』四句，背有玉勾詞客、三讓王孫兩印章。墨脅有『柳莊藏烟』四字。

萬古才人筆遺詞，悉從胎骨禀靈思。筆尖若無姑射想，未許雀瓦研隃麋。隃麋一丸烟萬杵，千般比似何曾許。坡仙獨有丹青腑，擬取片言堪萬古。從今字裏現嬌鬟，句句如聞班宋語。我刻東鄰刻半身，銷魂有處靳磨磷。縱復自腰消至頂，一捻香魂未肯春。

題所畫作

青山合沓無始終，晦明萬壑轉千峰。連綿突兀土高滿，剗取平基起亭館。參差重叠不徑直，屈曲墻欄路層級。一山一家一甲第，自麓升巔悉園地。四山相望盡豪門，屋其面背波側身。臺池山半不一足，雪瀑平池變澄緑。一法妙絶尤呈奇，窈窕尋壑爲灘陂。鑿腋架橋通水道，一舟宛轉千家到。空存此法無此居，平土一炬成邱墟。侯王力量倘施此，勝蹟應難全敗毁。偶解丹青善談話，怪偉超凡姑作畫。杜撰却勝登州蜃，千門次第開山頂。（文長云：『老來杜撰之畫如登州蜃。』梁評：李公麟畫立意爲先，郭熙之遠近淺深、風雨明晦，猶第二義。）

答天水君

昔者秦李白，初婚楚許門。妻既故相孫，或宗中表昆。繼與宗十六，令姊忝齊眉。平陽與伯禽，不知誰氏兒。許女亦親宗，宗兒應念許。前美得後彰，後賢賴先矩。將來李許宗，千載歸一穴。亦自多生緣，有此生死結。既非太常妻，引近諸抱衾。那須秦吉了，爲君道寸心。

伊南處乩言予故點蒼山僧

後來我誰身，昔見謫仙句。吾生獨無依，是僧真有據。愛流與情塵，此番了其趣。宿世愛欲泥，致此久沈痼。點蒼近佛國，却是前來處。一期看報盡，還當天竺去。

又題所畫

擘將粵蜀奇山石，散置江南平土坡。三里五里著兩塊，回溪曲阻臨碧波。一片千花綉鐵墻，兩片方坼如弄衕。幾塊疊書如堂階，一塊天生臺楯廊。一塊八面皆有洞，石屋透透開天窗。一塊圓磊漫丈許，看似萬子膠如粒。一塊洪水所趨泄，舟行洞裏無曲折。上如截玉一層層，悉造樓臺通井穴。更有一片作長橋，北從瓜步通南朝。只容一騎行坼中，坼左右壁俱洞宫。白者如雪黑如鐵，瓜皮緑與朱砂紅。間似珊瑚紫碧玉，又有金光日所烘。一樹之大廕數里，一竹之大盤甕比。樹似沈檀花似楳，百花分接一樹開。昔人論畫欲可居，我今所作謂何如。庶幾可敵全秦壯，留殿長江萬里圖。昨見高歡歸晋影，却笑晋陽無此景。未侍長蘅作墨仙，姑蹲小李將軍頂。人間甕算事何窮，與此等名爲畫餅。華嚴樓閣夢境收，境畫同空一笑休。（回溪縈曲阻，潘岳句也。）

新創對樓

萬門高下映，四合回環睹。風榭皆機成，此事今輸古。香爐絲線走，固是癡兒女。至於樓架棧，或就溝爲塈。洞門與閣道，連屬無間阻。飛橋更接檻，聯市加廊廡。百行甍瓦齊，時人猶有取。不但梯扶桑，碧山金屋柱。即彼平泉莊，亦復若仙府。下至顧阿瑛，亭館卅六處。吾園如芥子，卑屑焉足語。惟此新樓樣，似匪舊機杼。兩樓柱等高，相對五尺許。北屋分三層，南屋兩層宇。從南下一層，梯北中層去。復由北中檻，渡南上層處。南上窗檻間，北渡上層土。亦復恰相值，參差成媚嫵。高或十層止，深或九重數。皆可如是爲，變出無窮譜。人生貴游戲，此亦遊戲户。

答客嘲

時時擷谷集，十九咏茶笋。良以耽清味，觸眼心手敏。某詩於娖娖，亦復多篇引。羊羫與竹萌，議論須教儘。清濁似淵霄，何但古人哂。豈物有清妙，身反不得準。同一好萌荑，木與肉平等。畫魚雖形似，但令獠涎隕。苦思形中事，尚屬當身疹。誰謂雖眼食，意根爲薤本。胸中書傳香，與彼亦相允。賞好各有存，俗子顧言蠢。詩以天然工，謔浪皆義困。（山谷：憂患從來爲有身，如何苦思形中事。）

欲界八仙歌爲竹西某壽

會稽王貴不可肩，陽春融幄何連婘。風流未許曹安騈，羊琇安逸終其天。嗟與薛況相後先，陽平雖樂輸伊便。曇無懺術世所羶，神躬國媛争纏綿。烏古先生何有焉，景宗壯佼美少年。張揚所利伊可專，驚闉乞食菓盈前。遷哲平生福已全，鳴笳導從門歡闐。獲賜何止誇收寨，崇俊當時值主憐。於政何礙加徽纏，自俊而外皆迍邅。榮僖神數高捧蓮，馮王之次史流傳。浛同守禮亦鼾眠，輝也差方李勖賢。趙祖之後朱祖連，壽尤難得廣陵仙。

苦瘍詩

誰言疥癬灾，害不到心膂。連歲我遘之，甚於彼囹圄。年衰血就枯，是以尤劇苦。膿血與水汁，濡染遍綿苧。行坐把握處，悉不由自主。一疥醫未痂，旁又添二瘉。兩或變爲一，一復函三五。剥成三角坎，阜似大菽鼓。厥狀既屢遷，百法不全愈。初乘燥火發，繼則濕爲楚。濕火易兼風，萬蟲因穴處。燥劑指乾皴，毒斂何時吐。潤劑掌如烝，其勢更莽鹵。脛跗既腫脹，筋脈緣急努。非痛即奇癢，癢更難撑柱。有時寒灑灑，有時熱煦煦。竟夜不得眠，眠去神失宇。昏昏懵懵間，半晌光已普。一日凡數洗，精疲手慵舉。逐一藥塗附，不勝其倦迮。顧臂又遺囊，看趺旋憶股。縱有美飲食，誰復甘嚼咀。任爾好風光，於我全無與。夜夜須脱褐，日日須著紵。一脱復一著，皆令眉攢取。燠月猶易支，最畏届寒序。因思老死界，又有病纏汝。我不愛酒漿，又未冒暑雨。天憎性恬適，時遣焦肺腑。津枯氣血滯，斯禍所從賈。即此是業果，輾轉逃無所。莫言善攝生，非可徒静撫。莫言善處方，藥網有弗罟。個個戀人間，想皆無病侶。若復似予今，人間趣何許。秪一妙觀察，佛催人作祖。嗜欲掃一空，恩仇若無睹。跏趺便可瞑，視世如糞土。（莊子視喪其足猶遺土也。）

賦得三吴佳麗城　咏梁溪事

表裏碧鮮色，滿中頎姣人。今粧風八閩，古艷學三秦。嫩日融朱粉，温風養妙身。何須藏勝僻，竊有玉枝春。（山谷：欲有瓊樹春，選地得勝僻。）

賦得迷花不事君

夫已偶如木，佳人貌似春。寧教穠艷葬，戒問混流津。予志誠高麗，當時况賽神。襄王今夢裏，所愛異儂身。

賦得毗陵何限春

自有齊梁後，穠華滿舊闉。人多東晋種，水繞碧玻璃。文字且殊妙，粧眉合整齊。參差花與柳，掩映地高低。

賦得卷中文字掩前賢

江南才子許渾詩，句句清新字字奇。明眼能傳知便了，當時頗自謂宗師。詞高不畏天壤笑，調老寧爲格法迷。少宰府中高唱入，閔周無限秖堪嗤。

賦得床上故書前世夢 社題

巷陌尋常住寄身，今生定即昔年人。不應從未凌烟畫，或者曾含長信顰。常憶謝娘當日塵，難忘坡老舊時巾。歡娱似夢誰詳記，争及追尋觸觸新。

賦得宓妃襪借天孫著 社題

洛浦鸞韡艷照褁，銀潢嚴飾坐青雲。心緣愛巧貪新麗，口勅元君往水垠。王母接將丹火熨，常娥誤取戒香熏。酬還半疋鴛鴦錦，却與陳思裹妙文。

讀漁洋利州作《賦得紅綠複裙萬里香》

精神天付眼波長，嘿啜嘉貞豈獨狂。今古幾曾雙大足，江山且欲覿嚴粧。世尊久許羅裙護，貽上今猶看畫腸。笑彼含情無脚力，瀕危用色竟沈湘。（飛卿：今來看畫猶如此。）

賦得兩樣春光便不同

兩樣春光便不同，况於各自逞嬌融。朱橋碧野猶縈念，漢寢唐陵更染中。吞恨萬千空嚼蕊，吹更人世秖嗔風。勝花賸有耆卿解，分段端相變莫窮。

賦得別是人間閒世界

別是人間閒世界，解衣心快小闌干。繁華盡合修成譜，舊話都教繪滿紈。解得今生前世債，豁將俊氣始成歡。千重似束看那忍，不觸芳心忍更難。（坡哭杭稚妾朝雲『傷心一念償前債』。王元美：『生是此生人，債是前生債。』）

賦得忽斥西施聘王母贈常道姑

夷光自是月（音肉）中妍，阿母嫣然但氣仙。終厭凡葩春不永，深思真體老逾鮮。好逑肯僅貪長瓜，擇偶還須軼上元。偏是尊嚴能感意，向聲背實任轟傳。（陸機：萬夫婉孌，不俟西施，實必動物虚不移心也。）

爲詩

廣大鏗鏘古意隨，爲詩但取氣淋漓。妃豨可笑幽偏小，淵穎歌行頗謂奇。
青蓮才筆馬追風，六代淫哇洗一空。原有情波濃至處，染神片語括湘東。
留連景物六朝開，自此詩家轉費才。及至宋人求傍理，皮麄骨露變凡胎。
滅没存亡土蝕錞，古詩未欲顯層鱗。自從老嫗須教解，不惜粧施分段身。

花命婦　限韵

張評：北齊封孝琰文筆不高，但以風流自主。

牡丹已比太真妃，似爾應同元載歸。但取衛家長白種，從來禍水艷勝肥。
花開常以當夫人，晋后專遴長白身。送老消春惟皎雪，傲他無行賈皇嬪。
巍峨叔夜玉山頹，當日無間本玉坏。鸞帳無君長照眼，便成瓦礫伴瓊瑰。
東京馬鄧亦君儔，豈止身歸纓組流。拼把梅花讓和靖，魂銷合德粉雙勾。

夢遊仙　三十首

未得工夫上碧天，先須訪伴華山巔。烏紗一幅遮寒玉，暑月同看十丈蓮。
避寒乘醉到華陽，幾個雙成洞裏藏。滿眼玉光如小月，照人擁背向匡床。
儂家家住南峨岷，千層萬層秀到天。人問無愛將梯樹，花林魚沼阿誰邊。（韓偓：許多親愛在人間，夢上霞梯醒却還。）
塵世訛傳月姊孀，却疑靈媛久凄凉。自嗔寒浞高高避，運舄兜鞻有阿剛。（戲用唐人『后羿尋妻無處覓，誰知天上却容奸』意。）

吴剛應是弟兄行，獲導乘閒往探望。教飲三杯桂花酒，至今滿袖月輪香。

粧因時世婉妗柔，高髻天身十丈修。弓得雙灣纔八尺，九華上壽積⿰車奚兜。（張衡《思玄賦》：俗遷渝而事化兮，斥西施而弗御。聘王母於銀臺兮，召洛浦之宓妃。故作奇語以增捧腹。）

齅得⿰車奚香徑就眠，連⿰車奚沈墜海山前。紅綃不爛明金壓，留與蓬萊作渡船。（李白：西海晏王母，北宫遊上元。淫樂心不極，雄豪安足論。李賀：春羅書字邀王母，猶疑王母不相許。故復用晚唐潘佑『只應騎折白龍腰』意以謔之。）

高才無若魏夫人，昔夢從伊脞股生。一樣珍珠盈綉褓，天河試浴水縹清。

地似生酥好作墳，已曾乞向玉虚君。長眠直擬過千刧，香土能將鼠骨熏。

碧落知他累幾層（首句不押），層層疆界又横分。灘河疊疊湧銀浪，穿過金雲入紫雲。（李白：安得五彩虹，駕天作長橋。）

滿天北角絳霞緋，松徑千圍竹百圍。散步偶穿松徑過，杜蘭香宅敞幽扉。（《毗沙論》：須彌山上有大竹林。）

天上原來雪不寒，積成鬆土似綿乾。朱砂遍地湧巒岫，掩映青雲照面丹。

焰山代日是朱砂，代月雲光白勝羓。亦復偶然飛翠雨，秖添花色不飄花。

牡丹芍藥俱無種，也不曾逢秋海棠。只有玫瑰香色妙，漫山遍野蕙蘭芳。

荷柄多椏葉半裁，碧桃之外樹惟梅。樹身却是沈檀木，無不終年鎮日開。

薄絶天衣限一層，霞無定色善堆增。片時閃變千般艷，銀爛金飛寶焰騰。

青鸞裘面翠金摇，紫鳳裘輕勝紫貂。粘以神膠渾不落，活毛摘取上鮫綃。

呈肌獻體各天諳，不但魔天舞媟媱。仙籍詩魂占一半，每看習舞輒狂吟。

諸天盡製無憂曲，鸞鳳都教學唱歌。聞道屢曾驚帝釋，修羅索戰手横戈。

大羅天上也樗蒲，赢得元君兩玉嫋。更找一雙金縷襪，將回飾臂詫羅敷。

高高崑閬海中山，乃是諸天總闤闠。天眷常來看桑樹，初仙從此問天關。

蓬萊屢日賽梨園，多少真妃坐並肩。也有秋千顛倒打，一般春笋破青天。

雲裏原來有酒家，渴時又賣菊英茶。要詩不要汞鉛氣，此卷玉清宫好誇。

何疑宫殿貯天身，吹蜃猶能結奂輪。人世觸塵天見氣，天宫人觸故如銀。（佛經：諸天皆因隨氣成，氣隨想結。）

閻浮土木氣爲因，仙口吹之即化雲。天上氣噓成衆物，見時可觸散成氛。（《華嚴》：隨願智力如幻師作幻，分明可見。）

逆致三灾順榮族，若然性好似凡間。定知亦有襄成手，情嗜偏奇不笑頑。

仙人下迹殆訛言，飛燕方誇男女緣。解識無弦非指妙，女真總作一床眠。

幾家貪做玉皇官，浄濯明粧冀另看。辛苦無人可驕傲，思量不若别尋歡。

唐詩多有小遊仙，强半狂人夢囈言。近代鐵崖應解作，易成鬼語雜狐涎。

要識詩腸有别才，仙函佛藏半諧詼。君能仔細窺朝露，姑妄言之試聽來。

田家閨樂　社題三十三首

凶機吉讖細於鍼，郎覓封侯妾警心。何似柳陰田數頃，初無離别况崎嶔。（潘尼云：行則由乎不争之途，貌若無能，志若不及，何必飾德鋭智，抽鋒擢穎。傾倒乎勢利之交，馳騁乎當途之務。）

郎去行商怵緑林，受欺損賄病相尋。况教紅粉對寒浪，争及莊家老瑟琴。

城市喧囂易涉争，添錢增産物情平。重門深院寬閒處，不積珍珠惹目瞠。

鸜唱雖然眼底歡，他鄉不見舊闌干。村莊也有驊騮厩，成隊遊春上錦鞍。

冠蓋誰誇吏卒驍，儂家管佃也分寮。持籌帶仗重行列，真父何須紫綬飄。（伍真父，江西人。）

水有漁船山有材，千花百果裏溪栽。打油樹漆皆恒業，茶笋蜂餳候客來。（誠齋：南溪裹在千花裏。）

佃女分蠶婦紡綿，一年集得幾多錢。常時犒飲齊歡醉，新製吴歌唱矮筵。

羊自成群酒自釀，燔窑鑄冶悉依方。佃兒教得兼諸藝，更彙醫方祀藥王。

女佃妖嬈善走繩，秋千倒打亦堪矜。近來更喜相關撲，豢出鮮膚粉没稜。（皇甫謐曰：人之所至惜者，命也；道之所必全者，形也。散意於樂妙之門、田里之中，亦可自適。何必崇接勢利，執掌官事。）

虛爵原來自古沽，居然褕翟賽羅敷。寧馨昨與曲江晏，教即歸農莫賦都。

刻刻高空改綺霞，野人所喜野人誇。客來一個莊家福，者等勝常却不差。

蘋蘩姜子共氤氳，山月明中十代墳。此土千年猶破鼻，笑他高后墓無枌。

夏有松陰冬地爐，田家富貴儉而娛。朱闌青瑣層廊閣，但少尊彝與管竽。（坡：功名半幅紙，兒女浪苦辛。延我地爐坐，却是英特人。）

陳武猶能戒侈粧，況於村野小閨房。四般已遂田蚡好，安用金羅濕麝香。

四翼分衍列佃廛，東西門貫草堂前。十尋臺雉當堂背，更鼓門樓響互傳。（《管子》云：稅於臺雉何如。）

疏引支流入宅東，貫通前後叠當中。河南檻楯北林麓，累土無須覓石公。（石崇《思歸引》：其制宅也，流水周於舍下。）

處處崇階避濕溼，衙城粉繪内周遭。葉紅苔鬱弓凹印，蔬圃環墻亦可遨。

除夕門樓鼓吹鬨，驚天紙炮按更哃。自從元旦將獅舞，舞遍千莊興始融。

舞殺元宵假婦人，也裝宅眷誑莊鄰。燭龍秖算愚頑陣，犒米無多酒一巡。

端陽各垞賽龍艄，男女孩兒裸粉猱。正放風箏儺事起，紙車紙舫紙鵬鰲。

争盗南瓜卜瓞綿，中秋走病鬬金蓮。歸莊還有餘文戲，捉得迷藏罰買烟。

莊與他莊結親家，往來幾輛七香車。咸將賭酒爲娛樂，一片承平好笑譁。

既免仳離長共居，人除秘戲畫還餘。兒曹盡遺習身手，不使鄰知傋冠狙。（嵇康云：一行作吏，此事便廢。安能舍其所樂,而從其所懼耶? 唐詩:世間那有延年術,只羡田廬自在身。)

餘暇原持金字經,女冠如玉坐林亭。生天願隸天孫户,仍以耕桑任使令。
亂立叢推盡潔妍,裙飄屧響頗嬋娟。官人若爾旋罹罪,豈復唐年與宋年。
好花須與侍兒簪,遺鬬芳莎賭宜男。面熱粉香郎一笑,也知春意在相探。
父母家貧留不得,主人恩重死猶貪。捧蓮承溺俱甘分,暮雨朝雲肯道慚。
狡童賭猾不容來,隱士詞流許把杯。除了量晴占雨話,更無他論秖孩咍。
大社今年借會親,架臺演劇爲酬神。居常不把紅氍展,肯割脂膏飽樂人。(杜詩:今年大作社。)
每笑當時大褚公,滿朝目送玉雙瞳。終於不識田家趣,空爲山陰避燭紅。
但有玉人長照眼,更無塵務暫經心。也須安坐消高廩,得作人間真賞音。
雄夫玩物黠而强,世上無情事却忙。多半固緣恒産薄,非關情性愛披猖。
艷情誰解入清空,淡境無窮麗管通。翻盡宫詞成此調,集賢學士彼何矇。(于評:世間妙絶之文,無如分明艷情攝入淡境,田家閨樂等題是也。)

古宫詞　二十九首

對食風情自古傳,長衾八尺四人眠。歡場許借他仙禁,滴露何勞灑萬筳。(長衾,見明于慎行《筆紀》。）

未乏佳人難聚頭，此中一任結綢繆。一宵一換鴛衾侶，儷盡寰中香粉儔。

儂身任作男兒看，又聽還爲女子觀。已得一生兼兩福，秖差些個豈撓歡。

家原憂聚莫悲離，拜認娘兒愛更癡。嬌伴死還同一冢，香魂樂殺拚沈迷。（香山：因知骨肉愛，乃是憂悲聚。）

娘女都容作渾家，親中添愛錦中華。膠成三界新倫紀，那得工夫夢海涯。

像圖天女註身旁，尺寸銖斤逐段詳。摹倣秘辛言一一，更將毛髮好收藏。（燕公圖其妓妾於梵宫，作天女像。）

石人不足始閹男，遠古中涓取石姏。看盡后妃公主面，男身雖腐却心甘。

單石魚童醜迹多，千端萬緒缺難摹。最奇弓取襄成足，實倚爲夫反號婆。（千端萬緒等語，見《北史·宦者傳序》。）

宗騰許息例豪强，先要同伊寢一床。試驗有無諸隱惡，貧來覰妁試王郎。

婿年十四女翻魁，富宦開門贅婿來。再醮仍然招穉婿，可憐貧女嫁隨媒。

傳説閹兒次夕婚，娘先與卧教温存。留紅易履俱教到，婚必辰時爲看渾。

閹法新於國法無，貴男借景罪全除。牛羊治賤倘干貴，母女賠償再受誅。（貴通賤者，謂之借景。）

妙法遺留自聖神，待將教遍外邊人。何因並禁陳皇后，麄獷劉郎慿可嗔。（杜詩：宫中行樂秘，少有外人知。）

風淡雲閒天碧深，無緣叩闕問天心。民間多少傷心死，休爲宮姝製恨吟。

貌似王嬙徑自前，蘭英賦獻頓收涎。君王若復無才調，寧可相捐莫見憐。

不數昭儀兩足臙，昭容政暇許相嫽。前身馬鄧邊司濯，瓊嶽頹前魄竟銷。

誰夫人得王母嬌，青蓮妙句古今超。玉皇親看猶褒獎，何况人間笑語妖。

身餐細滑且休論，別有生筋悦吐吞。眼見無窮深秘物，也堪宣寫傲天孫。

主主姨姨盡喜儂，恣情謔浪骨俱鎔。秖因學得狐狸舌，媚殺驕奢不道慵。

聖嬈倜儻女英賢，爲愛裁嬌逼與權。一夕枕邊能薦達，紅鸞飛上玉龍肩。（魏女職有女中使、女賢人之名。）

好奇兼愛昵韓侯，婉孌三公未解羞。昨日竊從籬畔覷，宮妃也有却他求。

中大人來盡偉材，金貂映月與傾杯。裙腰偷解聊相探，被壓連忙唤伴抬。

道粧無數耿先生，宗白雲宗侍殿楹。和尚教坊今極夥，而曹何怪錯談經。

除夕宮中戲鬭鞣（取和諧意），不同如面御前排。一年多許閒情事，堪入詞人艷冶懷。

骨頭賭寢讓他他，兒輩攢圍一巨娥。也取投瓊來一賭，赢時便把彼穠拖。

徵來淫嫗晋陽裝，臨視朝朝笑一場。抬獻妙蓮當鼻觀，吾儕也得眼猖狂。

王建清新花蕊嬛，零愁散怨復多篇。從今古意翻新調，一句風流五百年。

我知不盡世間情，廣有歡娛欲寫傾。狐穴喬吟須索改，叢推去泥淖方成。
且憑繁盛玩空花，棄簀何妨讓別家。憎殺易京燒婦女，無謀在爾禍群葩。

史宮詞

易一史字，明其與古宮詞貌同而例異也。凡十二首。

極貴殊尊曳綉裙，世間無過野王君。漢宮舊法千秋例，曉望陽臺有重雲。
約就弓灣小董郎，十三事主古誰頑。因詩角丱當頎碩，不畏披猖滿願狂。
耶娘毛裹怎深争，金屋惟知貯玉英。莫笑當時愛翁主，由來秖是得嬌情。
魏公深壺没多嬌，卓布妻兒並受撩。秖是舊時驚羨物，忽然入手便增膔。
姐母尼巫千載逢，晋元皇帝作神龍。風流别調難頻見，肅代遥傳宋兩宗。
天后排筵晏翟褕，繽紛命屨内庭趨。蟲他天子垂簾覰，聖意從今剖腹輸。
嚴粧通謁老韋娘，眼語頤言忍笑相。多謝賢郎方藥驗，轉遺一餅試研將。（相，端相也。）
貴主紛紛乞道冠，自因童子滿蓬巒。聖人亦可論方外，不向蕭郎説鼻酸。
毗伽公主遠迎親，導入深宫合語因。禁臠定須先施我，愛卿頎姣過唐人。
携手來秦信可兒，桑榆入内足珍奇。君王聞道連馳旨，解抱相遲不許笞。

太原帝子號瓊花，珠冕朝天母孟家。倖殺招來衆方士，孤寒少賤捧名葩。
强回竄住苛蘭邊，寶物名姝貢意專。誰信女堯曾手勅，呼來汴内看嫣然。（寶物公主，見《宋史》。）

古宮樂

亦反宫怨之意。偶用古韵。凡十二截。

王宫一樂異凡間，巨漾遥聯盡海寬。處處通溝許相訪，燈船夜半棹歌還。
王宫一樂異凡間，婦牧衎兒備紫驂。接漾沿溝堤石廣，不時羅綺坐雕鞍。
王宫一樂異凡間，宛附長廊過萬間。層折朱闌轉天上，九重一目可遥看。
王宫一樂異凡間，仙子承恩悉拜官。日日騶呼勤辦事，吏兵無二但高鬟。
王宫一樂異凡間，一半妖嬈列市闤。分布堤廊非一處，餌蔬香履及珠珊。
王宫一樂異凡間，另有仙裝侍佛龕。聽諂祈禳凡十寺，清齋異茗耐攀談。
王宫一樂異凡間，晋楚秦梁共呢喃。各述土風音吐别，百般粧裹互評參。
王宫一樂異凡間，絳蠟通宫徹夜燔。冬月金爐紅滿院，高圓三尺獸頭環。
王宫一樂異凡間，得薦龍床請萬安。但摘石榴持進獻，任渠疎賤許成歡。
王宫一樂異凡間，選極祁頎遍宇寰。共一浴堂窗日照，絲毫相狀不教瞞。

王宫一樂異凡間，治策殊尤任上干。美膳養傭長樂樂，誰知妙算出笄冠。
王宫一樂異凡間，外命三時勒入參。叢宿一庭看萃語，復教穿院籍姿顔。

虞山竹枝

欲使曾見予詞者，往遊如逢故物，故不避委瑣之誚耳。

磊塊崚嶒不可壕，遥看卑伏似連鼇。低城半凹騎山脊，敵勢應難獨據高。
俯窺萬井瓦鱗鱗，稠密民居野蕩濱。不盡有租勤紡織，故宜生計亦酸辛。
真景無多小市闤，况兼牧演向山灣。崇基古地椽生草，海晏誠然富亦艱。
地疑滷氣足肌容，特面光膚秀雜穠。却喜紅裙遊興邁，呈膺把手上層峰。
音雜梁溪硬過蘇，城中山麓桂芬衢。燒香僅有城隍廟，鄉女春閒競步趨。
嶽廟階終直衙前，西關初進好灣船。十家九户工留客，新奉官查暗數錢。
雌山頗似笑天型，垂勢猶須鎮以亭。已是汪洋堤未易，况容川嶽並鍾靈。
仙童都是舊家郎，氣邁心閒足道糧。尼媪不裙能雅步，頻頻相遇向前坊。
西關龍舫奉神遊，富室肩輿上畫舟。城堞山腰橋閣上，看人都滿四圍收。
吴社編成自昔訛，校男鎖婦作兒嬉。漁家獵户赤身鬼，分隊跳過有底奇。

山前河岸盡祠墳，千仞高巖欲截雲。我坐竹兜猶惴惴，弓鞵幕轎信虧君。

拂水巖真入畫材，村姝却爲進香來。路南即是空空處，風雨同登亦勇哉。

城東廿里景家園，坐享膏腴一老猿。雕飾繽紛賺遊女，鬨餘不羨鶴乘軒。

山陰竹枝

《西湖竹枝》，廉夫爲倡，皆咏湖山之勝、人物之美，而寓情於中。予則直書所見，僅及竹枝之正格而已。

篷櫓門墻表裏鮮，平艙高椅坐㛹婘。清流縈貫山陰郭，最愛烏油彩畫船。

無蟬高髻不吴粧，十九家常繭布裳。織得越羅他處賣，樵簪竹筏似吾鄉。

弓灣不遺路人誇，跪伏河壖素履遮。自有西施驚范蠡，至今户户浣綿紗。（坡詞：路上行人立馬看弓灣。）

家家習釀利源開，童嫗三餐必舉杯。融冶春懷助顔色，又能獨往睡鄉來。

越另成音話半吴，杭州問答字翻殊。南人晉語知何自，若續方言細與區。

鱗鱗低複疊高尖，山學菱花作鏡簷。皺似羅衣亂堆疊，却疑捻糯是春纖。

茂林自古賞清佳，怪樹奇柯遍水涯。無處不成圖畫境，待將臺榭與挨排。

高墻闊砌儘人爲，石賤如泥日斧斯。雕鑿況能餘洞壑，柯山吼宕謂雙奇。

此地曾經住二姚，伉儷神禹又生嬀。志乘僅可供吟料，也似諸天遠島妖。
聞道夷光勝洛神，秪今面少可憐春。山川秀媚民麄獷，相覿翻能令客顰。
立夏時光競渡舟，門門粧裹立前頭。楊梅滿市甜無滓，櫻口含咀坐倚樓。
府堂高偉石臺崇，城外如屏列碧崾。山寺殿深擎鉅鼓，中宵却喜甕然訌。

龍山竹枝

泉亭背後上頭茅，石骨巑岏萬丈巢。我到猶因籃輿力，羨他曲屣振風髾。
一龍行盡一龍伸，慧嶺華陽更秀皴。試看太湖龍脊上，錫山塔下一堆塵。
適自虞山轉棹回，石門争比劍門來。空爲鳥道當山半，十景聊將誘嫗孩。
龍山脚下亦千家，河曲浜横一道斜。直待斜陽方返棹，紅粧遊興劇堪賒。

安莊竹枝

莊在無錫、常熟、江陰三邑交通處。實有子厚所云：『陵麓距池涯，洲島交池中。岸突爲屋，望之若連艫。縻艘堂上，水流浸溢，闌檻意深。地高堂竹遮松映，美人似玉，鐘鼓沸天。其盛可想見也。』

鳳洲記裏侈瑶池，安氏三莊世莫媲。好在東高山作幛，高蹊大竹寺鐘篩。
寬池石島愛天成，造作金焦塔尚撑。况復長塘非一曲，參差重叠碧瀾清。
沿池夾岸作墻廊，宫院無過者様裝。今日僅存松竹桂，千金可得拚傾囊。
東樓曾爲富豪來，歸妹侯家百兩陪。豈意編籬結茆屋，换儂收稻種紅梅。

吴莊竹枝

當年吴益足倉箱，又得宜興坦腹郎。因有菟裘閲人代，奇藤古木尚千章。
水木之餘勝是橋，或平或麗總幽瀟。就中烟雨横塘景，尤稱詩人一寫描。
塔廟丹畦點綴齊，芳魂主在莫宵啼。同居男女今王謝，可勝當年宰相妻。
莊號青山未見山，主人馬鬣擬何灣。毗陵却更無他處，吴嶠何妨月叩關。

永嘉竹枝〔一〕

〔一〕按：底本有題無詩。

詩文集卷四

詩四　一醉語花集

客毗陵，嘲狐氏媪

用枝山、琴心等集格

年長我十髮如漆，長過我頭無半尺。頗施粧粉秋波溢，媌娙姌裊肌穠實。頻唧我盃故留滴，想見當時極豪軼。自言其間百擅能，最忌教人意不適。適意與否不論年，童稚無知空貯蜜。時有阿粹現坐側，秀眉單眼面短皙。果然倩盼讓軒舉，蕙草端非閩蘭匹。有媳壯穩六寸蓮，却令坐房守貞一。櫝藏奇藥待貴賓，或謂此膠名慎卹。且須濁酒澆乾唇，此時予思横不律。佩弦終欲試其技，移時衰弱變剛愎。婉轉善附爲所靡，趾尖滑竅歡尤劇。手口腰腓咸善用，匪徒前後知自力。一卷斷腸詩句在，何處玉堂年少筆。韋曲家家惱殺人，兒童項領誰爲嚇。從今不斥狎邪郎，野鶩家雞殊未敵。隋生定入汾陽宫，謔浪管教天子屈。人間多少歡娱事，那得千分内無一。不敢分明玩物華，十載如窺夢中隙。既有踏鸞騎鳳脚，肯教金盡河邊立。蹻跖心情孔顔語，我亦不屑君無述。（咸其腓，見《易經》。惲評：枝山固云，或謂閨情數見不鮮，不知此中有無盡藏。）

花籃憶

女曹交白應無兩，一長可取須知賞。盡眼細滑且明晃，抱得欹斜看更朗。趾雖不纖亦不掌，春山疎翠墳高廣。風片雨絲入畫舫，狹葉重緘苞漭瀁。娘生更比娘條暢，出乳喂兒微側向。故故勾人音吐亮，頰窩生成姿首壯。一年十度買花籃，梁濠水碧深惆悵。江東風光不借人，枉殺落花空自春。態濃意遠淑且貞，因不及擇多斯人。花茶坊，連庵酒（店予）。所否者，天未厭。（金評：識法者懼，則以多拘束故，天趣不得泛溢。）

蒜酪體得寶歌

北魏胡叟既善爲典雅之詞，復工爲鄙俗之句。侵賊李杜，未及鄙黷。世傳誦之，以爲笑狎，蓋此類云。

平生此味因緣少，今如王立弦超了。轉移依托得斯人，一室堅牢絶繚繞。心能計畫口指揮，不但珠籌兼筆草。飛鸞綉菓出心匠，絡緯穿鍼皆異巧。姿形却又天人表，豐龐撲父兼騰保。面似鵝丸稍銀定，兩側成方正盤皎。修耳長眉加合度，智如張咏惟猪瞭。重粉濃雲蟬鬢飛，填墻高舄裙梭褭。自言爲駔廿九年，無窮對食諸妯媪。兩族俱單且在温，衣裝空積房櫳小。新寡無男惟一女，不嫁却圖相傍老。爲探胸雪重千銖，上臂奘嘏後肥朓。渭川一乳應萬金，偉髀夏在堅而䠷。坐並渾疑本無縫，行時張展勢强矯。裹累垂腴歸淖澤，何穠且實脂膏皛。如腰修脛尤悦肩，分段身中者般眇。我師弘景但裸身，醬貝思投永嘉姥。忙請蟾勾出鳳窩，瓌麗穠鮮方醉倒。步沈跟重蹋抽肥，香綿卷粉全夭好。但要全符脚板經，一寸春荑一寸寶。大笋已堪終日飽，饅酥况復令人惱。芍闌窄紫蝶衣墳，穿衣又見春烟掃。血盛令儂化粉犀，歐家氣客須詳討。辰刻來傭午定情，百願已遂何豪媖。手符口術俱暴起，自贏自納天天嬴。謂予兔劍有盈味，如交阯蔗檮杌驚。山谷霞丹偶晴暖，女商欣遇三娘荆。卑流衰退但巧利，充博非貌從來争。萬安妹子僅一胖，君王便願同九京。伊勝蓬仙似舉舉，雲隱空餘逞筆名。所恨劉常與光遠，年光亦已非春榮。此間諱鴨陶溝久，貼身酷嗜横床餳。誰知此談如嚼麝，莫怪雌牙詆外傖。不見牽來姊妹遍州城，智能相秘俱善姘。笑他勝静鄉間行。癖性愛觀諸别相，恨無媒曲姑休唱。

物之壯大者而愛偉之謂之夏，故碩大且儼，名以夏姬。並奘嘏儴，俱見方言。豐龐，見《輶軒語》。樸父，見《神異經》。中有木者爲舄。穿衣用合德語。

王評：雖蒜酪體，却使人發融冶之思於荒寒無聊之頃。况詩非異物，只是人心頭舌尖必欲説出之一句話耳。一時擎筆向空，却向何處討取。觀此詩，憶惠州每日僅殺一羊，東坡不敢與在官者争買，乃買脊骨，鹽炙微焦食之。骨間亦有少許肉。又言張安道飲酒，初不言盞數，但云當飲幾日而已。歐公盛年時能百盞，聖俞亦然，常爲安道所困。若僕飲一盞而醉，醉味與數君何異？亦無所羨矣！不覺一笑。然坡公論妓以情興爲上，才藝次之，貌又次之，則恐一盞百盞，不能無別也。

忽忽

忽忽歲云暮，遊子從此歸。我有平生懷，惟君勝連枝。半年姜肱被，所樂良不資。周文得蘇綽，竟夕忘神疲。馬周得義府，亦復同此怡。本因識趣合，不以戲褻知。抑既許投分，縱褻寧爲非。藉此兩忘愁，和煦及四支。天寒卧轉酣，淑貺貴自貽。並枕商終古，引手甘晏私。壯懷天海闊，暖法骨肉靡。安知多生來，竟未法喜妻。徒以相相拒，反負心所依。嗤彼執相儔，苦志詢姜姬。含情死後悔，烏識心膽奇。棄舍適湊歡，待俟遥遠期。偶爾遂厥願，伊人十九非。求欲心固同，論事意則差。我談千古妙，伊局時世卑。潁川荀伯子，雜語失朱衣。即使爲中丞，奏劾聊爲嬉。今如吾與子，水乳真無違。分袂自兹别，别有長相思。（鄒評：水之迢迢，不足爲其情。春之盎盎，不足爲其氣。）

遇君

遇君勝遇酒，束教嗤鄙儒。是非非所是，只爲欺庸愚。天生至妙理，與人助談娱。一之動陽和，二之健形軀。三之增豪邁，四之解愁吁。五之可吟哦，六之易鼾呼。連綿至七八，枯骨潤如酥。眼花耳熱後，萬物寄一壺。十之末渠央，百之亦奚拘。十八學擊劍，十九力陰符。志欲斬蛟鱷，手未縛於菟。坐守飢寒老，猶自悲窮途。濕薪烟触眼，破研冰生鬚。凄凉賤庾信，偏遇彫武儒。義宗與湛之，安得此生徒？隆之與神儁，共愛此醍醐。牛弘欲修史，舍君其誰俱。人生一世間，忽若過隙駒。何必近女郎，方持樂賤軀。此身不足惜，此酒不可無。

賦遺山『丹砂萬年樂，金印八州督，不及秦宫一生花裏活』句，嘲一士

誰道仙人黄鶴舉，大笑兒曹争腐鼠。縱爾丹成瀛島處，僅把麻姑誇處女。誰矜金印督八州，死愛雄名擁貔貅。饒有家僮數百儔，房老無過燕子樓。即獲前歡無後樂，空皕雄軀亡一巧。争及梁家畫閣中，玉箏秦生占雙妙。後身貴人栽柳椏，前身風裂貴人葩。兩般俱號胭脂俊，柳耶葩耶都似花。柳汁鳳凰白玉髓，花露芳蓮紅瓣水。豈許溝渠賤濁流，等閒輕比銀潢瀰。一家見寶已堪依，矧今兩族當珍奇。相視而笑心莫逆，還恐個中人未知。妖韶自是少年事，詩境新含古春意。自從偷發金錦箱，别有丹青在胸次。名士酬春必萬金，莫言淫褻到肌淪。猶勝南山存齒虎，舐痔歸來位望尊。千古萬古梁家日，垂柳一株春一國。情固萬端何不有，前後同時骨酥拆。仙佛寧非夢境收，幻王微哂嗔不得。何况宋人章甫重虚名，辜負凡間暖相色。

賦得《無雙譜》内麗三公爲居心發論往往不恕者刺

雲陽董舍人，美麗但自喜。豈曾預爲計，以色干天子。不期天子一諦觀，便欲鴛鴦信兩難。從則頃刻爲三公，不然除非以諫終。死生貴賤在反掌，籌決誰能不順從。况乎帝至甘禪讓，深情到此堪惆悵。譬已生而女人相，詔爲敵體寧羞怏。回山轉海不作難，轉面回身豈容亢。即欲更迭爲丈夫，至尊詎復吝肌膚。極欲殊恩值萬死，休説清名被染塗。君不見太康富極究風流，精稟心房恬不羞。提携寧有天下禪，專美未必教反酬。與夫高捧太尉足，若比此公殊不足。

擬陽綝之一事六塵歌戲贈沙三

色綿肪粉撲，杜鵑啼，青蒻泣。芍藥欄分，牡丹亭闢。巧畫小邊闌，秀眉單眼直。擬之粉蝶開門，况以烟絲罥壁。聲鑽淖鑤檉，勝合樂，罷彈琴。齊將心受，兼以眼聽。寡婦聞之泣，才人説已喑。人世笙歌俗殺，仙家玉溜清音。香入骨通腸，引愈出，製無方。沈檀草木，龍麝牛羊。焉敢同人比，何能與爾頏。醉鼻全勝緑酒，怡神頗似黄鱨。味由心至胃，不嗽嗚，猶醒寐。酒暈笑窩，春心玉濟。誰數五侯鯖，咬定相思塊。緣伊秀色眉灣，始覺么荷糯貴。觸人間獨福，空生無，鬼趣蹴。禽獸任天，賢豪鏤樸。是竅皆樂滑，渾身都喜攡。且圖半世神仙，那顧多生地獄。法填空變恰，養教充，休憚夾。静極登壇，狂來得猷。欲慰意無厭，全恃光盈匣。若論專賞黄花，長信教開蕊峽。裙裯釵梁自一軍，貪不勝畏空内焚。朋儔計我到蘭陵，可意開顔緣覯君。身居眉眼盈盈處，種自中唐回紇分。肌理膩光雲委地，韶年十九冠紅裙。與談素女般般解，姌裊娉婷能脱灑。天然淡俊狀妖妍，麗致秀情何處買。嫩蕊商量細細開，杜陵欲死花當駭。行步欹斜實怕春，秖恐重來人柱枴。

薛評：即東坡『試問高吟三十韵，何如低唱兩三杯。莫嫌衰鬢聊相映，須得纖腰與共回』意耳。鄭評：葉天寥名侍女以隨，春言其年甫十三，肌凝精雪，風情飛逗，有『老去未消風月恨，閒來重結雨雲愁，破瓜人泣仲宣樓』句。可與此等並傳。

取平仲《養生篇》五恣意用一字至七字體作七香詞

喀髮珍膏馝馞，擬烏雲嗤緑綍。四起朝天，三分耀翟。寒玉裹南紗，豐貂攔比額。洛神無髻不妍，蜀妹因長免阸。誰云萬古枕邊香，無情也變蘆花白。

姨眉欲曲宜齊，初月偃遠山低。才如班宋，貴似姜姬。無之不成面，生就便含姿。漢代張家善畫，唐年虢國輕施。展處香飄誰解識？知音惟有邵清溪。

妖豪淡治蕭騷，蝴蝶户牡丹韶。雲霞軒脊，花魁額梢。一片月華白，三分門户高。全賴翠絲籠定，渾如俊眼眉包。臨川顛倒思楊柳，不負其香讓聖嬈。

嬼口噴蘭進酒，玉津門瓠犀斗。愛極輒送，剛來亦受。時時啓小桃，往往箝梢藕。金輪生殺由之，道韞解圍賴有。但須私語粉脂香，貝錦堪憎尤厭吼。

姆乳曼膚膩羜，寫仙漿涵蜜湑。煖手宜肥，侵眸在暑。知音陽武公，解事尚之侶。留髡合用人泉，醉客宜茲甘瀹。兩掛葫蘆表裏香，照耀蕭娘臆無主。（宋何尚之，梁武弟，號蕭娘。）

嗤髀豐後凝禧，吕竇等武馮媿。璋以巨貴，粉以堆怡。壯觀全在滿，屬體欲其靡。滑膩光華四版，金陵才子三題。分段色身香幾種，長天暎斷令人迷。

馥足脱苞如玉，玉乂霜粉丫醭。鳳手亡妍，漢成思掬。齒齒艷礬華，儵儵春潤霂。文明予杖之时，偏覺金蓮刺目。一般皎好貴尤香，踏頂甘心况蹂蹴。（杜評：題本劉孝綽艷體連珠，而語尤嬌異。）

秃束繚綾履福。醉心魂，蘇骨肉。懊悔深遮，牽情半矗。鸞鶴碧空來，魚龍波底燠。賞吟恨不周圍，吹艷香生萬族。但教見色更聞馨，五百仙人失神足。（嚴評：薩揭詞多猥褻，雖寫昵事，不入褻語，是唐人風味。然爽爽道來，亦艷情高調也。）

共戲樂第二首　傚楊諍

豪家戲樂則太奇，視之盈目不着絲。質幹醲實懈泰嘻，皓質呈露綽態怡。驕貴來從顛頂趾，侍姆競進呑銀瓈。以乳當茗就口釃，客貴親爲嗞娖蜊。捉褫貧媪代牲犧，自起嬴舞奉神尸。神尸戴屣曲承棋，會浴旋爲潑暑嬉。起來互互比凝脂，較量脕後金蓮私。交交磨蛤嫿男兒，按摩娼媪法支離。雙腕攀繩遍體跂，趾尖跽人孔竗知。專工拎浴鎸足疷，推一至豪稱主司。稱量評論分四旗，㦗剞胸娖粉蠟施。各有狀頭魁子姬，輿抬亦裸周圍戲。臨了却將諸妓媿，姏母嫗監或懊怩。悉如上坐教相躭，後乃坐晏卒不絺。清酒金盆濯嫗踑，酒場害馬罰三卮。婦蹴唇舁群淋澌，趯尻與頰股夾髀。足綃牽項跪戴綦，剃却臍豪口畫雌。朱砂點乳及屄踦，謂消灾難獲嘉褫。舞蹂麵粉沽腓蹄，粉烝裸女妠且祁。分段標旗相餉遺，囟詫齊鬮飲精會，不意群牝尤無儀。未聞未見疑嬾語，摇首謂我相詆諆。如何妻妾同帷幄，翻未深知其戲樂。

（周評：《高唐賦》『素質幹之醲實兮，志㣲泰而體閒。』洵爲美人嫡派，與今之所謂美者相反。此只以賦中『骨法多奇，視之盈目』八字衍出一篇，尤覺俚言奇健，反能爲史筆精魄。嗟乎！人人知求素質矣！知醲實之解者已鮮，况講究骨法乎！史評柳文以氣爲幹，跨躒古今，鼓行乘空。吾於君詩亦云。荆評：韓公有言，奇詞奥旨，靡不通達。雜以瓌怪之言，時俗之好如賜。覽觀亦有可採，奈棨古陋今，比肩接踵，漁獵前作，金聲玉耀，誑聾瞽之人。徼一時之聲者何？）

賦得平陽驛岸金蓮迹　社題

誣民説理信癡兒，秖有情根幻刦飴。富媪若還羞所嗜，愛蓮何必托人知。鸞車茍復推輪舊，弓印方從剷削移。因悟補天全以意，人間智巧讓玄鳾。

不識何年芳趾蹅，亂離碧血透黄沙。却將乞得哀憐物，呈向無窮感恨家。玉笋詎皆汾晋産，香勾靈異廣陵斜。穠纖修短參差甚，候馬還須手細叉。

耕烟内兄取耆卿詞繪夢，走筆爲題

冷清清地，石人也須下淚。夜迢迢，更無寐。料我兒，秖應在枕頭根底等人睡，來夢裏是也。

花魂未歇猶紅葉，粉面初消肯白過。不爲梳慵腦化石，豈因裹倦淚難河。寒宵那似殘生短，暖日偏將彼狡呵。一段心情空自愛，夢新終使潁人魔。（潁陽翟李方叔行檢齷齪，負東坡其女。易安有『酒醒香消新夢覺，不許愁人不起』句，知其極淫在一『新』字。朱希真亦云：『朱消粉褪，絶勝新梳裹。不道寒宵已永，日上三竿，殢人還要同卧。』皆耆卿意也。

愛少須知翁嫗均，牝能静勝更貪春。大姬有勢將豪奪，巴寡憑權使賄掄。昌易貽殃及臧韋，昭容推己奉慈親。果然美艷如孫鮑，便合原情恕此人。（静勝句，本《老子》。）

賦得已涼天氣未寒時，效王次回　致光此絶，本歇後體

褥軟簾垂景可思，香奩吟斷興難持。花衣粉版開甜口，蝶户桃扉照雪枝。德曜未來宜小玉，鸞臺恰在勝芳姿。翻憐此際長門怨，辜負韓家代畫詩。

賦得嘲花咏水贊蛾眉白句

俗謂真將兩事憐，不知總爲似嬋娟。嘲花宜並雕闌畫，咏水應思涓滴前。劇愛眉山猶此意，狂貪月樣豈他詮。鑿開萬古詞人目，待謝臨川湯欲仙。

當年惟有兩心知，爲班馮二生賦

一生緣業有誰知，何粉荀香宋玉詞。才到知微甘泥死，身因流愛化驪姬。卿能描己兼描彼，伊就相賡畫相思。休道華顛羞晤對，玉人鴻教但除髭。

歡蹤越秘越孩哈，能秘無如各賦才。一牡嫌疑猶易涉，兩雄善巧更誰猜。暗中逆鼻身何負，樂地堪尋

天固開。哀彼尹邢空意智，僅存糅雪熨酥胚。

次華陽諸公韵吊元娥

微之遺種小蘿村，縞綦何妨玉雪温。莫爲桑樞怨天壤，朱門尤賸淚珠痕。
寧須眼飫靨邊霞，有耳惟應聽説花。待作元君監墓户，寫雲匿月即仙家。

適閲《牡丹亭》，再叠二首

人間別闢牡丹村，蝴蝶門前溪水温。不是仙郎空到得，神傷枉刻月邊痕。
狂情已厭故山霞，野興閒尋異國花。現有枯楊欺雪蕊，如何我至便無家。

次雙卿及諸友題余《梅花帳》韵

不是愁人不解愁，梅魂須用月魂勾。分明秋士輕槐夢，翻畫春魁照枕頭。
莫管生天隔幾塵，心靈且共爾俱春。梅花天覆梅花地，夢醒何疑句有神。

待小掃花荆振翔

訪求班惠到雲陽，舊族推荆更有姜。試待掃花人至後，趁花在蒂與商量。

嘲人道中誇所見

遺巾墮舄粉峨峨，侍姆嬌嬈嫗監瑳。却笑人生不如馬，佳人乘坐國無科。
錦韈願作笑髯温，何似魂靈浴甕蹲。任是尊嚴古貞淑，寸絲見爾不能存。

行纏

萬縷鮫絲八尺烟，到灰還束謝娘蓮。琵琶那畔猶非羡，夢繞梨花樹杪邊。
謝娘蓮妙似娘身，一種纖長最著人。如畫仙山曾誤到，朵頤今日更無因。

暗情和守真韵有所嘲

世俗奇歡是暗情，千篇難寫喜緣驚。背人染語尤豪恣，對衆威儀更肅清。（馮定遠詩：錦衾夜夢同誰語，莫被傍人認得聲。）

可使他聞不算歡，暗中情狀始殊觀。殘魂倘欲銷教盡，鎮日將伊眉眼看。

癖耽此法爲宜詩，直欲吟教真宰知。若不和天都瘦縮，低哦淺唱没休時。

一般秘物在天壤，掬此狂心更莽洋。願趁相親與相化，千生萬劫但聞香。

戒爲文詞怪昔賢，翻令人嗜暗中憐。若還聽用唐虞法，險路從教闢愛田。

情緒牽人不自由，最難言處最難丢。憐君未必君知道，見色聞聲已半瘳。

天壤何窮色目淫，古今埋没未能吟。熏盲安得令忘視，剛遣吞咽妙錦心。（淫，貪也，即天壤王郎意。又唐詩有『地老天荒情脈脈，眉驚眼笑成狼藉』語。）

皇英贈答

舜年百有十歲，則湘君亦應滿百矣，猶復淚令竹班，當爲老尚多情之祖。因戲作皇英贈答詩云。

本自同根玉葉分，却甘蓑笠汭江濆。汝予何必矜邦媛，淵令冲華學野君。
雖云儂汝屬尊行，凡俗刑於鮮似郎。不是聖人饒眼力，那能畢壽一匡床。
姊妹胞胎分最親，紛紛嫁作兩家人。千秋伊朕同鴛帳，傲殺天孫矧世姻。
種落雖繁禮義奇，但期共命紐交枝。白頭莫遺琴絲斷，定没傷情淚血吹。
開物前民盛有憂，摯情原自篤衾裯。欝雲渫雨思冬愛，參酌閒心待晏遊。
憶姊吟詩贈妹年，金相亂女鬢亡玄。三心膠結曾無懈，真屬人間妙喜天。
二女同居志不同，秖緣背面忌猜鬟。聯跗接蕚到頭白，氣與春情統混融。
伉儷情懷最沓拖，不因老却漸消磨。别來遥念蒼梧客，剛遣神躬比眼波。

舟過汝水，戲演《襄成君》曲，亦義山『悵望舟中意』耳

膏粉聊堪事女君，奇衣婦飾少彤雲。不成寶媛葩連弁，浩態翻輸負版群。
身藏羞器易含羞，伊却何幸遺效尤。此事若於人忒是，君身合先受簌錄。（馮定遠集多此題，如『歷歷當年只夢知，蒹葭曾得倚瓊枝。一笑重逢俱老大，彼時惟有兩心知。此事可堪惆悵殺，抱山堂後舊長廊。熏爐莫更添龍腦，不是荀君舊日香。固應以此答之。）
齊閹弓盡所歡趹，改樣粧同面首奴。少賤無由成此勝，可憐向爾作寒姝。

伯姬忍死欲兒香，跖有歡堂何必襠。君竭膏脂人吸受，如何將比喫虛娘。

丁香未拆不知他，既已相開忍斷麽。吴橘過江雖改性，孤歡事秘勝於多。

士爲知死拚斑瑕，便不應承願翊邪。争奈前魚堪飲恨，秋風紈扇等傷嗟。

大小當時兩褚公，特申情好豈空空。寧教瞞却山陰主，易色賢賢雪欲融。

休嫌嬋媛意無窮，甜口由來兩樣同。欲把雙趺略弓取，學他胭粉兩牢籠。

太原王茂楚魚宏，同作軍鋒八尺瑩。天性既聞都嗜色，蘭芬雪白忍相縈。

若欲褊襟釋放時，除非牙互解羞眉。不然任汝天涯去，足繭山荒覓得伊。

世人所作既皆兼，所不曾爲更欲宣。何異鄰都詣市井，見金無厭不知廉。

誰貪富貴被稱雙，秖爲柔情使伏降。早識渾身侵暴意，毁容削手拒還摐。

君返深閨傍楚臺，豪雲艷雨玉山頹。豈真綉被縈芳思，不爾緣何有夢來。

自喜丰標冀嫗歡，那知翻作勢豪餐。令人却憶羲軒世，身後光華免創瘢。

縱然畏勢致纏綿，却也因君玉貌鮮。譬彼尹邢甘對食，原圖預結後生緣。

竅皆樂滑彼君仝，休執便宜須作雄。若許粉香交供養，陰陽太極管渾融。（定遠之『意洽歡成醉，偎多軟有痕。』重到臨江宅，『深深隔粉垣』，殆已有渾融之意。）

分擅捉教成眷屬，詩家秘訣妙無過。誰言仁遇逢僧達，兩種交歡倒厭訛。

無油須識有天明，誓楗歡初莫負盟。否者梁家新畫閣，須防秦子夢中櫻。

天將玉氣化爲人，不獨蛾眉許絶倫。當日趙王名白女，應知白愛即青春。
芳秀偏能引狎衷，何當更復論雌雄。縱然典午風流盡，也合陽臺夢一通。
有體寧教曹衛卿，勝同魑魅講嚶鳴。不因娱意專因利，纔似章臺倚市情。
寧抹花容媚俊豪，不懷竊屨事方袍。楚鄉妖靈會人意，耳食從何識古騷。
公孫張旭漫雄雌，粉壁紅氈等振奇。賸有休文與神傳，師生同咏謂佳詩。
暵斷長天極麗腴，惟公超雅不揶揄。誰將瓊樹挨行種，更遺能文薄子都。
閨怨閨情滿楮緗，此情終古未曾昭。自今刻寫深描起，百變新鶯巧似妖。（阮亭以彭羨門爲艷情專家，謂董文友爲艶情中繪風手，皆妖意耳。）
伉儷多是喻君臣，者喻驪黄以外人。流覽姬姜休漫妒，蔣凝卿輩殆難均。

詩文集卷五

詩五　近有集

社集平山堂後之環溪草堂試泉，同馬秋玉、陸渟川諸君集詩牌字成句

客到成古歡，我此醉今雨。新泉翻碧玉，愛近幽人處。深心寄淡水，静氣輕清主。相遲試茗杯，塵夢行可去。雪色泛蘭香，寫出松風語。

又咏綉毬

累重身輕頭不起，攢簇虚華合家喜。縱無蘭澤蓮花神，堪與凡間照眸子。春光到爾十分巧，如此繁穠焉可少。幕覆花王綉作天，幾生修得恁團圓。

金壇東禪次史進士韵

綺思艷語抹西東，總落紅塵黑夢中。試誦仙郎呈佛句，和身都化碧天風。

飲澹園次曹及三韵

不爾無憑測此中，文章自古罔天公。妙明照處渾閒事，定水何曾管過風。
蛺蝶驚才遞兩筒，客從江北渡江東。試斟高士真一酒，可與時人釀法同。

題徐子《斷香吟》卷尾

一縷篆烟原易斷，滿爐龍麝究銷沈。人間本作空香觀，却恨長吟變短吟。
孤鴻自訴伯鸞心，重德非摧奉倩琴。我有悲懷看不得，多君已復整香衾。

次殷霞村送别韵

霞村雪屋冷逃名，人與蘆花一樣清。詞客欲傳君影去，别魂黯淡畫難成。
生天須往冷霞天，不作蓬萊數見仙。别有波瀾星縫裏，吴剛舊管月娥船。

題毗陵女史惲冰畫

南蘭重見女南田，墨寫黄花不滿箋。世有泉明方有蘜，秖今何處逞嬋娟。

又題女史董玢畫

清閨舒老筆，高致帶柔情。黄花將翠羽，一樣可憐生。

同史惲諸君宿三里庵

美人願大愛西方，萬劫紅緣一劫償。秪此已來歡喜地，夢回滿院木樨香。

同荆振翔看雨

一重濃緑一重烟，萬竹遮庵雨接天。矮屋成村青往往，高帆向暮白連連。乍來携手温如玉，老去尋詩淡涉禪。良晤偶然那易得，輕裝明發唤吴船。

題王孟堅讀禮圖

昔人攀柏乃潸然，負土成陵獨行傳。制禮非徒資口耳，要謂至誠因以宣。中心惻怛稱純孝，禮雖小誤寧殊愆。華陽公子悲風木，墓廬遠在洮湖前。有身須近蓤堂㓞，有夢常依石馬邊。繪圖明志名讀禮，淚與聲俱相續連。君之先公重氣節，文章道誼光青編。得君稍晚常銜痛，君今骨格顧已堅。但讀父書猶未足，矢心不負積書岩。

讀松江沈孝子《尋母詩》同鄒洛南

一自顯提名教字，義士貞姬多爲名。委骨捐生窮海外，要誰知此冰霜清。冥踐義途非教得，淑婉居然有至情。奴顔昏夜末流衆，應由稟母不堅貞。母既人間奇女子，何憂厥子不峥嶸。母貞子孝理一定，未須攬紙相嗟驚。不然伊人亦同父，横目胡爲犬豕行。既曰烈性兒如母，死生極小命至輕。蛟宫虎窟尋常甚，訝咤即非同類人。古時異氣則異姓，義絶寧復稱弟兄。明神特遣獲骨返，聊抉好名人眼睛。就使兒骸又荒島，理得心安仁亦成。百篇半帙皆血淚，挑燈慢讀悲風生。嗚呼！乾坤恨事不一足，欲呼精衛填海平。

淳安唐烈女歌

曹震亭作傳

母固生我身，郎則與齊人。豈曰人盡夫，母一命須遵。若謂恩情勝於母，未睹郎龐知好醜。第因羞被二天名，名汙即等身蒙垢。蘆花異母事堪傷，而今貽辱乃親娘。圖安就便庸流性，恩兒翻致促兒亡。弱骨柔肌志堅勁，娘兒不必同心行。頗聞名教仗人扶，那能風絮相依順。想爾初時幾諫來，名香銅臭任娘裁。此身惟向娘前死，只當娘原未我胎。母亦天親何敢怨，郎非衽席曾歡戀。獨有千秋名義關，肯效世人甘苟賤。驚看奇烈出茅蘆，不道斯人産彼姝。清名尚比浮生重，何况清瑩白玉軀。多少紅粧穢青史，令我編摩爲裂眥。國破家亡便事仇，馬前猶自誇旖旎。嗚呼！我一歌兮名理徹，嬋娟萬古心昭揭。

題趙飲谷説劍圖 調【少年遊】

劇於幼女日三摩，親切更無過。今古英雄，秖因除爾，無奈俗人何。　髯翁舊亦搓酥手，宛轉苦情多。誰識肝腸皎如雪，劍問有不平麽？

無錫石門庵同嚴宋山、鄒洛南用沈隱君題得古絶三十一首

欲取山爲墨，四大海中硏。寫盡古今愁，纔將筆高架。筆架峰

秖爲蒲團軟，禪心有懈機。蹴趺向此石，坐看劫灰飛。蒲團石

杜鵑緣善恨，口血染青墩。後死便應拜，何論古帝魂。拜鵑臺

衆生多熱惱，此水冷於冰。肺肝涼沁後，還我太微春。沁心泉

明有孫一元，宋有林和靖。側睇廠中人，依稀可相並。修閒廠（松江沈孝子新瞥。）

泉似珍珠簾，近於女兒玩。記得天台山，千尋如雪爛。珠簾泉

春中舊宮室，半餉歸灰朽。惟此石門關，日月相悠久。石門關

玉尺不量才，抛在山之曲。平直良可師，留教鎮雅俗。玉尺

鴛戀向雕床，十九成枯腊。一片老雲根，四大堪相藉。石床

蓬萊不可度，便爲少長橋。橋秖在目前，冥行墮折腰。度仙橋

就澗引沈鮮，不似嚴光佛。既無掉尾鯨，聊充下酒物。釣魚磯

離垢垢皆真，執真真亦垢。渾身赤灑灑，坐閲芳菲鬭。離垢園

飛而食肉者，行入烹狗鑊。何似嘉遁人，清齋體充拓。肥遁谷

遠遠翠雲堆，却是盤紆徑。一步一掩護，松竹蕭蕭暎。層雲盤

九品妙蓮花，香水池中種。阿誰將一枝，攢簇成此洞。蓮花洞

風刀能解體，無處得安隱。任鼓大飀飂，巖邊猶熟寢。隱風巖

鼓簧雖悦耳，斯人幾多巧。陰林亦可愛，淙淙徹清曉。笙簧澗（朱子：我愛陽林春葩晝紅，我愛陰林寒泉夜淙。人間雖樂，此心誰與同？）

不著朝市棋，賭取生天候。偶持增上心，反落靈運後。棋枰石

心若無所著，天花不染身。反受紅顔蔭，疑亦可憐人。花陰幔

宫殿可隨身，締構由真宰。洞開此樓門，同入華嚴海。太始樓

鶴本神霄物，衛種嗜泥鰍。今吾所馴者，跨便玉清遊。馴鶴坪

龍雖具神力，等屬有形身。吁嗟一片石，便作翠虯門。龍門

長嘯宇宙間，高才日凌替。鸞杳梟亦猥，空抱蘇門意。鸞嘯臺

雲故麗山腰，居猶在其半。若至非想天，程途幾千萬。半雲居

鳳池依紫禁，濁影照薇郎。如何碧山際，解貯冷雲漿。鳳池泉

睹此山川秀，因思振玉珂。不知峰左右，何故五雲多。三臺峰

如來手掌中，能移諸世界。仙人聊掇此，無乃術已隘。仙人掇石

一坡復一坡，渾疑叠浪窩。却無憂溺事，曳杖恣經過。雲浪坡

鏡中本無象，物來形畢肖。人知水可鑒，未知石可照。石鏡潭

二五既有精，無極亦有湑。食於苟簡田，真方能采取。采真館

至九陽數終，群陰散太空。誰懷九轉丹，竟來居是宫。九陽宫

次南沙内伯遷居原韵

稔知同逆旅，偶憶舊華堂。奕葉忠規淑，蟬聯孝緒芳。千秋誠有譽，三徑未妨荒。但是神仙骨，雙瞳碧玉眶。

人世論仙境，還須白玉堂。桑田雖幻變，藝圃究芬芳。舊物何難復，新猷莫遺荒。輞川仍屬宋，喜意看盈眶。

咏懷古蹟分得泰伯墓　限七律

别開天地作君師，我祖當年豈遁之。季子差能臨北戒，人區須更闢南陲。古公嘿喻停追騎，今日殷繁溯昔時。周滅吴亡風化在，墓祠何必裔孫司。

奉和泉南内伯恭試賜荈之作

靈芽未見陸生箋，天味聊酬舌上蓮。（内兄寄武夷茶，因和御製《荷花詩》得之。）凉沁不貪中禁㽞，烹煎須是故山泉。人間舊有龍鬚淚，妙曲長思彩幔仙。（用武夷君事。）且喜承平多雅頌，（時以頁子見示。和韵者，皆一時鉅公。）茶杯安隱竹爐邊。

内伯獎借拙和更呈二絶

老學清詞漸渺茫，泉南端是魯靈光。因緣特遣一親炙，津逮而今得巨梁。

七略横胸未脱胎，含毫吮墨愧輇才。但教名入消寒集，便有千秋芳譽來。（内伯有《九九消寒集》，蓋取莊子『道得則窮通爲寒暑之序矣』。)

次朱九見贈韵

蓬萊隔兩塵，羈旅若情親。展卷意偏愜，論交態鮮真。君才誠偉麗，盛世豈沈淪。句好寧嫌短，文章貴有神。

器界自微塵，風流却可親。深情無盡處，才子寫來真。喜對玉山朗，甘同笠澤淪。毫端工罨畫，何必著稽神。

一掃庾公塵，山川便我親。興高非淺俗，物妙得清真。酒罄吟將穩，舟迴月未淪。才華千百種，萬古此風神。

纓組屬前塵，今參無著親。常思辨才侶，與論竺乾真。天趣方酣適，閻浮總溘淪。歸來仰空宇，姑遣影酬神。

題蓉颿《閏九登高圖》，次裕堂内兄韵

朱九招邀月滿時，秋光正好景舒遲。縹緗遽發重陽畫，蕭瑟催吟小杜詩。翰墨機雲都勝妙，(圖乃朱

七所繪。）龍山今古異懷思。年年良願皆增閏，盡是登臨酩酊期。

已涼天氣未寒時　社題

澆愁乍可酒杯深，清絕初宜竟夜吟。未厭恒娥遲入坐，不教小玉早鋪衾。登樓極目憐雲影，出户經行愛樹林。彤日太炎冰太冷，秖應秋水照冲襟。

龍山訪菊

秀嶂明流纜畫舟，冷雲待作七分秋。黄花照耀成飛觀，翠物提携寫勝遊。牽帥澹人尋澹菊，全憑清句警清眸。放情師古原蕭散，更喜詩禪得貫休。（石林庵小憇。）

帆影　社題

水鄉一望盡荆吴，遠見高檣不見艫。風片雨絲教歷亂，寒烟古樹遣模糊。樓頭錯認人腸斷，渡口空迎妾眼枯。我爲名山聊掛席，未甘孤影滯江湖。

題朱翁爾愷竹林小影

我搆蒼筤亭，擬昔篔簹谷。意謂得此君，遠勝持粱肉。乃有竹間人，婆娑娱老福。精符視朱顏，龐眉開秀目。七條弦上指，五音寒謖謖。知君愛清芬，將以易醲郁。况復兩膝前，一一玉笋矗。琅玕青繞身，不夢松生腹。

和人閨房僧鞋菊、僧房虞美人詩

繁穠幻質本妖燐，開向吾師問業因。騎頸登伽迷獨角，吞針羅什顯圓人。黄花翠竹含般若，釧動釵横可悟真。世界要知皆戲論，重瞳到此不須嗔。

幽香不帶艷陽開，遺作西歸隻履猜。争向如烟碧紗内，漫呈短線梵門材。因思靖節閒情賦，原自遠公蓮社來。若使飛卿魂魄化，簇成弓樣錦重臺。

賦得澤國風和雪尚慳　社題

河北貂裘久上身，江南猶自岸䟽巾。枝頭坐鳥木無葉，池面遊魚水有蘋。頗欲玉皇彈粉戲，將娱香閣咏塩人。六花却讓梅先放，未過堅冰漏洩春。

月中梅蕊和人韵

采蘋妃子十三春，萼緑華猶處子身。却得嫦娥來比色，從教妒眼愛芳顰。廣寒宫裏宜栽汝，金粟當年浪見親。清淑秖應和靖識，和香帶影賞精神。

半園雅集即席分韵

碧泉吟社迹已陳，何妨今人續古人。菁華遞擅咳唾新，未欲蹈襲同堆塵。朱家金玉雙絶倫，玄言澹致出天真。一邱一壑任屈伸，琴書位置教適均。幽花美箭勝奇珍，清池半畝波鱗鱗。締交數子皆清淳，崇壺發饌無俗賓。談天鄒衍方青春，嚴光自昔甘隱淪。張緒當年應可親，高才姑讓淮海秦。荀鶴舉頭向秋旻，看渠氣骨尤嶙峋。悟禪晏坐我前身，飲此慧泉良夙因。鏡中可憐膚已皺，鬢絲無奈易如銀。興酣聊復岸烏巾，户小不厭周郎醇。蘭亭酒冷空眉顰，猶今視昔慮滅泯。一時物采殊彬彬，安得虎頭爲傳神。

曉泛蓉湖同鄒洛南

勝友相邀人起早，東城轉北扁舟小。瀰漫大漾接春塘，虚緑摇魂天杳杳。罨畫江南信樂邦，吴兒生小吸湖光。遍地曲流通淺渚，滿前姹柳蔭嬌香。城邊一片含情水，城中無數含情子。淫空蕩野拍懷來，擬將身浸横波裏。緣此文心亦不枯，芊綿浩渺徑迴紆。當時此水到何處，不識詩情有盡無。聽雨畫船眠已足，未用管弦聲斷續。游戲浮漚且鬬詩，花落花開任陰旭。君不見淮徐多少民爲魚，墮地不佳生趣蹙。

又分得東字

一鏡迥清空，春波宛宛通。芙蓉失舊艷，楊柳得新叢。逸興寄柔櫓，携詩上小艘。舒眸神浩蕩，轉瞬色曈曨。瀰渺此城北，巃嵸隔浦東。客來皆俊物，琴外秪吟筒。收住沾衣雨，未嫌吹面風。遠山眉黛緑，低朵粉腮紅。高士因遐覽，詞人引狎衷。就中誰領袖，寫咏最精工。

社集觀魚

碧玉春流緑繞城，黄婆墩畔半湖明。忘機魚得全生處，循檻人從畫裏行。料理酒杯無俗物，推敲韵府足閒情。我知渠樂君知否，諦聽鱗言異鳥聲。

訪天鈞上人石林庵

從來寂寞數仙郎，除却晏坐無樂方。青眸小史忽傳語，白髮禪僧至我旁。袖裏新詩得道髓，半箋淡墨梅花香。平生文字般若種，借作佛事追蘇黄。獅筋一鼓凡弦斷，變换人間錦綉腸。旋詣山中相報謁，幽欄春滿梅試粧。花將秀氣洗紅粉，人愛雪膚生暗芳。人情花骨先自别，那得好句春冰鏘。寒枝冷艶極孤迥，乃持熱想來探望。掠眼菁華詩縱夥，嚶然鳴鳥音易亡。吾師滌盡心源濁，華嚴法界篇中藏。梅花栽向蓮花藏，等是天花作道場。留客更須清苦蜜，可於花下著蜂房。

春城無處不飛花　社題五首

幻結穠春是衆葩，向人多處逞韶華。如何艷朵剛簪鬢，頃刻楊花已滿家。盡説明年依舊好，誰知各别不相賖。色情一點難消遣，泣對東風淚似麻。

芳菲時候雨濛濛，憎殺連宵撼壁風。綉履鴛寒慵踏緑，雲鬟雅冷急簪紅。一聲杜宇花成夢，三月江南水際空。青帝也如城裏客，主張繁盛刹那中。

賞心休説奈何天，倍覺春殘景可憐。錦片忽侵烏角帽，香泥偏襯玉臺蓮。散來天手寧殊此，觸著仙才總是禪。花自飄零人自樂，紅樓日日柳年年。

墮粉飄紅倐滿城，樓寒院冷接平明。迴旋戀檻猶侵眼，遠颺辭枝類寡情。遺恨秖因攀得少，感懷却爲散時輕。但教一朵猶存樹，盡日吟看莫轉睛。

一分流水二分塵，夢雨傷春渴睡辰。所得穠華消頃刻，千株女艷失精神。送人老盡花猶發，全樹空時衆莫嗔。金屋但令嬌久貯，萬年仙藥不須真。

清明後社集東林分韵

擬送春歸去，啣杯向水亭。誰能從衛學，道是聚文星。繞座餘香白，冥心入遠青。聯吟渾不就，且自細哦聽。

社集追春

司李多情賦冶春，烟花好句到今新。麗山鮮水况如此，緑酒紅筵肯讓人。憑仗香奩金粉意，挽回嘉序最芳辰。追春更比嬉春急，吟不傷心不入神。

酒後同過雒圃，諸公因復有作。牡丹一本千花，高踰七尺，年年繁盛，不減雒陽。故雒生内伯署爲雒圃也，雒圃主人藺其名

名花豈必問由來，天種寧須地種哉。萬態千容歸一幹，姚黄魏紫變凡才。洛神近日不居水，艷骨何時方肯灰。正苦追春無路徑，此間得到那能回。

豈有春風竟許追，癡人癡事亦聊爲。牡丹幸賴開差緩，楚畹尤憐剩秀枝。培植僅能成絶艷，品題難以壽幽姿。劉郎緩唱秋風曲，春在醉鄉忘返期。

追春詞八闋 調寄【望江南】

春去也，秖可夢中追。徑入武陵源裏去，華胥佳興似微之。返黑是霜髭。（元微之有《夢遊春》詩。）

春去也，除向想邊追。行紀仙留人世客，豪家妓作後庭枝。何必揀椏棲。（牛奇章有《周秦行紀》。白香山詩『春深富貴家，妓作《後庭花》』。張鎡牡丹會乃是群妓捧酒肴，無牡丹也。）

春去也，聊往醉鄉追。一面嬌紅忘冉冉，四肢酥軟但怡怡。蕭瑟待醒時。（楚詞『老冉冉其將至』，唐詩『醉貌紅怡怡』。）

春去也，憑仗藥王追。浩態狂香存命蔕，明年依舊逞容輝。不禁子纍纍。

春去也，復到樹陰追。遠睇碧雲芳草地，微吟紅瘦緑肥詩。楊柳更依依。

春去也，請往水湄追。長柄先擎千翠蓋，横塘行見萬紅衣。芳意接荼蘼。

春去也，挨逐夏秋追。榴照玉人嫌似火，菊陪高士近於奇。除是海棠知。

春去也，騷客竟窮追。最愛蠟梅如蠟味，至誰幽室遇幽翡。修道底南威。

泥媪詞和朱九韵 調【虞美人】

隨時轉變誇妖姣，賣弄粧梳巧。端相盲目又盲心，便與相如琴聽不知音。　幸虧也不貪香味，葆得精神氣。土中埋玉總成泥，何必嗔伊缺少四威儀。

無錫華藏寺同秦一侯二

城西三十里，震澤既漭瀁。苞拆得青山，宛爾蓮花藏。循王宋代勳，奉勑此營葬。許資大雄力，以助牛眠壯。永作香火祠，樓殿因以創。兵燹雖屢經，佞佛輒命匠。松柏何森森，叢篁秋葉颺。當日雖偏安，酬功翻滿暢。無功極豪勝，數世恩波漲。逼妹婚師旦，貪歡媚權相。猶俊轉樞密，厥副偏命喪。秖今諸子姓，不知落何鄉。却似遜凡民，年年來冢上。嗚呼丈夫雄，生死俱跌宕。誰人不歎羨，何必孫守壙。我送善知識，來此主方丈。心慕强幻王，能破衰惱相。嗟哉鮮同父，有志不得抗。試一登其巔，白浪當胸盪。

咏洛南尊公所畫長卷十二種，即次其《恭和御製》韵

茜裙一繫便增華，芳媚全然學臉霞。畫出子京千古句，玉堂今又得名家。（杏。宋子京詞：紅杏枝頭春意鬧。浮生長恨歡娱少。肯愛千金輕一笑。）

白到無花可比妍，紅兒争值百篇傳。秖應略自傷寒薄，難禁冥冥冷雨天。（梨）

造物娱人品彙多，非花非草學喬柯。我疑紫玉和烟化，糾結芳濃性耐磨。（紫藤）

夭夭輕薄怎禁風，仙種重重雨露融。似爾方爲桃正態，試將一本植樓東。（碧桃）

牡丹事過艷情餘，付汝穠華態更殊。還看揚州嬌轉甚，豐臺叱利有沙奴。（芍藥。坡詞：揚州十里最嬌嬈。）

天生向日日終知，學爾傾心究屬誰。披寫丹衷示臣僕，姑憑卷上一柔枝。（葵）

酴醾花外見烟絲，物有形情色態姿。今日傳神得廷諫，惟應海若賦心知。（酴醾）

舞衫長著笑江濱，欲看興亡化以神。若使長陵妖后變，玉蘭花肉誘多人。（虞美人）

青山如故杜鵑殘，復有殷紅照翠盤。也附群芳登廣譜，近疑炙手且遥看。（山丹）

牽牛是藥蔓叢生，也入丹青貯上京。朝客偶存耕牧志，柔毫一裊見閒情。（牽牛）

直節虚中是此君，見花輒瘁故梢雲。澄觀石竹低依砌，幾箭清芬也軼群。（石竹）

梅花俏骨水仙神，原是東籬愛菊人。却爲筆花成五彩，凉秋時節奪濃春。（菊）

題華文友孝廉《三瑞圖》

如竹之苞矣，言已載風詩。而君厦屋中，忽挺幹與枝。自謂根既沃，奚煩雨露施。階前吐一菌，因詫爲靈芝。意望諸寧馨，異日皆紫眉。叢桂僅一花，今歲何多奇。一花又六出，耳目所罕稀。婦子閧語笑，家人共嘻嘻。主翁爰大樂，思欲標舉爲。名曰三瑞圖，心固工畫師。復徵諸俊彦，題以幼婦詞。遥遥此華胄，燁燁比横披。剞劂散江表，十户九聞知。譆譆出出輩，高明家是窺。彼狃作禎符，誰識殊謬訛。告君勿求盛，亦復毋慮衰。物異即現前，以天眼觀之。灾祥平等視，攸好自攸宜。順理不從欲，正固以凝禧。

題外舅秦丈人遺照

世業簪纓據木天，文章過眼亦云烟。深心照了昇沈事，獨取豳風與細箋。

師厚當年意絶塵，銜杯度曲過青春。傳聞歿作司隍吏，其德無回便可神。（黄山谷，祖自金華，遷纔三世，初室龍圖高郵孫莘老女，繼室朝散南陽謝師厚女。）

賦成嬌女髮初垂，情有偏鍾未是癡。縱復高才期築杞，何緣報與杳冥知。

貪閒我亦解緋袍，寂寞仙郎恨二毛。留取數行規令嗣，瀧岡表就始增高。

聞某公病

雖攜謁監千鍾粟，原有摧琴十軸文。愛到才情蒙擊賞，酬還詩句信慇懃。自從擁節軍門重，未欲重徵玉齒芬。果否昔人當絶筆，尚云千萬樂天君。

題孫孝女詩後

非惟不奈俗流何，即事豪賢薄倖多。每憶錦心蘇蕙子，可憐枉嫁竇連波。諂曹荀粲貪癡甚，謡隱徐陵笑謔過。摧盡蛾眉作詩客，反留精卷照娑婆。（孝女爲詩謝予評跋，有『花開含淚聊成咏，月照因悲寄所思』二句妙絶。《咏泥美人》有『同夢永辭高此世，閒愁不識了今生』二句亦妙。）

喜通政内兄超擢

交親盡慕探花秦，看遍長安幾度春。内宴獨聞天上笑，司籤世作邸中賓。起居八座須臾事，飛報三吴素願伸。應謂香山詩錯道，誇張富貴向何人。

夢復訪史進士於高臺村

昔見良常仙系記，怪底鄒枚情眷戀。山妻曾祖娶於于，故約妻兄秦子佃。輕舠特至華陽城，民獷而驍曾不變。尚餘明代好林塘，顏師古到堪游晏。高墻大宅漸摧毀，燭滅風流殊未倦。史君家住高臺村，三里洮湖在前面。四圍漸下基獨高，隱隱隆隆地師羨。四郡秀峰羅翠筆，崱屴周遭目爲眴。固應産爾絕世才，玲瓏似藕心千片。一片迷樓影裏人，千重秀嶂村中見。君聞我來倒屣出，邀入草堂移稻薦。似說若人才思闊，喚婦出房親自饌。我乘醉飽語老兄，吾廬獨破何須悁。眼前突兀見此屋，大庇寒士雖君願。要知富貴草頭露，長留天地惟詩卷。常思天地空崢嶸，粉墨蕭疎未云絢。期君浩蕩開詞源，詩盡人間意方善。悲懷慘澹蟠穹蒼，別去何時復欣忭。（杜句：詩盡人間意。）

送華進思赴晉安開府幕　社集同作

遥遥華冑自蕭齊，江左如君族望希。矧操椽筆大如帚，雲烟揮霍噴珠璣。丁年挾此遊諸侯，諸侯懸榻舒青眸。雄關古道曾經過，推拓胸襟志難挫。今當歲暮走漳泉，梅花接桂香海邊。煩君爲我訪古蹟，明年先寄兩三篇。白馬風流雖已久，秖今還有人知否。燕鳳如何可喜生，仁遇遺風誰習狃。子厚臨江宅在無，女妖争待張津除。良人半作蘇州賈，幾處青閨夢裏孤。會稽南部漢都尉，江南東道唐時隸。山多田少仰温潮，要恃有司勤撫字。試往福州見福人，令君多祉添精神。勿見延平山大人，見人則笑愁張唇。謂予去入蓮花幕，倚樓趙嘏詩名卓。琴絲從此感成連，休似吾儕甘寂寞。聖人新有詔書頒，薦賢勒令諸大官。第要才能勝闒冗，不論韋布與單寒。何憂金紫光華隔，深負平生便頭白。且勸嚴公政尚簡，有酒細傾高手眼。（杜詩：白頭趨幕府，深覺負平生。）

社集壽石林衲

阿彌陀即無量壽，無壽者相況肥瘦。不信人間有古今，當識三身不相狃。石林久斷貪嗔癡，姑與稗沙相雜糅。未嫌春事滿幽欄，其實道情如法秀。池中妙蓮紅粉香，青色金光翻古陋。天無姊降迫分燈，地有蛤開聽誦咒。禪是詩家切玉刀，詩爲禪客添花甃。留惑潤生經論説，容顔且令徐徐皺。如來亦是夢境攝，恒沙等幻須參透。作王竟作强幻王，梵釋轉輪烏足就。釋教雖從三竺來，衍義多由華士究。徐陵劉勰功最多，巧便無邊腸錦綉。孔書不過跋提河，天使音聲不相逗。誰知崇佛本從天，庶與吾師發其覆。金匱城中得得來，吴均門上稀稀覯。張琴請上獅子筋，隔城彈得君馳驟。既蒙相待以聲聞，我敢常將戲論争。不道空中如有佛，當時靈運已先成。（切玉刀句，本遺山。）

盧煉師八十

絶世孤瓊原色觀，仙翁居此知空幻。斗姥閣前盧煉師，幾載無雙亭畔嬉。秖今年已交八十，鶴發童顔目如漆。自緣看足揚州夢，故返梁溪鬭仙洞。白嶽道士王崑霞，繼君棲止傍瓊葩。别來三稔未相見，不知可被空花眩。詩腸雖妙酒瓶春，争及吾師秋水神。

與俞秋亭道士至蓮峰，方丈茗話出所作《破樓風雨圖》並詩見示

誰令汙泉石，山僧多市人。黄冠尤可憎，壯與屠沽鄰。每誦放翁西湖作，令我欲麾緇羽塵。世界隨緣住，人天最上乘。寄我新吟卷，凉如六月冰。誦到漁洋拙庵句，更知不必紫衣僧。今來所遇兩方外，道何空灑僧何藹。秋亭八十似五十，交盡名流獨耆艾。蓮峰杭郡名家子，鼎湖側席多吟賚。讀書萬卷裂儒衣，妙手又都工寫繪。作佛生天雖未必，蕭然已得閒三昧。啜茶爲展破樓幀，一往清脩可蟬蜕。

次宗伯内兄直廬嘿咏韵長句二十首惜别

閥閲山東欲柱天，曾無建白即空然。盛時美政雖全備，拾補多方更邁前。淑此微躬經有訓，恤民幽隱史須研。名臣喜在葮莩内，廿首新詩讀百還。

立身有要學由基，艱鉅堪勝不覺危。法貴隨機無可執，政須堅實勿存疑。矧當海晏河清候，不比風興浪起時。一展詩箋占相業，世無今古視人持。

虚静纔能佐萬機，民情何限在深微。賑饑未盡成康樂，去害行將講媚依。軒駟聊因酬苦志，冠裳非但飾嚴威。區區世上紛華事，自與高賢意背違。

周程性理既宜明，諸子咸能助治平。秪待精心求窾却，便教偏詣變晶瑩。鄙儒博學中無主，智士觀書眼至清。商略幾時陳一得，却嫌浮慕賈生名。

飾僞循迂總下乘，幾人表裏似明冰。一迂庶事俱由誤，半僞群倫盡失憑。洛蜀何分期顧行，盱姚亦妙但捫膺。哦君警句知君志，海嶽襟懷異淖澠。

憂患偏將利刃遊，玉成要在反而求。處心争競常顛躓，無意奔趨有速郵。衆不可先吾故後，業當前定秪潛修。個中探得些兒趣，勞愈煩愁逸愈休。

著述多般卷軸横，搜羅不止趙明誠。墨蟠秋蚓人操筆，葉食春蠶字有聲。千古合參佳在異，一朝掌故記須精。玉堂今有名山手，試寄新編慰野情。

論詩不欲落言詮，情景聊憑弱翰宣。瘠義肥辭知骨下，名鵰積氣在風先。忽真采濫由來久，曲變纖描遠遜前。户牖雖殊同筆彩，羡君捶字響連天。

才到韓蘇鮮弱辭，天壤浩氣寄於斯。横心所出腕皆受，折徑層波脈類絲。欲語而今燕許手，增光聖主右文時。可憐鏡裏霜華滿，上苑難棲最下枝。憲皇抽擢釋之多，朱子高吟語不苟。（文公《性理吟》獨贊張釋之。）

今上網羅蘇軾顯，麻衣傲物或成魔。龍鸞自古愁群豢，姑射空山畏客過。所羡圭璋能特達，陶猗市寶向洪波。

東林能重此間人，秖恐生徒不認真。君到便教官益膳，朋來已覺面生春。纔從舉業論根抵，早使文章有遠神。俎豆將來追往哲，梁溪終古共尊親。

尚書族望昔年來，孝子門庭世積培。麗管自先遺鳳彩，靈珠定是稟龍胎。持燈入墓占祥夢，傳響遐方勝虢雷。從此簪纓千萬祀，文章華國賴重開。

蒼峴才名在仕途，風流文采未爲誣。倘無繼述真堪悵，今更清崇責可逋。樹績應教千載羡，揮毫姑把六經驅。東床愧殺卑凡骨，賦似長卿也不夫。

志振鄉邦意激昂，不因纖慝謂無妨。俳優同隊傷姚冶，博塞亡羊負艷陽。待化輕浮歸質厚，俾無狂易盡貞良。遺孤幼弟承師範，亦免媚遊説短長。

伶仃孤妹識天倫，志逸朱陳苦一身。錦字年年懷别恨，華顛日日慮歸真。袖梢掩面珠常墮，蔬食停餐鼻易辛。合倩喬柯分遠蔭，名齊石鞏不灰塵。

命數由來不得皆，禽蟲視息向天涯。想緣夙世曾凉德，空究禪乘釋俗懷。樂府少窺詞客秘，妄情老取慧刀排。君憑經術膺多福，擷秀搴華詎可階。（仆舊有樂府十三種。）

增築門前幾仞墻，堂開晝錦日舒長。玉亭金止斑衣展，飛蓋乘軒典客忙。人入中書猶緑鬢，名登國史異黄粱。雞豚逮養都堪喜，何况清忠奕世芳。

藍田生玉遣人看，憶著金蘐頓損歡。幸獲佳城寧淑魄，暫承恩命出朝端。封犛殉馬同煇赫，伐鼓鳴簫亦武桓。失恃嗟予纔總角，松楸縱有不成觀。

忠孝傳家溯懿徽，名園依舊市闤違。慧山一朵遥相障，流水雙灣澹可依。束髮便來遊數次，種松端欲勁千圍。方將藉此謀詩酒，却遣臨岐雪點衣。

我本南岷脚下生，鞭絲帆影草鞵輕。儒書遍覽忘幾盡，佛藏全繙欲尚萌。擬袖名章終日玩，勝敲奇句與天争。鍾期不意潘揚有，戀戀清光未忍行。

庚子元旦用曹震亭寄祝韵贈天水君

無計留仙化綺霞，宏詞空自冠諸家。一孫姪子同門婿，九載連探上苑花。帝命侍郎仍内直，世傳忠孝未纖瑕。黔婁妹婿真慚愧，早向青門學種瓜。（天水當勝國時，有『兩朝三太保，六部五尚書』之對。内祖字留仙，孝子之後，以博學宏詞科復爲官僚，作庶常時年纔十八。）

芙蓉湖畔柳條纖，最愛秋空映冷蟾。梁孟昔來全耐苦，鮑桓今在豈求甜。黄山客遂依卿住，紅福人教隔障簾。翻喜張郎成粉蠹，不令巧畫兩眉尖。（梁孟曾居錫邑。）

笑殺麁豪列肉屏，無如道韞遠山青。況能懷舊看前衲，又解憐人聚小星。家有彩毫分弱息，自裝清卷削畸零。轉華去後芳蘭歇，竟體而今似復馨。

令僕人材或似驢，無才何必紫金魚。鸞凰豈羡螽斯羽，和靖休看鶴謗書。曾怪袞師抛我去，且欣白老願來居。相知近日不忠厚，避俗惟應學太虚。（秦淮海號太虚。）

厲徵君太鴻爲予卜居艮山門内，且用渠集中《遷居》舊韵作長句四首見寄，率爾和答

飲河滿腹不求餘，風土誠佳便可居。況此巧争韶景地，後門寬展碧清渠。緑窗紅粉粉臨岸，陸走舟浮得靖廬。履道東隅真更勝，有書有粟且爲漁。（坡頃在錢唐，愛其風土。）

築堵梁溪頗近顛，非無弄玉戒成仙。迷樓影裏嗔如夢，雲海空中怎唤船。偶爾贅居蒼峴下，（予祖籍始安，久僑廣陵。蒼峴山人，爲内祖也。）幾年閒對秀龍眠。將來合賣新昌宅，盡室西來有賸錢。

繞湖芳草緑氄斜，水滑嬌多昔所誇。坡説姣頎餘淡柳，谷論坊曲剩濃花。待看諸姊燈分去，且憑雙妹

醉到家。畫舫載春冰鑒上，從今日擬聽歡譁。

六如觀就肯求聞，高麗文章未策勳。近日誰能窮筆力，轉爲心化異人云。願參金色光中話，本是孤山世外群。風雅宗師君是賴，張融姑把酒壇分。（宋順陽范曄曰：吾爾來文轉爲心化。爲文當以傳意爲主，則其旨必見，亦由無意於文名故也。吴郡張融神解過人，曰：吾文體英變，由神明洞澈。文無常體，以有體爲常。恨我不見古人，亦恨古人不見我。齊高帝曰：卿書恨無二王法。曰：亦恨二王無臣法。）

附原詩

一區河曲地還餘，同巷初欣有定居。自比晏嬰知近市，非關王播羡臨渠。名泉古寺兼幽躅，（君舊寓家錫山。）落葉高窗似故廬。爲説西湖好烟景，長竿移得昉溪漁。

豪華不慕拓枝顛，脱却朝衫便是仙。求友寒尋烟外驛，携家春上渡頭船。旋删碧草開新徑，待構高齋署小眠。笑我年來慵更甚，買山未辦道林錢。

春來風色最夭斜，摒擋琴書頗足誇。帶蘚好移天竺石，和泥須買馬塍花。每聆通德門中話，相伴清娱到處家。秖此維摩方丈室，翛然已遠軟塵譁。

報章重疊遣相聞，酒國詩壇即舊勳。水竹遮村無萬數，雞豚結社再三云。搜羅更輯城東記，（余近有《城東記》。）討論新添硯北群。他日灌園徵軼事，雨苗烟甲幾家分。

寓園雜題

可堂

取香山『堂室可鋪筵，庶望子孫傳。老宜閒語話，悶憶好詩篇。是非都是夢，語嘿不妨禪』意。熙甫記可齋，陳義甚平妥。吾堂雖不高，夾巷重門裏。换蠹師香山，鋪筵頗堪坐。杜牧守杭州，故題之曰可。

堂後三峰

後堂名勤斯，微憎北墻逼。磊塊一丈高，貼墻教倚立。中鐫泰華字，似欲安磐石。還作翠坡陀，花王此封殖。

爲容窗

取東坡『青山自是絶色，無人誰與爲容』句。

廳事有崇樓，穴牖納西爽。頗憶髯仙句，聊當絶色賞。錢塘恰得中，尤取湖山朗。若云與有素，未敢膺公獎。（白：江山與風月，最愛是杭州。霅溪殊冷僻，茂苑太繁雄。惟此錢唐郡，閒忙恰得中。蘇：高人自與山有素，不待招邀蒲庭户。）

窘樹

取坡『曲闌幽榭終窘寒』意。

吾生地仄陋，所以刺天難。亦如此闌榭，幽曲終窘寒。忽聞空際語，不見上梯冠。眼力覷天奥，何有看鵷鸞。（『仰看鸞鵠刺天飛』，亦蘇句也。）

甕泉

山泉自入甕，亦是東坡句。甃井以磊塊，引向新溝去。名曰石吐泉，勒石表其處。應有老蛟蟠，蛙來遺無據。

盆湖

昔者韓退之，埋盆作小池。鏡湖小於盆，芥可收須彌。石刻盆湖字，蹲著湖之碕。但觀雨瀉時，一湖泉在兹。

野人廬

從來野人廬，多在阡陌際。今於數武間，聊學野廬意。冬日烘紙窗，放翁耽此味。一株古垂揚，罩屋當水次。（蘇：老覺華堂無意味，却須時到野人廬。）

家市廊

虎邱千人石，隔溝列市廊。眷屬喜茲境，歲一命吴航。園中試倣爲，市茗兼市香。且可脱遊屐，安坐共糟糠。

十人坐

世界歸戲論，鉅細寧有准。人造與天造，亦莫分畦畛。千夫等倉梯，明月同一隕。何妨十人坐，弦歌論慢緊。

亦有橋

臺榭與舟橋，都宜微具體。石既倣武邱，小橋亦當爾。松遮院院花，竹暎窗窗水。吾園即未能，水竹俱有矣。

舟庵

家君少作有《西湖四時遊草》，叔祖園次序之。

黄髮家大夫，舟庵以爲號。似擬世外廬，兼闡不住奥。予此營菟裘，聊因濱水造。舊有西湖集，支笻冀重到。

笠閣

聯云：小舫一艘新造了，故鄉無此好湖山。

西樓無客共，白老悵新秋。我樓亦在西，横塘烟雨稠。一片月出海，幾家人上頭。舟庵在樓下，直欲刺篙遊。

心月軒

取坡『我今心似一潭月』句。

纖流南北會，漲緑滙方潭。沈空貯慧月，濃雪磨鏡闤。池面即中庭，宴集殊清酣。渠分自西巷，流至一相函。

寫雨溝

匣石聚簷瀑，溝狹如劍剖。穿關寫入潭，勢却能斜陡。白家園有灘，溝也未容偶。所貴似溪山，洪纖焉用狃。

翠沈峰

桂峰何太小，亦復翠沈沈。離立絶緣延，碧漲青欲伸。堆黛塞寒空，人月在山唇。誰知一朵緑，解寄無邊春。

樹烟閣

唐莊宗：暖風飄箔，緑樹輕烟籠晚閣。

開窗當閣左，看竹繞書齋。南面風飄箔，烟籠樹晚霾。高鬟深小院，秖此足幽佳。何須愛芳草，多作踏青鞵。

陪太鴻重遊青山莊次太鴻韵

毗陵邱壑少，留寺賴蕭梁。雖有春無限，誰教屧繞廊。秖它園内景，令我意難忘。榜户招詩侶，杯鐺且莫將。（唐詩。毗陵何限春主人榜門有『苟詩酒之可共』語。）

神仙疑有宅，富貴得爲多。惜以山爲號，惟逢樹幾柯。金張兒女並，弦管月明歌。辜負早朝去，何如此衣荷。（聞主人喜笠屐裝，又族女將適其門，姑爲李少保女。）

昔者東床重，延陵俯仰寬。將來西眷子，京兆共憑闌。紫玉空留主，香魂豈未殘。若知人代感，據鼎却愁餐。（宜興相莊故主吴氏婿。吴又有季女，死於此。時時影見，雖屢易主，皆祠其木主云。）

勝境遭鴻筆，千秋識老公。不隨陵谷變，莫謂雪泥同。墻廟朝晞速，亭橋夕照空。猶疑今日客，玉樹皎臨風。（李德裕《平泉記》『勿以與人谷，爲陵然後已』。）

按：《樊榭山房續集》卷五亦有吴震生的四首詩，但詩句有不同。這裏摘録如下：

毗陵共游眺，遺事滿齊梁。只少山環郭，誰家樹繞廊。愛他園内景，令我意難忘。榜户招詩侶，杯鐺且莫將。（主人榜門有『詩酒可共』語。）

神仙疑有宅，富貴得爲多。碧水延長阜，紅樓隱古柯。金張天上族，弦管月中歌。行樂宜邱壑，朝衣早翦荷。

昔者東床重，延陵俛仰寬。烟雲邀對酒，花月入憑闌。紫玉空留主，香魂悦未殘。若知人代感，冷食亦愁餐。

勝境遭鴻筆，千秋幾鉅公。不隨陵谷變，莫謂雪泥同。墱廟凉陰集，亭橋夕照空。菟裘那得此，惆悵一臨風。

社集塔影莊贈上人

佛境原歸夢境中，解知影事即宗風。神膏起廢俱悲願，枯卉教榮亦智通。懸彈爲妨魔跳踔，抽橋應厭客冥矇。塔光指月同看取，心印由來印水空。（中二聯俱上人實事。）

和人四絶句

佛骨仙肌没點斑，詩腸何自恁灣灣。衡門實意希先輩，那用青蚨更買山。

欲奉高賢入佛龕，伊蒲清供日和南。仙人秖恐工飛颺，未必心棲向小庵。

敢向如來勸酒卮，途分覺夢不相知。冥頑木石癡迷蝶，枉辱先生絶妙詞。

華陽石屋滿蒼苔，不許劉晨得味來。從此相違千萬劫，何時容鑿洞門開？

題《問字圖》

紛紜承學子，競向子雲亭。矜奇無實用，却是太玄經。近世輕奇字，誰究聲意形。千文已足用，唾手拾紫青。先生幸閒暇，童孫方弱齡。引之向文墨，猶鳥增以翎。潭府與馬前，由來相逕庭。八體昔封王，可氏爲一娉。遠勝含飴弄，甜膩傷心靈。致彼豚犬兒，惟知梨栗馨。

小春排律效香山　社題

雨冷風淒後，天工作小春。比秋翻煦體，擬夏却清神。童冠重歡適，閨房改笑顰。群心端賴此，巧譬試相陳。富室貧能殖，衰翁痺復伸。且休論卧雪，姑與爾垂綸。旅客憐燕月，悲歌笑楚人。秖應明道者，未欲仗鴻鈞。（程子詩：道人不是悲秋客。）

讀劉母《蕭太君一統志》爲凝一作

造化於斯民，既誘代孳息。却又致偏枯，全畀百無一。甚至故磨滅，使悟多生積。惟人氣至短，志竟與天敵。天鑒亦垂憐，翻然事培植。華胄武岡劉，梁蕭女歸室。魚爛土崩時，誰能完玉質。投鐶不得殞，幾匹群婦匹。乃遂刲其耳，血湧淚不滴。而翁秉仁義，其智尤難及。毁家資緑林，一城免鋒鏑。宜獲此賢媛，爲翁傳世嫡。人代足凄凉，滄桑甫紅日。牖户擬綢繆，重報烽烟逼。全家蹲洞穴，逆賊無暇入。因而逞奇毒，爇薪燔洞隙。萬死固有餘，胡獨存傾碩。復遣子俱生，俾後得昌熾。豈非天悔禍，領此堅貞力。聞孫但爲善，義烈基堪藉。彼哉如弱草，隨風天詎惜。

挽尋源叔　代

阿堵殊非意所珍，因資揮霍略相親。黄金誤用同癡守，何不都將付此人？
解牛有刃事何難，敏手靈心許弄丸。假使添君三倍勢，勝人何止萬千般。

題雪樵《叔翁遊卷》三圖

人間萬境隨心變，幽奇冷潔要一串。畫境飛馳實境呆，境畫同看休異見。庸人探幽奇失真，謬人説冷潔非倫。雅人作畫定不俗，俗人吟詩憎效顰。欲知雪樵真朗悟，冷中尋活非無路。樵不黄山亦高敻，況向桃源極深處。僅有松門與雪莊，息廬願與共遊航。

又題其《撫梅圖》

一樹寒香半畝宫，萱親曾此照明瞳。圖來聊寄終身慕，撫遍時令内腑恫。根老年年苔欝碧，枝繁歲歲蕊舒紅。虎頭争遺文通助，合寫冰容始得工。

荷包牡丹次韵

當夕名妃一品身，御妻古法並横陳。誰將好處爲排比，懸示當歸遠客人。

咏洋茶花一種　俗名抓破靨

疑是宋宫楊尚化，玉肌猶訴血痕深。化工肖物寧無意，留釋香閨争忿心。

閱唐使君《琵琶亭》圖卷，次其原韵四首並詞

軒冕由來世得加，不凋惟有卷中花。當時動墨能横錦，異代追蹤待泛槎。今古才人原共命，風流合撰許同家。畫來一個新亭子，我已如聞舊琵琶。

亭子新修傍寺樓，風濤澎湃寺亭幽。無窮人物歸淘浪，如此江山且看鷗。屋以詩存虞暫廢，地成佛境得長游。璿題雖未儕蘭渚，輪奂猶堪幾百秋。

高情端賴使君同，不爾前賢話已空。金碧力能光彩筆，牢騷句可續唐風。新昌履道池難緑，淪落天涯檻尚紅。千載相投翻在此，從今蹤迹任西東。

紫禁仙郎倚畫橈，設坊留句勝招邀。曾聞學士談公子，（公子出内兄門。）偶和新篇寄暗潮。釋老精微都照了，（君嘗自署三教弟子。）樂天風致豈迢遥。嘈嘈切切令悲感，清淚還須聽晚蜩。

調寄青衫濕

香山去我千年矣，亭子署琵琶。若把全篇，刊留亭壁，似錦如花。仙郎駐節，簇新締構，偶向天涯。非關淪落，猶能望古，俊邁靡加。

又

無情無想無才筆，始不惹閒愁。此處爲官，斯亭如故，便負江州。經營雖冷，襟懷所契，頻來宴集，選甚春秋。紛紜游客，寧無感恨，秖爲君留。

滿江紅

我好填詞，揩抹盡，英髦涕淚。論新録樂府，知音有未。誰示琵琶亭子卷，偏能打動高歌意。是當今，才子使潯陽，才情戲。今猶昔，心連繫。來者慕，今兹事。待譜入宫商，招徠萬世。廢興恒有後人過，又闢亭邊地。半由君創始。妙莊嚴，教殊異。

有以惡詩見投者，其人田全璧、馮伯起之流，而忠孝等字時流口角。予疑其誑，次韵記之

心絶羶葷口不譁，十夫謬計九成差。兒曾向火争難乞，仕倘逢金即起家。仙佛亦歸如夢境，蟣蚊也説似空花。交嗤相誑何時已，忠孝人間美莫加。

湖上荷花吟和震亭

蕩淺山圍水面寬，不迎横潦不愁乾。荷花一樣成秋夢，開向林逋不畏寒。
句和陳思墨似鴉，寒號不到古槐家。殘荷堆粉非脂内，誰遣癡蚊錯近花。
暮雲落日計登臺，若個殘光唤得回。秖要心清如雪藕，吟魂入地也花開。
不種新桑待野蠶，采蓮却向白隄南。野蠶端的絲邪曲，還是金蓮玉露甘。（白蓮有金邊者。）

次修净土人留别韵

弄月詩仙近愛醒，華陽送客到西冷。杯觴都屏何時御，士女相逢覺氣腥。共有新篇舒欝欝，遥傳高步

獨亭亭。如何土界驂鸞曲，也遣人間蟪蛄聽。

淪墮閻浮久不還，多生癡骨付邱山。清齋擬赴青蓮館，欲界空争白玉關。蘭渚古人同一盡，蘇隄今日爾雙閒。樓臺水木真何用，待向林逋結草庵。

詩文集卷六

詩六　携家集

和樊榭北幹山謁武佑將軍廟

遊蹤聊探古人餘，唤得烏篷信所如。謁廟因知英爽迹，捫碑勝讀馬班書。拖藍水漱蕭山郭，拂翠松吟德士閭。成敗興亡皆幻影，高吟自可莫悲歔。

刻畫精靈仗妙文，吾儕聊爾當功勳。休論楚户非秦户，衹看吴雲入越雲。萬壑争流多秀嶂，百年際海少烟氛。承平姑袖三錢筆，吊古尋幽領一軍。

和《泛舟出偏門至禹陵遇雨》

虞姚以舜二妃降此得名。禹娶女嬌，此地塗山人。

越水盈盈緑，遵城渺渺灣。禹陵當郭峙，寢殿壯豐山。事遠書難泥，癡哦句有斑。冥濛絲雨骨，幸未礙躋攀。

和雨宿卧龍山僧樓

襆被恣清遊，眠餐藉寺樓。卧龍山擁郡，響雨樹驚秋。客遣詩驅睡，吾憑酒屏愁。遲晴都不惱，且繫畫橈舟。

和江寺

先民有遺蹟，後死貴窮討。六朝人住處，今但餘芳草。多少齊梁史，一向柱懷抱。行過夢筆橋，昏疑變清浩。歌臺對寺門，帷檐出莊媪。見客摩石幢，似説何朝造。牝周去千載，紀年猶可考。火宅能幾時，力盡悉摧倒。要讓青蓮館，金地長精好。筆花終古麗，莫向貂蟬道。蠟屐賈余勇，賴有幾詩老。飛文如灑落，天機非綺藻。詞源一開宕，烟墨肆驅掃。破樓拚兀坐，霖雨任横潦。鬚眉古松碧，腸肺秋月皓。澧陵應見夢，哀憫華髮早。到處禮金仙，私衷無别禱。願賜神足力，永除顛躓惱。年年共登陟，平生暫相保。

（丁評：可堂方訂遊台蕩，而樊榭遽逝，復誦末句，不覺涕横流耳。）

和曉霽入若耶溪，中路逢暴漲，不得遊雲門而返

嘗疑超世姝，獨數會稽西。明秀掩終古，邢尹俱伏低。乃今知可憐，淡冶由山溪。水影摇山動，柔櫓悠悠送。迅駛碧瀰漫，驟失秦皇甕。恍惚宿生遊，依稀舊曾夢。巫峽險難行，輸兹一鏡清。靈奇綣幽抱，有口不暇鳴。由來境與人，一例嗤無情。若教頻打漿，何必遊天上。從此泝雲根，竹樹堪想像。便欲趁晴秋，青鞋深一往。

和次日再泛若耶溪至平水，肩輿遊雲門寺

秦山亦可到，越水亦可吟。古今吟不盡，共此嗜奇心。連朝戴星出，與世殊胸襟。一似長征客，策足將及今。林端勾月掛，濃霧結晨陰。沿洄過日午，畫境招我尋。相約營菟裘，尚乏南山金。思窮雲物態，筆力卑難任。同人振金玉，聞弦聊賞音。

和雨後遊蕺山戒珠寺遂至怪山寶林寺

明冰孔竅詩情涵，游興欲取螭龍驂。天台雁蕩成後約，入山姑向越城探。當年烏喙重蕺味，至今辛苦人所堪。題扇橋邊寺名古，唐家斷碣支破龕。圓池石蓋洞雙目，我一就照悲鬖鬖。客言無用飲此水，我曹胸次紛朱藍。庇身千載藉佛屋，虛名可擲猶瓦甑。右軍今亦餘土偶，下物乃復希子南。祗今寫景讓高手，雕刻朽木非香柟。心法無軌傾秀句，要由修綆縋深潭。兹山蟻垤未足道，環城亦見堆橫嵐。飛來之峰説尤誕，褰裳且往測二三。祖龍登高視天怪，那知山水供清酣。嫩蓮坼蕊叢遠翠，未經寓目誰能諳。碧羅亂疊萬襞積，未許吴楚埋刀鋡。賦成宫體遭逼裸，女戎取勝何如男。締好隨公傳短祚，蕭娘祖父嗟可慚。新朝最貴尚八葉，不信宿命原瞿曇。爾時若果嗔御婦，纍纍圭爵教誰擔。浮屠嵯峨幾成毁，汲古不如繙藏函。邱壑清緣亦驢橛，抽思頗類未死蠶。花源或别有天地，與君且更呼肩籃。終當投彼大智王，無情無想兼無庵。

和遊雲門寺

秋水洗樹根，秋霞抹峰稜。泉聲似靈竺，松濤兼可聽。山顛觀日起，山腹寺含孕。晋人工疏鑿，卜築遍姚嵊。橋邊木最嘉，道左竹尤勝。當時比沁園，今日聞清磬。三重殿可陟，五色雲無賸。却喜宋碑存，未剷南家興。牛山悲迭處，欲喚爽鳩醒。

和蘭亭

千齡共盡境如新，秀峪清湍不受塵。幾許舊歡何處覓，難爲後覽悉披陳。仰看金碧輝今日，側見烏紗貌古人。莫問天章寺偏路，寒瓊幽草久無春。

和泛舟鑒湖四首

鑒湖中島石勝泥，命至方干信不齊。又説賀家莊在此，令人回惑望東西。

浴鵝亭子水漫矼，一朵青山幾緑樁。縱復差譌成杜撰，此間却合照無雙。

渭南伯住白蘋洲，舍後三山足散愁。剩有西村烟一抹，我來欲占屋前頭。

山學菱花繞鏡香，鏡光平淡最宜妝。當時湖水多於地，摇艇誰曾就夜凉。（丁評：余於越州山水及終古人物之蹟，欲一二鐫繪於編，輒遲之數日或數十日始定。親見可堂與樊榭對坐一几，執管齊下。厲得四句，吴亦隨和唱者。脱稿而和者，亦揮就矣。亦復峥泓魁傑，誠一時快事也。）

和人喜予移家來杭，用沈陶庵題石田有竹莊韵

到輒成庵舟樣窄，友朋佳處就山川。卧龍青嶂纔籬畔，放鶴紅亭又屋邊。古道照人如朗鑒，好詩銜口擬流泉。他年補入城東記，誰説浮名頗似烟。（樊榭適輯此録未全。）

樊榭原倡

高人雅愛城東住，與我棲遲共一川。相望無多春樹外，經過只隔野橋邊。栽花且闢三三徑，煮茗休尋二二泉。爲約越遊吟興在，凉秋重泛鏡湖烟。

又得一首

郡標海内秀而闤，沃壤還尋沃壤遷。七百里平飛艇子，三千晦闊入湖天。繞身媄屬新堪詫，舉目親知舊已捐。活計雖貧餘藥餌，無生心得廢嬋娟。（往年居此，有兩幼妾蘭英、菊英，皆毗陵人。今來並已放遣。或云此間易得，亦蠟視矣。）

簡内姪婿杜補堂

稽城秀浙東，杭治標天下。連典兩名郡，得時斯可駕。香山昔蒞兹，科條削教罷。且擬樂其身，良因公有暇。坡翁迺嗣音，風土尤所啃。侍從雖十姝，父老炙香謝。越有傳芳録，已足千秋詫。杭故麗且康，民應易從化。睫巢有心人，深微箸堪借。使君雕厥什，碌碌非流亞。宦海偶無波，清名甘勝蔗。不吝床頭餘，思補廉吏罅。蘇白在吾前，甚願争光價。（君蒞紹時，特恤名流之後，爲計久遠。其事載《傳芳録》。又以毛西河杭城救火議力請於上司，恨未施行。奉調之日，果自牙至闕，户户設香案云。）

儼亭内兄不忘舊雨，遠郵佳句，依韵報謝

騷雅求聲覺已遲，知音儻遇忍輕離。夢能轉徙靡常處，佛笑人間有定時。棄我如遺因不惠，干卿何事獨相思。琵琶亭句猶存否？此紙應知惹淚絲。

和《西湖十景曲》用楊廉夫《竹枝》意 調【清江引】

蘇堤春曉

髯翁已仙隄聚景，萬古春難竟。玉容今不辰，花朵聊相迎。艷陽合教誰管領。

花港觀魚

空花眩魚魚欲冶，疑是花魂嫁。芳濃色可餐，活潑情難畫。眼觀不如柔翰寫。

柳浪聞鶯

柔腰起眠西子喜，試遣嬌歌記。絲絲見昵情，嚦嚦傳春意。雙文似言張緒美。

麯院風荷

麗人滿舟收汗雨，坐看香圍護。宿醒吹面解，殢夢熏心寤。誰誇太華登陟苦。

兩峰插雲

兩高笋尖雲露孔，滅却青青縫。墨濃幾染空，絮壅應消凍。置身彼巔吟思湧。

平湖秋月

華鐙照湖知夜麽，争及冰輪大。三秋更可憐，一舸容横卧。稱郎雪膚盤礴臝。

三潭印月

水含影光光散朗，安得三圓相？臨潭悟印泥，向地求心匠。謫仙試爲拿攫想。

雷峰夕照

焚軀古椎形不朽，酣醬斜暉授。丹青類鼎彝，聳拔依巖岫。曾消古人千百首。

南屏晚鐘

暮鐘比朝驚一倍，更發崦嵫嘅。咍伊乍聽敲，向佛連忙拜。辭山轉船催欵乃。

斷橋殘雪

雪終不消湖更姣，粉令西施少。誰知零落間，最合孤清調。詩朋見招强半老。

辛未正月十六日，與金江聲、厲太鴻、丁敬身登吴山晚歸分得七陽

闌干與我未相忘，對此江湖不憶鄉。霏玉坐間酣魯酒，雪泥消處話吴莊。道人松麈貌何古，遊女香車意太忙。幽石白雲梅蕊畔，留連便已到斜陽。

又和太鴻《紅綉鞋》

乘四並提携鉅醖，挾百篇嘯咏高臺。下是湖麽是蓬萊。鐙輪從遠望，月地逐人回。紅鞋兒慢躧。

附江聲作

仙山高出衆峰群，左右江湖一覽分。金地樓臺横似幛，春遊士女競如雲。閒尋小院梅初綻，吟倚

危欄酒半醺。向晚星毬送歸路，千門燈火踏歌聞。

和樊榭雪晴見柬

竟月風陰日甫暹，春將大作翻凝嚴。火如良友解相煖，書似醇醪甚欲添。紫曜穿窗窺被穴，瑶山增彩輝楹簷。飛來秀句逼前宋，未見梅花思已兼。

和泛舟河渚探梅

山人空有看山句，自住錢唐頻問渡。梅花知己屬逋仙，呼儂棹入西溪路。溪山却是湖山背，繚白縈青相倚附。南漳深處古名湖，何世分流叢竹樹。白公蘇公都未來，幾多佳境藏雲霧。昔日茫洋僅可航，今來尋討尤宜步。蘆荻從知秋雪鋪，烟霞已示梅花譜。君出多篇翻水成，老筆縱横擅天趣。我本無心厠風雅，虚舟澮水聊相遇。山川翰墨等微塵，聞即須來見須去。

和雨中泛舟

複渚繞層巒，泛泛碧鮮裏。冷雨飛溟濛，回汀望中沚。僮奴慮霑浥，詩侶翻忻喜。烟外有藍拖，霧裏看青峙。松竹擁梅花，梅花繪天水。小米所難兼，紅芳兼緑蕊。阿誰同照影，不愧此清泚。昔者草衣來，人境相傾靡。檀園有墨仙，亦數游玆里。韵調取高名，寫作烏可已。待構蒼筤亭，持將誇子美。

夜宿雲溪庵分韵

水曲山僧不識君，掉頭飛艇就溪雲。忙呼斸笋携鉏試，偶學拈香隔火薰。麈尾還他儂罷捉，枕頭惜夢夜初分。春霖可是妨遊興，幾點敲窗故遣聞。

張莊有感分韵

舊設有座題以享用五福之位

選勝雙眸綽有餘，清才位置亦蕭疎。頻聞客頌香千樹，贏得今來水滿渠。白石可知難煮喫，紅樓自昔易坵墟。誰誇五福如傖宋（宋琪），不及山家守敝廬。

和肩輿至永興寺，雨中看緑蕚而返

唐年遺刹近山隈，泉冷池深静看來。香殿已傾松色在，石梁不斷水聲催。繁花却待登樓見，像佛應容放眼開。祭酒風流今不嗣，寒香塞袖許將回。（馮開之曾修此刹。梅花，馮所栽也。其《遊西溪記》云：兒子溺於燕婉，以山水息肩，善矣。）

集兩無塵庵，看緋桃，次張鐵珊韵

玉虎宵鳴爛雨餘，問花安否到幽居。幾竿冷翠留當肉，一樹穠紅伴著書。坐客無多皆欸曲，遊蹤似我倍蕭疎。殘春是處堪收拾，待借詩囊掛笋輿。（樊榭逝，而其劉姬歸廣陵，見此增感。）

偕樊榭諸君北郭看花，仝用王右丞《桃源行》韵

不妒平津秖妒春，春濃身老口津津。西溪梅蕚纔成咏，北郭桃花又泥人。故鄉田舍依山隩，麗矚雖存在陵陸。僑居端爲愛平川，照水宜花更宜竹。坐時抱膝向閒窗，起即輕舠披野服。曲曲逢源未是源，安隱

應饒綺與園。探奧忽驚圖畫巧，隔簾翻厭笑聲喧。連陰初霽笙歌集，汗粉風裙傾兩邑。歲華翻手即凄凉，歡場得人還須入。心興無窮寄此間，徘徊未久却須還。剛喜嫩雲扶暖日，已報殘光剩半山。昔人墓上花遥見，可有韓陵表鄉縣。不從長吉借詩囊，性憚嘔肝聊泛衍。逐水和泥色尚存，花萼難長天又變。紅情便減緑增深，千竿萬樹林復林。有限人生無盡景，除是年年一遠尋。

附丁龍泓作

城東試探桃花春，聊學漁郎一問津。小舟曲折不知遠，處處見花如故人。推篷倚棹多灣隩，更愛徘徊共登陸。穠李千林亦弄姿，競抹鉛華倚修竹。野趣從來愜野襟，春陽況復宜春服。風光絶似武陵源，桑麻隨地自成園。且看水檻儵魚樂，未覺柴門鳥雀喧。緑楊渡口人争集，白兔墩邊路通邑。野廟初經散飯過，僧庭乍喜分泉入。僧廬野廟兩三間，偶爲勾留欲忘還。意外霞生花際水，眼中翠入雨餘山。分明春色人皆見，誇張陋煞河陽縣。爛漫多蒙青帝恩，暄蘇詎藉鄒家衍。暄蘇似酒拚醉歸，須惜陰晴夜來變。蕩漾沿緣深復深，桃李無言風滿林。新詩咏向飛花渚，他日鷗盟好再尋。

立秋節迎秋湖上次人韵

爲探梧桐麯院留，朋簪赴約蕩輕舟。聆聲未似蕭辰律，察氣先令旅客愁。殘粉欲銷荷漸老，良苗遭暵歲堪憂。少陵吟興千秋在，須是今朝一起頭。

追春無計約迎秋，不道衰齡厭冶遊。身世凄凉安冷吹，心情淡漠愛幽流。炎威轉熾難抛扇，夜境初清得倚樓。相顧鬢絲渾欲雪，不吟不醉且空休。

同釋大恒、金江聲、梁蕿林、厲樊榭、杭堇浦、周雪舫、范履園、施竹田、丁龍泓、家甌亭社集湖上，由下天竺尋翻經臺、三生石諸勝

劇愛錢唐境，城門接梵天。幽徑上寒碧，松竹縈秋烟。傭販皆冰玉，山市静以娟。石存今古史，臺顯廢興緣。經足闡空有，豈拾清談涎。竊之則絶之，適使圓至言（圓至，元僧）。前生我已到，文字慕芳鮮。佛性與精魂，一物却異詮（見達磨偈）。飛沈隨所至，主人何有焉。況逢多勝侣，能勿耽林泉。

冷泉亭待月

勝侶齊幽興，夜遊燭可屏。傴僂共穿穴，何似三命傚，亭矗一時新。泉留終古冷，杳然天碧深。忽見涼蟾影，玲瓏逗叢樾。𧟃褷被巖嶺，身静了群動，性空涵萬境。賴此耐久朋，堅坐玩光景。瀟灑向乾坤，如宿諸天等。辛苦稗沙門，磬折分杯茗。夙有翟莊心，與世殊醉醒。山風拂骨清，句入冰輪冥。

留宿三生庵

結願香何在，前人彈指休。不尋歸宿處，一似信船流。談愜形俱服，眠遲思未抽。孤衾懷皓月，風味最宜秋。

范履園招集湖上坐六一泉，次堇浦韵

行過竹渚轉迴汀，却爲寒泉半日停。面眼豈能分湛沕，《茶經》亦未闡清馨。名猶畫地應難啖，品不因人更可聽。試薦水仙王一醆，底須重説漪瀾亭。（余適至自慧山。）

附原倡

鷗旋迴波漱遠汀，刺船剛到寺門停。山因雨好秋逾静，泉爲名高味更馨。深淺且憑輕策試，峥泓恰供老夫聽。遥遥芳訊歐蘇隔，斜日蒼苔上瓦亭。

八月四日，堇浦桂堂叢桂盛開，用東坡天竺山送桂花分貽元素韵，爲甌亭五十壽，集者凡十六人

直須吟到墨池乾，入社名流半謫仙。此樹應教吴質倚，一觴因祝老彭年。深相賞味寧求采，香徹雲霄不鬬妍。破衲山僧今在坐，禪天也近月輪邊。

追懷趙五谷林

昔予在黄山，讀書長湯寺。或寄新鉛槧，詩咏南宋事。中有谷林君，鳩集諸髦異。想見顧玉山，豪家

耽勝致。倏忽二十年，歸自長安肆。甫得一傾蓋，遽捧郇厨觶。園池寬數畝，峻宇亦深邃。金友並端人（意林、次乾兩親家在坐），静穆無憍氣。長公腹萬卷（誠夫，號小萬卷），吐屬傾丁厲（樊榭、龍泓仝席）。妙墨同欣賞，蘭亭出鈔笥。若云今視昔，此會良稱意。厥後復因君，得瞻香案吏（堇浦編修）。始驚天下才，生於咫尺地。文集題鏤冰，玲瓏偏冷毅。冰銜澹水交，可卜久要義。君偕赴大科，軾轍翻下第。淮海多應求，半緣仝召試。誰料我重來，宿草經霜瘁。春暉戀未得，甘旨付難弟。棘人方寢苫（余服未闋），頗闕生芻誼。門有負心客，都由豁達視。吁嗟人云亡，十室九凋敝。不隕舊基者，爲隆先構地。族盛保恒難，瘠土翻苦志。孫曾幸滿屋，督課宜錐刺。（聞君家世戒樗蒲，今教子姪更嚴。）科名防斷絶，尚書須溘逝（謂谷林兄司空）。賢阮長臺端（副憲），相携委仙蜕。適來永嘉姥（媒嫗乃黄巖人），稱趙有嬌穉。虞姚之自出，詞林學名世。（姚侍御之騆亦多著述。）禀厚應福澤，編修執柯晲。心期敦古䠷，是偶又焉避。佳兒與佳婦，誇誕何容易。既以冰人重，兒婦得所恃。勾吴自小邦，秦趙女畢萃。從知宿緣深，天教早相綴。舊雨似難忘，掛劍非無謂。高門富卷帙，定遺工文字。他年返墓廬，詎辱蘋蘩寄。鄉黨繁姻故，《觀市》殊臭味（劉禹錫有此篇）。理許祝其昌，朱陳將互締。當時不好客，附遠寧無佁。越中多趙氏，天水固遺兖。回首可憐生，空使詩人憶。况乃舊堂前，燕子移巢鋭。自前高倨者，垂老輒損勢。升沈常代互，庸劣世斯棄。

次江聲先生《七十初度留宿天竺》韵爲壽

九重天上熟看來，燕許如薪積幾堆。何似竺乾堪永好，超情量處論英才。未離戲論故須年，得接松枝亦夙緣。對此清淳古君子，跏趺終夕却勝眠。樂賤安卑稱蓽門，欲流須讓佛平吞。江東秀嶽供吟眺，管領烟霞亦主恩。處喧無惡是真空，苔徑烟林况好風。若信香城饒妙理，樂天端合近如公。

樊榭薦種花人，詩以謝之

倘欲娱浮生，無如種花好。遠勝窮土木，心勞財易了。但栽二畝花，何須誇綺藻。中著數茅房，即同錦綉繞。堅墻繚通垣，盗不窺此珤。四時教不絶，留天收皓杲。今年著意栽，今年猶得瞭。少壯如解知，老來尤茂佼。有菓聊賣錢，兼菜復可飽。豈比耽玩好，常憂後難保。子孫保亦易，不保亦無惱。解語非不佳，醜惡病纏嬈。何若此花枝，無愁亦無攪。芳菲亦事業，鰥獨捐悲懊。况乃利與名，艱險空驚擾。相期慰暮年，稍助天工巧。寄言謝高朋，此人焉可少。

貸友書價

嗜好百不齊，好書端不俗。吾友得佳書，勸我收庋屋。答以解我囊，不妨供爾目。書但置君家，金不要君贖。老學吾已倦，精神逝何速。子孫性或殊，知渠藏與鬻。購贈嗜書人，猶勝充蠹腹。此理人不達，殆亦吾所獨。

題唐子畏《程一寧吹笛圖》

古言傾國貌，半屬溢美詞。稍含穠秀意，不謂非令姿。鹿車倘獲偶，固亦安茅茨。既已傍金屋，能無捧日思？練溪何似若耶溪，程彪遺胤修偉姿。良家被選入清禁，固姑連席披貂衣。香貂酥酪亦何有，何年得把君王手。無寐聊將玉笛吹，淚似綆麋喉欲吼。庚申當日劇風情，剛得聞聲即起行。執手決非徒慰諭，無限温存記不清。來朝傳旨呼光禄，設宴開顏顏勝玉。偶然何以得天怡，百媚雖同思緒獨。自稱不枉上天來，諛出中誠合聖懷。命陳前此相思意，全教滿願費天才。天言何必真西子，人生秪貴情投耳。何須善妒始專房，千般喃呢仝鄉里。嬌羞委順軼朝鮮，貴妃拜後世喧傳。笑彼蘭英終博士，充華無分倍堪憐。今日空珍解元畫，寶繪能標青史話。秪畫吹時不畫聞，知爾傷心停筆呃。君君不及一寧君，一娶便隔千紅裙。一寧若值重熙後，亦得姑存未滅淪。（厲評：集中如此等詩，的是金元人筆意。）

題仇英《介象入閨圖》

可憐遊子逐鈿車，誰門許入空踟躕。茜裙紅入人家去，含情不得追蓮步。會稽介象非神仙，其術神仙秘不傳。朱甍綉闥恣出入，嚴幃秘幄堪留連。隱形不見誰相詰，匹如狐壓鬼瞰室。何須合氣始甘心，目擊横陳佳已出。屬體休疑遍域中，眼食應窮分段蹤。泉下無家歸未使，人間有景夢須通。封陟雖榮猶見笑，一位上元相照耀。容制音辭縱千變，相狀恒沙難盡妙。仇生畫女不永年，得此一幅尤堪憐。因知心畫長不滅，英才獨嗜殊無厭。借問圖中人，是即東鄰否？抑亦天涯海角皆君有。介君雖是孫吴民，魏都蜀都争禁走。秦晋壯悍楚機鬼，茅簷蔀屋餘妖㜸。遴才選色不遺細，忽略閭閻即俗睇。買駿不速輸暗視。（『人間有夢何曾入，泉下無家豈是歸』，香山句也。）

次舒明府集中調甌亭韵

小史秋波稱所聞，祇憐今世鬢無雲。不然争閉罝魚目，謝惠連儔有至文。情本相同興故偏，蒼髯皜髾等餘年。年華正盛皆珍偶，玉版誰參寡味禪。

次周雪舫寄懷武林同社韵

長沙好住買汀洲，屈賈難招强賦秋。我耻未同言不暢，君先求友力驅愁。難攀空見鱗和翼，可狎無如鷺與鷗。江漢長流涵聖澤，惟應擊壤學歌謳。（余有樂府名《擊壤餘音》，君先枉顧，亦以《江漢謳歌》見示。）

次陸南圻過宿留别韵

新交不使故交遷，履雪穿雲訪老顛。蠹舊似緇興廢史，甚生端羡桔槔泉。酒樓湖上聊三雅，詩侣名高合一筵。聞説江都今更好，十年未上渡江船。

冬日桂堂席上同舒雲亭、金江聲、杭堇浦、全謝山、厲太鴻、施竹田餞别南圻，分得先字

客尋湖畔雪，人暮廣陵□。誰識今高會，全由古誼聯。催歸緣短景，合併總前緣。急就無佳思，難吟是一先。

次樊榭同游靈鷲韵

飛猱笑我畏登梯，小舫平隄手漫携。四序易終驚歲暮，一湖差近愛城西。短鞾踏雪囊詩句，素饌充飢飽莧藜。爲厭爬沙耽宴坐，祇應來此首頻低。

樊榭招同江聲、堇浦諸君登瑞石山，尋丁仙遺蜕次韵

俛窺不見壑中亭，試入幽深問杳冥。石骨無情仙骨冷，莫論終福况論丁。忽逢棋客時争劫，待卧松根夜覷星。追憶昔年尤可噱，逐陰來此究遺經。（少時讀書吴山，每挾一册就此洞中避暑。）

雪莊漁唱題詞

烏衣門第擅芳譽，賸有閒情效老漁。湖水當門冰鑒似，恰宜通德此同居。

珠玉隨風動百篇，許渾新句照千年。金閶華闐遲君久，争得長吟烟水邊。

許復齋招集雪莊請題《嘿坐小照》

翩翩公子飲香名，更愛爐中一縷清。佳在能穿高士榻，季和焉得與相衡。（復齋爲海昌宗伯孫府丞公子。）

麈尾端宜王謝家，入門却訝静無譁。衹應彦節連床坐，不語相看到日斜。

二月二十一日，甌亭招同江聲、鹿田、東璧、復園、樊榭、龍泓、堇浦、竹田、復齋、静夫臯亭看花，以『舟行著色屏風裏，人在回文錦字中』爲韵，各賦七言古詩，分得行字

屏風北郭青峥嶸，積靄横開曲水瀠。蒔塲藝圃既彌望，臯亭山下花爲城。游人賞花不賞實，豈知野老緣資生。誰携美酒招我飲，居然高會隨耆英。平船刺河天甫曙，早寒尚覺春衫輕。去年同來厲與丁，三人唱和交嚶嚶。今年勝侣一坐傾，諸君才力鮑謝並。沿緣唱觵可十里，沈崧故宅青蕪平。深入狹港無雜樹，照眼遠近朝霞頩。就中縞練間穠李，春陰不散花逾明。衹恐芳菲又塵土，東風濛雨心已驚。斂步登舟聽

道故，昔時春興今秋聲。吾衰更早眼如霧，看花愛向花底行。攀條嗅蕊意未倦，惜花那免情牽縈。一似世人渾淡漠，豈靳阿堵慳杯鐺。賴有賢宗差好事，遨頭要與芳辰爭。役思勞精良可已，烹鮮斫膾還相迎。相逢縱不傾肺腑，痛飲猶許陪公榮。坐間小户不一客，應遣濃花笑寡情。歲偶歉收流莩滿，我輩幸續花間盟。爲言三雅亦已足，世間萬事忌滿盈。（道故者述月田、筠谷、穆門諸先生主社事。）

附樊榭作

芙蓉仙人好游戲，石壁種花高不墜。何似皋亭山下村，錦障移將在平地。花中愛桃兼愛李，映雪烝霞皆有致。水口如緣武陵入，門外疑尋韋曲至。曩遭女魃雨難得，今逢屏翳晴非易。吾儕詎免憂米價，閒情也復關春思。未填溝壑且顛狂，若較流亡更慚愧。坐中白髮生滿梳，有心漫祝蒼華字。癡兒黃金高至斗，無力莫回青帝轡。任他墓上署征西，那及花前酌從事。舊盟尚在仍往復，近局招邀或三四。將衰正盛戀斜日，已落猶開惜東吹。鴨頭波蕩句初圓，燕尾招摇人盡醉。清明過後上巳來，一春佳處君須記。

悼樊榭十二絶句

此生端只爲名來，卷軸奄成便可回。文苑豈無恩倖傳，千秋終合讓天才。

名場利藪足交親，送入斑貍恰二人。風馬如儂渾意外，從知此事屬前因。（二人謂敬身與余。）

絶筆投予絶妙辭，桃花豈料永分離。一春佳處嗟成讖，記憶徒增旅客悲。（君自皋亭分韵後，杭州不復有詩，蓋絶筆也。一春豈非不再春，人記豈非君不記耶！）

初意湖山且寄情，驟逢逝者倍心驚。灾梨誰更匡余謬，歸就禎貽便合行。（予爲生壙已久，至是殊覺浪遊。又曾刻詩數卷，先生許於倦游之日，痛爲删改，重鏤善板，俾可問世。今則已矣，永不敢示人矣！）

太上忘情豈我儔，須知事過即浮漚。恩纏十九生仇對，泉路何妨作獨游。（君向有『倒瀉天河作平地，人間終不罷相憐』之句。陳君授衣輓詩亦有『詩外温柔别有鄉』句。）

伏枕猶飛一劄前，告言休矣劇相憐。徘徊俛仰今宵月，愈覺嬋娟愈孑然。

百緡聊爾佐開雕，兩宋全詩得準標。更向玲瓏問遼史，殺青何異些詞招。（余輩既爲刻《宋詩紀事》，而先生云尚有《遼史補》一書已就，竹西馬氏玲瓏山館手録成帙矣！）

買山錢已載還山，禪智何須重往還。自古揚州宜入夢，瓊花自好莫輕攀。

我將舊曲變新文，戲絶非關鬬齒芬。君頗相然題品在，故知夙世本同群。（少作樂府甚多，今以君序而坊人板行之。）

一束生芻尚未將，會須執紼灑千行。枌榆舊社非全散，別有詩腸與酒腸。

爲位行庵一哭休，楊州友誼軼杭州。寒花老木深情句，獨薦哀梨復幾秋。（韓江詩社聞君訃，同人爲位而哭。龍泓與余謀一奠，尚未行也。『只此平生意，寒花如見君』，及『雪薦哀梨霜薦柑』，皆馬君輓詩中語。）

往事凄凉不可思，倚樓人在亦低眉。朱弦三歎遺音遠，實恐從今乏好詩。（趙氏十三園，惟親家意林先生園有層樓，見君詩集。又嘗邀君仝赴大科。其輓詩有『低眉自覺衰遲甚，舊事凄凉不可聽』句，蓋兼憶難兄谷林也。廣陵張君則有『朱弦疏越雅音遥』句，陳君則有『此後料應無好詩』句。）

附樊榭《擊壤餘音》題詞

風情垂老尚能兼，試搯檀痕幾折添。更買小伶親教取，未妨留客出重簾。

閉門風雨動經旬，寒勒梅花尚未勻。不是吳家新樂府，將何消遣寂寥春。

音律平生足散懷，除書酒外不相諧。個中嘗遍酸甜味，却笑鮮于號若齋。

彩筆淋漓譜舊聞，健來紙上掃千軍。先生自信心無妓，不唱秦淮白練裙。

樊榭爲余序樂府畢，因作《客帳夢封侯》曲，同人和之，余亦次韵

認真時，到底荒凉。休羨華黎，背後高幢。滿榻青編，前生黑影，新曲朱行。看睩老三都四鄉，蚤經過萬國千畠。甕算飛揚，爨演酬償。此夢差長，未遽頽唐。

原倡云：傍幽窗，斗帳凄凉。何許儒冠，忽擁油幢。虎士趨風，蛾眉環坐，珠履成行。班祭酒羞稱故鄉，李將軍得遇高皇。萬里里名揚，萬户勳償。一枕邯鄲，總是荒唐。

寄巢詩

吴子之舟庵，杭子曰寄巢。卜居君未得，於我寄鷦鷯。人生莫非寄，豈必親斫雕？寄中復有寄，誰分逸與勞。我生墮僻陋，到處著把茅。深知寄時趣，免爲物所膠。惜無詩與賦，寫此平生遭。自君一寄後，卷軸如山高。吟咏遍寰中，彼雅而此騷。試著我名字，君義當益昭。青熒金石靡，此聲終不銷。不然全樹老，何地不漂摇。彩鳳遷喬去，衆鳥都往朝。推窗頻看水，誦偈或吹簫。依然是舟庵，短篇聊解嘲。

擬晋人《苦相篇》

苦相身爲女，奇苦向誰陳。謂非當户物，不爲家所珍。而况早失怙，此生尤不辰。賣田方財婝，斮宅爲償銀。性質本懈慢，猥庸見不臻。竭力學紡織，冀以膏粱斷。託言喜齋素，實恐分羶唇。王郎翻見鄙，誰道病非貧。絡秀亦難爲，物老生不頻。奚啻愁他鄉，依稀雨絶雲。是豈世所願，曲解舅弟屯。若棄是藐諸，渾仝彼族塵。天只猶不諒，千信叢孑身。苛女不苛男，肆志忘原因。仰事與俯育，全代方免瞋。嗚呼不涉學，智鄙而思囂。聞諸閔氏姑，屏拒嗤且讋。心乖甚水火，争料出天親。低頭和顔色，寅畏如嚴賓。衹由朱門殍，未識世路辛。爾今有側室，我今無大倫。苦哉拼死殉，留詩誡外人。冥觀彼丈夫，當户振精神。

擬《大人先生歌》

斯兮得主終悍非，宵小有位空崔巍。亮兮猛兮良次之，知已未真非出時。肅兮彼亦遇真姸，創置由之不改杝。弼兮光兮雖轟支，或昇或沈都可危。盛兮瑞兮嗤韋脂，雖遭不幸堪尊師。其餘奉頭而鼠覗，首寄其膊身極微。（秦評：如漢人擬録别全，無欲使人知爲蘇李意，不過借題寫所欲言。此擬古之妙，難與癡人道也。）

擬樂府《巫山高》 鼓吹曲

豈識干雲處，偏饒好鄙人。情如濃霧重，意比洛川真。梯嶮渾無力，翩飛恨有身。誰言傷大雅，見哂廟中神。

擬樂府《採桑歌》 相和歌詞

竹欏茆舍亦安居，養得蠶成餠有餘。烏帽黄金無實爵，不因自哆自兒夫。

暖採柔桑涼採菱，炎宎閇户禮横肱。蓮花何用連忙採，也遺閒人覷汗膺。

擬樂府《古別離》 雜曲歌詞

古者交難定，暌離故欲啑。今人多圓叐，一任貿東西。

骨月何古今，至親惟婦子。而皆主歎譎，焉有難分理。

荆棘迢迢遠，團欒盎盎春。若非裴澤匹，須似鮑姑馴。

擬樂府《愛妾換馬》 雜曲歌詞

雖云心愛即威施，至竟無多稱意時。他日覓來應似舊，身無驥足便難蜚。
懦士所耽惟側媚，雄才最重是横行。十二金釵爻一駿，定須讓我濟時英。

擬樂府《山人勸酒》 琴曲歌詞

鐘鼓沸天深小院，美人似玉敞高堂。不如竹暎松遮處，歲歲相逢一舉觴。
煖湯濯我足忘酸，兄飲還教嫂勸餐。從此邯鄲新夢破，控驢拉友入終南。

擬樂府《貞女引爲性比邱》 琴曲歌詞

想盡情消入妙明，纔能正忠一聲閑。若還懵懂師儒教，忽見漁郎便大驚。
貪昏愛戲即非貞，身縱堅奥心久傾。未可憑言須看笑，崇坊峻楔僅標名。

擬樂府《春江花月夜》

吴聲曲詞　梁溪城北舟中作

花開思月照，月照水增明。所照非溝澮，纔餘浩蕩聲。有水空浩蕩，有岸空縱橫。不教花綉錯，明月亦孤行。水月交光處，穠華十里生。是梅香更普，是杏色尤頳。日長雖展艶，風大便無情。若論幽隱意，夜朗勝朝晴。春江花月四，離一即平平。斯趣儂偏擅，休將示彼傖。畫舫争輕迅，樓艙擁玉媖。偶然携手步，亦不厭襄成。弦匏宜此地，吟咏倍高清。未須㖊鳥語，新柳睡新鶯。（束髮學詩，聞之先輩。漢後有《郊廟歌》詞，皆列代郊祭、廟祭頌功德詞，無可擬者。惟鼓吹曲，一名横吹曲，始於《漢鐃歌十八首》。則有擬《戰城南》《將進酒》二曲，或長短句，或五律，或七古，可以己意爲之。又有《巫山高》《有所思》二曲，亦然。後又增《折楊柳》《隴頭水》《入關》《出關》《出塞》《入塞》《關山月》《洛陽道》《長安道》《梅花落》《紫騮馬》，凡五七古、五律、七絶不拘一體。相和歌詞，則《江南曲》《江南可採蓮》《對酒》《採桑》《陌上桑》《羅敷行》《艶歌行》《明君詞》《長歌行》《短歌行》《銅雀臺》《銅雀妓》《從軍行》《長安有狹邪行》《三婦艶》《飲馬長城窟行》《野田黄雀行》《門有車馬客行》，諸體皆可用，只不用七律。清商曲辭，吴聲曲詞，則《子夜歌》《子夜四時歌》《前溪歌》《團扇郎歌》《烏夜啼》《七日夜》《女郎歌》《春江花月夜》《莫愁樂》《採蓮曲》，此多用五絶。惟《春江花月夜》可用七古、五律，但總不用七律耳。琴曲歌詞，則《白雲歌》《春女引》《别鶴操》《山人勸酒》《蜨蜨行》《出自薊北門行》，諸體皆用，只不七律。齊瑟行，則《名都篇》《美女篇》《白馬篇》，只用五古、五律。雜曲歌詞，則《神仙篇》《少年行》《游俠篇》《長相思》《行路難》《古別離》《王孫遊》《大垂手》《小垂手》《苦熱行》《苦寒行》《愛妾换馬》《結客少年塲行》《摩多樓子》《排遍》，諸體可用。近代歌詞，則《竹枝詞》《楊柳枝》，詞皆七絶。新樂府，則《擣衣曲》《織錦詞》《北邙行》《田家行》，諸體可用。余則就題立意，聊復備體而已。）

次盧君備《三見贈》韻，時爲余課子也

河北名家舊不群，餘杭碩果近推君。天教慰我桑榆意，會遣童髫識古文。（毛西河太史至杭必寓其宅。令叔玉巖先生與桑水部姻家至契，厥嗣傳冰清之學。既以第三人及第。）

高人古誼出天真，麾却元規幾斛塵。取友如君端且厚，西樓從此得嘉賓。

民懌非狂勝子桑，翰林未許邇封疆。會須同步林墟際，一認東園舊草堂。（桑民懌有聯云：文章高似翰林院，邇因君示弢甫集。益信古人非誇也。）

庸兒往往墮家聲，教子方之斫棟楹。氣質不將書變化，縱能囀舌只如鶯。

附原作

年來衰影惜離群，空谷聞音得識君。恨與名賢相見晚，高齋秉燭快論文。
水態山容逼似真，紆迴亭榭隔囂塵。孤梅修竹常爲侣，此外應知無雜賓。

次韻息溟湖隄看桃

晨往昏歸併雨邊，午風遍爲拭晴天。今年又見芳菲遍，健在端宜勇向前。
緑已勝紅及未殘，湖波滿滿愛憑闌。酥酡醉貌猶風韻，莫撚髭鬚向水看。

盧敬甫用息溟韻投詩，奉答四絶

鶡搶鵬翀各有群，逍遥到處偶逢君。小詩不比炎炎語，却寓人間至妙文。
今世論交罕率真，幾人胸次浄無塵。心期不少知名士，老去翻教自主賓。
士流不厭舊農桑，載贄何妨效出疆。絶世超倫賢似續，萊衣舞處懌高堂。

咿唔猶愛作蠅聲，暫寄鶺鴒輒數楹。求友也應師彼鳥，試從林樾覓新鶯。

春盡有感次息溟韵

强説吾心依舊春（語本程子），堪憎却喜白頭人。華年已往情焉用，美景雖過句轉新。蓁雜不芟池畔草，澄明但洗臆間塵。掃烟摇雨垂楊柳，且伴先生幾暮辰。（池館多柳。）

周旋得久試周旋，促膝清歡坐緩遷。春味和心添藻思，凄寒多雨有炊烟。萬端姑置代良夜，一卷常留抵大年。滿院碧鮮聊看竹，酒杯醲釅或忘天。（莊子忘乎物與天。）

息溟又叠前韵，吐音悽惻，因再和之

我亦悲秋復感春，欲將幽怨附騷人。况無驥子思千里，誰易蓬門遣一新。屈賈僅留多許字，崇鏗等作數堆塵。世間老盡非吾獨，坡句差堪慰不辰。

良朋難得永徇旋，半爲謀生屢屢遷。姑掃長箋添短什，將酬淡月與濃烟。幾同凡草生還腐，豈但罴魚夜似年。潑墨淋漓狂欲叫，問誰事業柱青天。

汪晴江過訪，且用息溟韵投詩，依韵報謝

論詩故里乏同群，高唱誰知竟有君。自是湖山分秀潤，非關桑梓重奇文。（晴江居杭數世矣。）

盧鯇求人最識真，名由慕善愛紅塵。年來我亦多憂畏，客難常招敢戲賓。（魏盧鯇云：常士畏教慕善，然後有名，故名不可以致異人，而可以得常士。）

平生有夢到扶桑，身在槐安未越疆。因得其敘長可羨，東園伯子甚堂堂。（桑季子，君之聟。）

布穀瀾翻未是聲，撚髭竟日倚頹楹。恒蹊陋徑渾難掃，先辨雙眸俊似鶯。（鶯以雙目豁露爲字。遺山云：布穀瀾翻可是難，陸文猶恨冗於潘。鍾、譚亦謂，讀潘、陸詩輒欲卧，蓋手重不能運，語滯不能清。腹之所有，不暇再擇； 韵之所遇，不能少變耳。）

概鹵湖口占同晴江

登高眺遠概全湖，斟緑量青盡四隅。一自天恩容小有，千秋萬歲入黄圖。

清時廉吏不名錢，豈有平泉在目前。煮海未能忘帝力，天教粉飾太平年。

南圻書來，云已約玉井至杭偕余酹樊榭像，復得六絕

土篕蘭烟遲陸羽，驢鳴一吊李文山。芳林破屋詩夫子，高藻妍談越世間。（江寧王昌齡號詩夫子。李群玉，字文山，無子女。）

賈島應來哭孟郊，聲名堂室半邊抛。催人白日漸顛倒，荼苦翻貽快活嘲。（白日偏催快活人，司空圖句也。賈哭孟詩：身死聲名在，多應萬古傳。寡妻無子息，破屋帶林泉。）

忍斷杯中便癖癡，聖俞原受阿曹知。土囊靖寐方停鼓，一日曲終千古思。（吴衎斷飲，阮宣曰：看老癖癡漢，忍斷杯中物耶！停鼓，本宋彭汝勵語。梅聖俞詩閒遠古淡，然寵孌曹氏，有《一日曲》。予與樊榭皆不善飲，而未免有情。）

撰念飛思偶有書，遨魂遊目賴君譽。水花幻質猶常在，墨彩空塵未子虛。（僧清江題照：水花凝幻質，墨彩聚空塵。樊榭不能妄歎。而予傳奇十數種，頗邀俊賞。）

所子猶應勝耳孫，雷光閃倏日西崑。朱誠覓取青松宅，願與柔祇急討論。（養弟之子爲所子。西崑，謂日入處。）

大暮渾憐作嘿仙，壽堂魑魅遣舟旋。靈修合異蜉蝣子，神府仙閭逐自然。（謝自然）

人生

人生難得秋前雨，甘霤恩多蕩熾烟。火昊頻年矜遠燭，愁雲無自蔽重玄。偶登高衍齊噓氣，夜卧坳堂訖未眠。空有珠暉連曙斗，睢盱俛仰思茫然。

溪上

溪上佳人看客舟，津流明秀溯龍游。古云水滑嬌多有，今被山藏物尚尤。施粉越娘驚薄媚，兜鞋吴媛恧緗勾。始知白石雖談道，遥憶烟波未免愁。

鏡裏

鏡裏山林緑到天，久居隄畔信其然。曾貪樓月連宵坐，每待窗明四望眠。頗惜翠裙沾雨溼，未嫌紅燭遇風偏。自春徂夏多游賞，秋箭驚心始可憐。（史評：意到語工者，不期高遠而高遠。正如野雲孤飛去留無迹。難與求與人合、求與人異者道。）

同人集桂花下，息溟用陶詩爲起句見贈。因廣其意爲四首，起句悉用陶詩。沾沾擬陶者，去之轉遠。以不擬擬似反近之

少許便有餘，無餘斯已艱。兒子未得力，老子心錮鑱。所以古健婦，且爲家荷擔。尚志雖可欽，事畜非易談。焉得哂高人，懷刺趨市闤。亦有桀驁士，善攫矜才虘。故故恣揮斥，菲薄鄙與慳。及其時不順，肘見衿縷襤。妻兒性尤别，貪婪或再三。何如陶淵明，乞食向田間。彼菊勝我桂，人愁彼則酣。

不在接杯酒，誠貴心相知。茫茫一萬古，相知應數誰。陶公題乞食，尚賴人解之。既無悲憤意，亦匪嘲戲詞。尋常素位事，真實本分師。藹然偏灑然，高厚而深微。故作清態者，不事生産爲。俗根翻未脱，徒令曠遠嗤。昨讀山公書（時玉翁以外舅集借讀），强記頗振奇。名心惜太重，必欲踰前徽。字字矜名教，期合於清時。訕笑及歐蘇，輩輩含瑕疵。未知渠有此，正以絶塵騛。其性疾富民，不謂所責非。一似席豐厚，即有罪當笞。將無求不遂，痛惡思一犁。昵昵彼親睦，田野相與怡。吾欲起先生，更與誦陶詩。豈其挾三挾，問津於市兒。

區區諸老翁，如何能永好？由來各恬淡，忮求胥可掃。思之已爛熟，自然無所矯。達亦不相誇，窮亦不相拗。蕭閒一論世，尤當先曉了。蜚騰微末甚，僅可驕孺媪。中書無秉持，顧問畔戲嬈。半由才見卑，半由心不皎。即彼程與鄭，完美亦難保。身明子或愚，自重孫則佻。貪殘雖漸稀，注念術逾狡。曷若行貧

賤，花下同醉倒。吾堂名正静，管才天下少。吾軒名就士，荀言須更考。（荀子：遊必擇鄉，居必就士。管子：賢者安徐正静，行於不敢，而立於不能。守弱節而堅處之。人能正静，筋伸骨强。）只恐新舊間，間隙開稍稍。匹如石與金，强附終不膠。筆花況已禿，憑何比光姣。

萬一不合意，吾黨須直言。勿如勢利交，留滯損心田。日疑則日疎，誰知所以然。一恕益終身，一諒照千年。交字取互義，夫子愧未先。苟先竭吾才，世將報其天。才情本不合，別有所爲焉。彼皆墮癡黠，尤人積已愆。敬甫適告我，舊會名百錢。各各掛杖頭，時往湖之壖。炎凉俱不礙，花月都可憐。只觀神契否，脱去俗周旋。欣然便永日，誰忍相舍旃。萬錢無下箸，未若此半千。不我遐棄時，試同書畫船。所悲萍梗身，聚散如雲烟。

重陽後二日，友人邀飲湖濱，過竹素園看桂而返，玉岩表丈以『秋雲不雨常陰』分韻得陰字

古人交澹永，異苔謂同岑。縈繞以湖山，欲繪松竹林。老興輸壯遊，少浮而多沈。湖山雖咫尺，往往計晴陰。馳年推促節，一歲幾登臨。垂白獲三益，十倍洽清襟。萱蘇便可飽，湛緑況頻斟。醉我超曠語，勝聞淑媚音。（時與鄰舫同泊。）舍櫂試弭節，桂叢曲以深。興盡即當返，何必罄幽尋。公鬮聊點翰，短咏

雜長吟。蕭晨雖易暮，高藻幸愉心。耆耈亦歸盡，交道無古今。揖别甫踰閾，桂已嗔雨淋。

附梁溪詩社郵示作

趙繼光

讓王苗裔盈江東，支分婺源源則同。奕葉相承幾千載，篤生名世逢吾翁。翁年弱冠富才藻，筆端吐氣如長虹。蚤看清譽馳上國，坐令姓氏標南宫。蒼生屬望翁不起，懶向東華踏軟紅。錢唐湖山擅奇麗，閒坊卜築稱寓公。盡收烟霞入詩筆，錦囊妙句參天工。樂府千篇更餘事，洵堪抹月還批風。泉石風流足千古，絶勝竹帛垂勳功。獻歲初逢甲子週，江城瑞靄浮青葱。或陳瓊桃薦碧藕，春堂起舞斑斕叢。雲璈鳳管譜新曲，清歌雅奏縈簾櫳。上客喧闐共揚觶，珠履交錯華筵中。更期儲酒三百斛，豪飲倘招吴下蒙。

又

劉執玉

我聞黄山勢最崇，平地聳拔青芙蓉。層巒叠巘氣蟠結，古松夭矯飛虹龍。玄禽白鹿不可數，雲間樹下鳴噰噰。山川雄特産人傑，靈秀更鍾延陵翁。早年含香白雲署，聲望已著鵷行中。郎官位次應列宿，環繞紫極光熊熊。一朝解組去不顧，宦興未若歸情濃。卜居武林得勝地，探奇不倦如兒童。良辰載酒發豪興，踏遍南北雙高峰。新詩格高思逾雋，欲與古人争長雄。年週甲子倍矍鑠，更無塵事留心胸。又聞内養得真訣，駐顔不仗還丹功。昔年梁鴻溪上住，緣慳未得相過從。我遊浙水但信宿，掛帆來去真匆匆。無從謀面但懷想，神交寤寐時相逢。祝翁岡陵賦長句，願借雙鯉爲郵筒。南雲咫尺若可接，一樽寄酹長庚紅。亦能偕公携短笻，天都同訪神仙蹤。束薪澗底煮白石，採芝岩畔尋方瞳。須知道侣在人世，無須遠溯弱水蓬萊東。

又

宗家鳳

大江南北多人物，吾宗自昔饒人傑。讓王邈矣不待言，季子高風詎贅述。至今一百有餘世，衣冠禮樂何時絶。黄山毓秀生偉人，可堂先生世有名。浮雲富貴輕軒冕，山林詩卷鍾吾情。鍾情不獨儒生事，餐霞吸露内丹成。即今甲子已復始，童顔不改如冲齡。著書酷似莊與列，探幽不論吴與越。烟霞嶺，白鶴山，逍遥放曠乎其間。俯視紅塵裏，人皆汲汲我閒閒。公孫六十爲博士，先生六十遠朝市。子雲投閣竟何爲，靖節田園獨知止。那關遭際不相同，性情不可同日語。嗟予並出延陵後，青衫一領尤堪耻。三十年來陋巷人，未睹餘杭好山水。不獲登堂捧一觴，俚言郵祝徒然耳。

九日吴山口號

多年九日未高蹬，况此吴山值久晴。頓覺江湖奇顯豁，更看衢市極分明。天章亦有前朝感，（御碑有『吴顛越躓幾興廢』句。）士女咸欣四海平。乙亥重逢人已僊，苦無餘興永今生。

口占約人游聖果寺，用堇浦詩爲起句

回溯前游墮渺茫，韓江雅集接錢唐。浮萍冷聚兩三剩，秋籜群飛八九亡。（所知洴江、嶰谷、樊榭、雲亭、江聲、鹿田、謝山。）幸迓翠華增勝蹟，（瑞石洞、紫雲洞、黄龍洞、玉泉宫、慈雲庵、龍井寺、石湖宫、唐棲等處，皆新築。）何妨白髮更相羊。聖因聖果須尋遍，再訪陶莊弔趙莊。（谷林殯此。）

大豐而慳猶見親，易乏而施亦見慢。相人者，失輕財士，拮据掩之也。若枳棘之生數寸而抽枝，殊不若荆。扉畫掩，閒庭寂然覺俗士。隨世，位則勝，而識則劣。予於故鄉氣誼已似隔生。全盛之局，漠然委之，不見不聞。惜小小郡邑，尤難匿影。惟五都之市，對户不相問訊，差可善藏其短耳。因再和羊字韵詩至十首，此其二云。

可惜多生付昧茫，此番墮地更荒唐。莫非天鑄空懷古，何况臣精易散亡。夢徑依槐嗤變蟻，威權鞭石嚇驅羊。周時小吏容詩誕，今日新編誤廣莊。（袁石公有廣莊。石成羊，黄初平事。）

附龍泓作

情懷擬散轉茫茫，吟侶招携出野塘。斑白筋骸孱步履，踏青時候感存亡。且看天際雲成狗，謾説山中石化羊。萬物參差聊遣遇，敢將高論續蒙莊。

春日步湖上次許初觀韵

遷住南翰佳麗城，劇憐湖水淺而平。紅粧盡爲龍舟出，白髪翻羞人面迎。
舊識如來旨意深，鵷行無取野鷗心。秪應身似青山静，共凛天威咫尺臨。
談何容易上春臺，煩費天心歲幾回。讀史餘情思讀畫，支筇日向畫中來。
西子爲容不改操，衣鮮粧澤靨紅潮。承平自此無終極，表斷標殘笑古橋。
堂皇已值易名時，空爲雙隄問水湄。雅頌聲鏑容與試，疎狂休學白蘇詩。（杭守蘇白堂已更虛白。）

憶昔人『日短苦夜長，何不秉燭遊』二語，頗憎其躁，戲爲此詩，質諸自號睡庵者

吁嗟日固短，夜亦何曾長。此憎夜長者，得失繫中腸。不則疾病家，急欲覓醫正。惟其目不閉，故覺物無光。口雖謂遊好，實不登遊航。天降我塵世，天息我甜鄉。日須分酬應，大概爲人忙。或受苛法驅，自顧如大羊。夜當停雜慮，僅見同匡床。此際法不及，此際貧不妨。日之所圖者，必屬實徬徨。夜之所思者，便當極渺茫。縱欲顯才能，亦須明日商。徵實遊有限，蹈虛遊無方。華胥與兜率，其日自難量。日墮於賤勞，夜可將夢償。日飽於豪貴，夢益以無疆。且鼾且觀想，且樂且安康。寒庖倭酒炙，暑則媼進漿。即使夜三倍，何虞境不良。疇曰愛長夜，何異甘死亡。不知擬非倫，彼去不返鄉。此即同甘夢，惺惺者有常。世多凶短折，十九日所傷。壽不別計夜，徒短烏得臧。謀夜不謀晝，斯人率健强。我尤恨夜短，甚於戀春陽。日長致争奪，夜永惠夗央。但語暖老玉，不重實相當。就近較功過，日夜難頡頏。爾之苦夜長，必樂聲利場。欣欣就鞭策，漠漠視堂房。邯鄲不賣燭，行輒遊北邙。

詩文集卷七

詩七　消暑集

『唱我三人無譜曲』，東坡句也。余詩無體，天籟自鳴。不敢步武同列，釣能詩聲，聊取以名之。古人有言：『余之詩，余之詩耳！』學即病，未若無所學。况貴賤因乎勢會，才術化爲性情，斷不相襲。故難執一格，以繩萬夫矣！癸酉三伏，曾無片雲。南圻襏襫至，把臂一驚。所遺《韓江社刻》，蓋少方圓曲直之不相似者，豈見其合而遺其不合者耶？余以去韓江已久，故未嘗與於斯會也。試取其題，强追逐焉，用遣炎炎之日，因題曰《消暑集》。

金陵移梅歌

不屬縣官屬天子，天市垣臨古如此。有位而今畏主盟，推倒騷壇讓牛耳。承平日久席華膴，漸有文章澤鄙軀。不見前元金粟老，一時俊士與相俱。彼恃新疇連古埭，争薄我曹侔食采。金粟雖佳只有香，未若梅花兼色態。無邊春事倏移來，阿堵殊勳豈眇哉？和靖聊將身就樹，安能致遠饒追陪？揮金堂即疑夢室，姑趁陽和盡培植。冶境荒殘總可思，蕭梁麗闕誰還識？許多新體舊京詩，漢苑春風今是非。豐屋圖莊遺含笑，梅龍石筍偏相宜。狗骨牛筋樹如故，因歎君姬（鄂君夏姬）身易仆。殊姿尤物老猶憐，除是移骸共邱墓。靈蠢須知壽不同，鞋梠鐵篋嗤楊翁。栽此六朝冰雪種，玉枝不竊矧倡容。（『竊有玉枝春』，山谷句也。王評：不傍古人，不下古手。故知二水同器，有不相入。高山深澤，氣固相通。）

梅花紙帳歌

六塵難廢推皂白，古來壯氣銷床簀。心傷微弱泥花枝，想到情消畫追魄。扶風睡去春無涯，勝種相斥比家。秦聲清揚婦高瞭，映樓爭秀成土花。説夢師雄嫌趣短，當妻君復偏情欸。羸呼何與癡兒事，厭避穠縟猶逃爛。老夫無味已多時，人間別久不成悲。大軫虛談神錦被，魚龍鸞鳳萬參差。鴛央三千間葩葉，蹙成浮光雨不浹。覆繒未掩雀蝶飛，輸爾楮生圖粉靨。語花地餅梅須謝，家傳此帳無長夜。（張評：盡其美妙，不必求合古人。善道風懷，動輒緣情仗境。）

浮山禹廟塑《山海經》，禁西崑體

禹鼎括幽隱，非必皆眼看。山經存偉怪，亦豈以言殫。或有或無有，天寬地遂寬。高鵬遺可視，壓屋耳争謾。木具不灰質，洲原任火煓。猿狐反千歲，蝦蟹大如峘。客睹鯨魚日，家嗔夜叉奸。誠虞螻蟻識，輒詫支祈狚。豫備教略盡，續呈應止讙。淵乎乾竺筴，廣矣恒沙端。意見大都合，真虛不異觀。引令難際限，誰道費詞繇？西域師能幻，鉏埿焰似瀾。變仇成豕突，哄蟒化烟溥。我念劉元塑，曾將喜佛攢。坐交還踏嬴，禰疊幾身完。久久書中載，般般眼裏歡。也非人盡作，聊表俗多瞞。浩劫歸空杳，浮生寄渺漫。八荒奇事夥，方寸小叢殘。深疾遼東白，强猜大夢團。聖姑聞亦哂，裸國見而姍。匪取齊諧比，除將息壤剜。新篇參活句，儒鈍令長嘆。（大鵬糞壓倒民居，見《耳談》。鄭所南有《久久書》。金評：人所應有盡有，人所應無不必盡無也。）

建隆寺用沈傳師《遊岳麓》韵

大君遺蹟小儒論，舊史却向新毫奔。疎狂霸竪那知代，桑津柳路無春園。病龍猶愈金谷丐，（世宗征遼至病龍驛，疾作，馳回瓦橋關，遂崩。藝祖嘗言：『富如石崇直乞丐耳！』）不爲人制須稱尊。英雄無奈死不得，死灰何有李陰樊。父子尚難同卧榻，侮亡攻昧由明昏。南唐東京留宋寺，投袂倏起空諸屯。堂下提刀逐瞠眼，且憑杯酒教出門。（白石詩：按劍堂下人，成事汝應退。）鐵券存君情已厚，自取韓彭頸上痕。黃袍若加汝亦爾，鯫生執筆來搜根。伯顏行笑乘孤寡，金還殿物祠無罇。（粘罕圍汴，獨還太祖殿物。）二敵驕嗔猶可忍，沈歎宮中如掌翻。阿宋豈非劉自出，后喪停寺離華軒。死難庇妻況乃甥，弟且如此休憎元。（何評：大言不及小言深。）

社集食笋限笋字

肥甘必消熊，吾僅知土菌。恒與笋分柈，春夏喫教儘。除脂或中韭，不顧旁觀哂。若復終年有，輕賤餘蔬堇。刀砧法則同，無血心未憫。食肉便須飛，賦分本凄冷。紅羊與棧鹿，輸此清風引。竹節肉如雞，竹蜜味尤永。桄榔心可炙，其麪復可餅。椰子舍腦肪，澤身漿勝茗。蘭陵蕭静之，掘泥得脢臉。烹啖髮再鬒，力壯肌猶娗。我欲遍塞生，直令廢屠剄。雖未遂斯願，栽竹已盈頃。盡室食其毛，腹儉減灾青。所不如人家，青銅拓緑畛。地則灑然净，客則心手敏。生當堯舜時，怪雨盲風泯。只合狎鷗鳧，非鸞亦非隼。

（嚴評：輕靡脆弱，似非所屑。）

養蠶詞

古養蠶處今廢忘，使復産絲機結忙。養蚟作絲湖州婦，河水灣灣照荊布。年年賣絲兼賣綿，衣雖不麗面光鮮。只因桑樹宜膏沃，不枉三旬勤手足。老死深山古木中，蓬頭歷齒空鳴春。不若延安大同地，土穴冬藏屠紙蔽。名城大院香閨娃，重裘宴起捉湖牌。防俻來生墮惡土，無蠶可養卿纔苦。（陸評：此等詩法隨意轉。）

打麥詞

去年差豐穀糶盡，今年望麥療飢饉。晴雨不匀麥不收，幸而有秋誰惜劤。莫笑莊家無媚嫵，泥漆姸趺蓮没土。力食終須酬飽餐，衰門鵠面尤清苦。與其名利兩不得，曷若爲農志專壹。年年打麥燒麥柴，一任絲鏤或饠饆。明妝浄濯舒靈眸，不礙羅敷嫭且修。（何評：惟取官制典故、圖經勝蹟綴輯爲工者，郛廓雖雄，中實弊陋，固不若塗巷瑣語，真至有情。）

五毒圖

五行相煞即相生，不相賊害世不成。雖然何必形先獰，令人厭瞥畏聞名。毒物率無毛羽鱗，果否陽地多毒人。毒氣□能釀文彩，徵諸孔雉書分明。就中蟾蜍稍超越，畫符解遁能奔月。或云彼乃毒之樞，存彼行看毒情歇。蛇雖嗜螟未敢吞，又使蜈蚣莫先發。使奸使詐亦如此，乾坤幾見天君子。雄黄丹砂但多蓄，螋蟒聞馨都遠徙。吾聞綵鸞能搏虎，又聞海鷂能食蛟。安得人間醜類一旦搏食盡，但見五色之羽隨鐵翼，低昂上下於雲霄。（天君子，出《莊子》。南人毒，出《論衡》。）

寧獻王畫幅

明祖廿六男，寧獻居十七。奉勅撰秘史，浩猫搜僻泆。雖有靖難功，尊位古惟一。斯地不可居，得死已貞吉。寄興到丹青，亦類囊雲術。何如朱十六，走怨無天日。大明一奇士，慨歎皇兄姪。誠齋亦憲王，與此自殊室。樂府鄰繪事，無心總無筆。吾儕姑讀畫，烏庸詳所出。（寧憲王撰《漢唐秘史》二卷，太祖命爲。朱權列第十六，自稱大明奇士。靖難後，《日食詩》有『杞人狂走怨無天』句。周定王長子燉，亦謚憲，則有《東書堂集》《誠齋樂府》十三種。至李夢陽猶有『齊唱憲王新樂府』語。）

邗溝廟七言律

吴兵習艦鑿容艓，八郢雖雄恨彼驕。秦晉豈能風送艇，商民却喜路通潮。江東亡國更多姓，兀术（吾祖轉音）爲神尚在霄。請妾絶奇哀未妾，微功廟食已無聊。（秦評：才情横溢，非格律可拘。）

附舊題《吴越傳奇》五絶句

請臣今古史多云，遍閲曾無請妾文。鳥喙奇奸真忍辱，倘如周氏却愁君。（曹評：五絶梗質成片，無儒流淹熟氣。）

楚君何怨也妻妻，放越夫人返會稽。豈念替人尤已甚，非同項籍恕翬雞。

深險無如越與秦，文嬴宣后笑含嗔。推求勾踐卑汙計，翻覺會之還是人。

伊自興亡妾自歡，釁非國簒定留潘。多金况有風情契，花月無邊天水寬。

凶率吴君未耐交，苛深舊主乏情膠。夫差若復才如蠡，早把軍機暗地教。

讀諸君《南莊野眺》詩，即用原韵以嗚企羡

揚州月好遠於山，却見無數江南烟。此莊邇江尤據勝，執管便韵心悠然。牛山峴山從渠去，惆悵蠟屐何必遊。平泉雲開五州水，入道况有十畝清。冷川平隄高柳四圍竹，恰好金焦當爾前。斜通薔薇港口路，直接木樨林外天。鷗巢魚箔都可意，縈青繚白方增妍。鑿幽浚深如謝客，思量酌量輸知田。終期於盡鮑昭賦，服君不復謀他年。清歡到底推筆研，曠士乃至憎嬋娟。無人亦自登樓望，得友何妨抵足眠。瓦盆濁

酒太窮相，纏腰跨鶴才則仙。我思菟裘殊未得，禛貽溪上談因緣。情懷古淡詞超迥，後之學者誰能竟廢南莊篇？（思量、酌量，本《夷堅》崔與之語。）

重九後二日社集看菊分韵

名花名士共蕭蕭，寂寞飛騰各有僚。三閣舟車同舊雨，一年琴酒未無聊。景幽風淡句加古，越語吴聲静不囂。層累斑斕非俊賞，柴桑位置比人超。

集梅花下用香山詩爲起句

二月五日花如雪，未隨蜂蝶鬧揚州。愛渠心坐孤山頂，笑我情牽定水流。燈絢林端非即俗，吟從竹裏更難休。美人高士都奇絶，老去春來却遺羞。（嶰谷有『疑坐孤山最上層，十分禪味小乘僧』句，其爲過來人無疑也。）

松聲

亦有膏粱兒，不愛清寒響。此聲宜慧心，觸耳成鏗想。世間無韵物，難與論高朗。風過何靈奇，幽人頻俯仰。

消寒初集，分韵賦七言律

天隨漁屋愛微躬，熱坐寒眠自昔工。可惜頻年集貂組，不曾相訪共簾櫳。綺肴鬥處寒無范，吟手伸時癖有仝。俗製未堪歸雅帙，縱然與會只書空。

微雪初晴，集山館分韵

玉化微塵樹未肥，縈盈得賞謝方暉。皓膠不損珍瓏凹，清旭猶催醽醁飛。茶熟香温生事了，冰天龍漠幾人非。隔凡無若城東館，攫士能來尚殢歸。（鄒評：詩有庸語，入其手便超。）

分咏寒物得寒闈

邀至屏風月(仝肉),重將燕蓐眠。更迎文季匹,與論琬蘇賢。閩妾良衣複,秦姬利屣仙。綃宮連錦界,誰讀補茅篇?(趙評:風情骨格,在致光、裕之之間。)

分咏詩事得詩魔

欲聖何須聖,能仙不必仙。極奇窮變處,心縱欲神全。此癖渾難療,誰兄許占先。風流在詩外,天若使之然。(徐評:正如老遲繪事,出於天縱,似非酒邊召妓,無以發之。)

分咏瑣事得濯足

故友湯雖煖,不如鄉里便。荏平須餠手,公孟藉黄拳。芋熟地爐内,窗開天井邊。二何容學步,身世足留連。(許評:偶然欲出此語,正是詩家三昧。)

分咏秋花得藍菊

爾附東籬傳，不是東籬種。青藍屢閃變，妖冶亦可寵。莖蔓雖不支，自立未須捧。書云背明菊，數畝連延蓊。好時色如墨，寫字旁觀踴。何取太滋蔓，其墨復懵懂。等諸分枝蓮，翻疑載籍冗。落葉噪哀蟬，悲懷恒恐竦。絢爛向蕭晨，對爾已一唪。

覓句廊晚步

詩有詩天客信歟？邯鄲學步不相如。解知古拙勝今巧，一轉迴廊一口唹。
鳴蟲怨鳥感天涯，蝴蝶能吟更可嘉。休把心肝等文字，冥然不管日西斜。

冬日田園雜興

生民微命倚田禾，元亮而今尚有麽。息女繞身牛不病，鄰翁醵飲賽村歌。
南簷暖背愛晴冬，地有柴爐共夕饔。喚取笠筵遮日婦，深鍋浸浴最從容。

城裏親來是雅流，黄雞白酒爲蠲愁。竹園茆舍梅環牖，汝筆能耕勝我否？草袋新裝睡愈温，腐漿雞卵對朝暾。黎園愛演昭君怨，田父惟銜有庇恩。（朱評：雖作田舍翁語，亦怪偉百態，回易耳目。）

分咏梅故事得佛塔寺

故蹟多非實，徒爾慕空名。復有好事家，虚者欲其真。英州司寇女，綽約舌如鶯。一絶廿八字，能傳乃父情。誰知重過時，汙漫字已湮。花則已夾道，詩則已滅泯。揎腕復揮翰，想見洛川神。端溪顧之笑，花不及夫人。已往不可睹，獨有竹素新。滄桑虞再見，荒嶺復無春。念此不忍罷，將有俊後生。旋伐且旋栽，直待梅山傾。（其詩云：英江今日掌刑回，上得梅山不見梅。輟俸買將三十本，清香留與雪中開。杜評：非不濃纖誧麗，而筋力出時人上，由才本雋上也。）

分咏雪故事得暖寒會

同此六出公，遭之苦樂判。悲哉公車履，玉趾印飛璨。鶴氅亦何羨，入蔡差可讚。含薰帝所知，冰霜饒熾炭。乃能掃徑雪，延賓相暖嘆。何必缣州來，此雪甜於粲。只恐孝廉僵，杯酒難起痪。欲娵耿先生，風爐爲我煆。垂酥更滴乳，在會任分散。何世無元寶，暖法行將斷。

玉喦、備三諸君和余《夏雨湖寓》詩，稍鬥新巧，復次其韵

人生難得秋前雨，炎到回趨轉愛凉。劇宦奔疲思草舍，醇醪沃透憶寒漿。洗心甫覺冬心在，品味略如春味長。雪即是詩詩是雪，終輸連日耳淋浪。

鏡裏山林緑到天，蓑稍碧宙幕圓淵。亭亭裊裊重重步，泛泛悠悠各各船。金彩絢時霞百變，刁騷響處雨三旋。空樓對妓惟含筆，詩似長圖畫似篇。（壁上有把筆士女。）

道情歌曲

喜自製曲者，率意爲長短句，然後協以律。授簡索句者，愛徵新聲，工伎樂。其諧婉名公，把玩不置，以語極秀，韵最嬌也。余頃棄文，心學禪定，撰《地行仙樂府》，名《後曇花》。因贅數闋於其後。故不以雅雋媚人，但期韵調流美，歌足自暢而已。若山谷詩腸，脱盡世諦，妙香熏染，益振新暉。冥想靈冲，非塵步所能追跂，則别有作者在。

翠樓吟

此後銷沈，從前滅没，於予已不關事。把幽懷浩唱，念冥理歸於何際。遊蹤鄉地，總絆繫殘軀，乖離元氣。曾無智，舍舟而岸，别成形位。　忽聽空裏龍雷，證萬靈千變，巨真殊細。豈貪無色界？假壽（融作平聲）命頑空而已。勾消情味，使諸天權説，同家抛棄。南無佛也，做個童仙，佛前兒戲。（清虚真人云：獨向冥理笑。西城真人云：形爲渡神舟，泊岸當别去。廬山諸道云：形有巨細，智亦宜然。）

秋宵吟

洞房居，親屬繞，我坐其間孤悄。飛神出，見野水荒沙，寒山衰草。境差長，命若保，不必心隨家老。膏焚盡，似别有殘燈，慣相離了。　試弄精魂，佛不算，真常至教。古徑幽墟，不以情酬，却爲甚偏好。開興牽儂到。樂匪期歡，何自著惱。勝襄王，即悦而安，他夢醒麽㒸已杳。（廬山道人云：山谷之間，不以情酬而開興，引人致深若此。雖樂不期歡，而欣以永日。）

凄凉犯

古獄派生，牛馬走，三分苙豕山玃。寺爲彼設，僧難盡度，輪回虚矍。吾儕上著，又廬墓衾裯繫縛。也曾聞，斯心作佛，非是姑屠鬄削。　空處皆天界，珁焰花光，海寬香泊。應心有色，氣無無，習離軀殼。定藥神奇，遍人境、無人境摸。病都消，厭惡亦減逝不覺。

角招

已紛糾，何堪俗子、愚妻識類朋友。羡鄰翁事偶，紹述且多，乖異無有。般般不醜，更疾少生緐家厚。就令婂纏到老，猛相割頃飄然，帶歡容而走。　單慮，二乘夜視，多生邪命。回首争回首，何須知故舊。倘附乩來，相聞鬦後，都難持久。薄廟食，諸公先朽，不壞身教靚守。者生氣，莫猜爲，虚空受。（傅大士云：佛性是生氣物。）

徵招

誰云廢却諸花語，蒲團僅容居士。不見劉元寫淫虚，如此佛，自西戎起。斷非是妄傳千禩。彼一家風，不妨真諦。亦良殊偉。　援拯到君親，曰無礙，誠爲大慈悲。智將發，以禪機，舍歡難留氣。世間心了，却始憑伲，照伊行事。自今後，入定遊神，莫把桓君棄。

念奴嬌鬲指聲

少君道韞，比荷華瓊嶽，新書佳茗。癡妒驕嗔，當石几、藤床姑憑。別自神游，權宜形就，總未妨禪定。明珠瓦礫也，都不點清鏡。　觀暗謂暗無明，無緣智鏡，照諸無成境。有見爭空無實用，知本性中無恁。（句）色相居然，求非可得，不住方爲聖。空寧依地，滅身壞器堪憫。

暗香疎影

智能易識，挾鮑姑靈照，同棲幽僻。待罪武陽，讓彼功成返鄉邑。能造方爲妙旨，迷所造，飛塵充斥。

但願得，兩好雙修，都有神騰出。　登陟，水溜碧。總不若子荆，善在居室。以神代翊，深塢長川，聽橫軼。還有天官海島，游戲到華嚴空域。去則去，君且住，慢些也得。（内典：以一切智，易一切識。未有一法，非是我心。若迷所造，則成世塵。若悟能造，則成妙旨。）

長亭怨慢

佛非是空空無據，氣化靈光，不形而聚。會現金身，信深應許。循拊阿儂修定，剛使得精魂舉。醒作夢中游，影移到，世人遊處。　忽忽，並人天不見，只見淡雲無數。怕做了老鬼才仙，至游變，終難爲主。道韞説無妨，仙了些年勝鬼（讀作舉）。

揚州慢

阿堵真超，超諸理上，何方可駐初程。喜閻羅老子，鎖不住清靈。自無懺，虚空懺罪，弦家瓊智，愁墮天身。勸方生先割，教伊知我無生。　雖生學死，彼焉能，重死元君。縱封陟耽憨，彩鸞善變，當景除情。九品妙蓮雖在，波心入，誥列諸真。介一絲兒氣，要能顯象爲形。

側犯

掃情法妥，了知麼是消亡貨。知麼，恁敗俗，翻增幻旖旎。而今盡此味，只似菱花過。隨破。便別許提神向空邏。骷髏活計，不禁將停做。前後際斷都非，當妙有觀可。境攝於心，泯存由我。藏識來回，定心無那。（内典：妙有觀中，心所依住，普幻三昧，猶如影像。事境不忘，即墮輪迴。知如幻化，通達無礙。）

玲瓏四犯

梵志不汙，都行方便，臨終還做菩薩。火蓮希有法，佛智須勾惹。隨他所須可也，事隨魔早諳如蔗。末學休輕，戒嚴休重，僧啞類羊啞。人天不思議假。盡群生萬物，夢攝全者。悟惟心造，夢氣可離形舍。解得夢時猶見鬼，信鬼至，端由夢迓。争詫，咱神遊，並形飛始化。（内典：百千啞羊，僧無慧修，静慮設經，億萬劫無一得涅槃。董逃行影欲舍形，高飛時人影答形。誓將舍君去，如火辭炎熱。俱妙！）

曹評：唐始有詞，宋人填之。然衹填字句，未並填其聲也，近始並填其聲。詩詞格調不同，由情思迥別。最惡道者，應付可厭，與浮幻膚誕。其哀至便哭，喜至便歌，不必中節，不必諧衆者，皆氣至而筆舌隨之。夙昔誦詩，至『邂逅承際會，得充君後房』『素女爲我師，儀態盈萬方。衆夫所希見，天姥教軒皇。樂莫樂斯樂，没齒焉可忘』，笑瀛國公乞往吐番學佛，因挈全保長孫女元公主往。應勝聽雍門琴，覆誦『存亡有命，慮之爲蚩』『泛泛放逸，亦同何爲』『其物如故，其人不存』『嗟爾昔人，何以忘憂』，及『刀鳴鞘中，倚床無施』『大朝舉士，愚不聞焉』『居不附龍鳳，常畏蛇與蟲』『黄鵠志四海，中路將安歸』『蕭索人所悲，禍釁不可辭』『人言願延年，延年欲安之』等句，覺往古君臣奇壯悲澹。時賢有『由來磊落士，愛此驚湍聲』『笑彼清冷潭，泯泯含微明』句，吾亦愛之。每於瑣瑣屑屑、縷縷綣綣外，别覓颯颯忽忽、班班駁駁之趣。及見『世間有此，冥心真寄。奇眇幽微，宛轉猶龍。相引如線，剗去途轍。奇創匠心，並陰長生』，之『乘飛駕浮，貪生得生。入火不灼。顧視群愚，馳走索死，不肯暫休。委放五經，名山之側，奉事聖師，承悦顔色。妻子延年，恩深不測。役使鬼神，玉女侍側』云云，還似符師謊説，知慈石大都引鐵，於金更不相連。

書感舊集後

盛世衣冠舊士流，生年可感略尋求。無因却説茫茫恨，受約惟含凜凜愁。萬古心殊名姓譜，幾時人復選文樓。張皇捃摭高深少，走馬蘭臺不當遊。（史評：擬議盛則性情薄，格律嚴則境地狹。《感舊集》中無此二病。了無扶同依傍，如作者亦復罕見。）

詩無哀樂不成篇，非述驕奢即悼憐。幸際清時消欝氣，祇因感化或談禪。誰言萬事成蟣虱？宜有千章韵聖賢。似積欲人知類意，故求元亮向園田。

賦得名山小别即千春，時屢約游台蕩不果，聊以解嘲

名山小别即千春，多少青巒未見人。地險自雄無盡意，英眸流盻必閒身。平生轍迹因緣淺，所失高深壯闊頻。何處無山可終隱，只愁俗氣不能泯。

幽奇坱莽正無窮，經幾名山歲已終。自笑天台吾未到，可知幽樹蝶難通。鄙軀未忍供呵叱，偶興無如就榪篷。只此門前堪小立，寂寥村落水瀰瀰。

小山酌酒，用姜白石《和轉庵丹桂》韵

碧葉掩金色，得氣偏見好。八株環我山，拳石加翠葆。不數爛春葩，狂香勝態浩。特恐易陰晴，過從須及早。石几居山臍，坐客投花抱。花開愁雨打，花落愁風掃。高人重郁烈，不飲亦醉倒。何必赴高深，始可恣尋討。

邀集玉品諸君醉桂花下，用西崑體索和

桂罄吾山不十株，差勝岱嶽托根庵。除非臨海峰如雪，招集金鵝上有湖。才使酒狂詩興倍，未知吟伴夢遊無。西戎舊種分靈竺，何必平泉四色乎。（靈隱有紫陽花，種自天竺國來。）

戲書《相如傳》後，索好遊者和之

文翁守蜀真風流，搜羅俊秀教而優。出入臥内傳教命，營求不獲須誇修。司馬長卿特其一，遂受七經稔經術。窮經待詔未可必，幸有家資類張釋。漢廷策別例嗔狂，近迂聊遣匡驕王。以致鯨鱣畏螻蟻，九州思歷嗤懷邦。（用賈誼賦。）無奈資郎多武騎，雖容常侍不稱意。孝王正邀母后寵，寧免吾客爲官計。王死憂疑且奈何，資已鬻爵餘無多。素交幸有萬分契，熟商苦眥給錢魔。臨邛眼界憐還小，令之所重便覺好。應猜客故通要津，非謂區區詞賦稿。今日何日並召令，令得富交原慶幸。足知崇富風已古，比較卑官高遠甚。少婦雖惟色是耽，或亦歆渠勢壓官。我兄何難買騎侍，官司如此寧敢安。偕奔使彼罷追躡，來遊似已因紅顔。及知艾艾妨歡謔，亦即心心被皷彈。百萬之錢千金耳，活僮百人且難矣。或疑時有當百錢，僮能營業妻環第。要惟田宅最關身，田蚡意滿况於君。豈知子與父殊好，水乳非無文字因。中郎將者令中郎，

惠帝先年許共床。此官在漢已不小，外吏傴迎重帝旁。西南區域奇且廣，遠過中夏何勝攘。招徠内屬一兩家，已先漢册勳應獎。王孫兩女僅一男，女即平分男亦甘。既得虎子養自至，始終舞智成一貪。欲問大姨誰家婦，可解長吟畫遠山。若復于歸程與鄭，决不鏖争阿堵間。可憐還報翻罷免，空與同時無繾綣。不買妖嬈有剩歡，妒吟到底緣驕蹇。不如後輩起東方，飢餘得肉歸遺嘗。偉軀利口細君衆，笑人口吃誇文章。

晚秋雨霽，范容安招同鹿田、葰林、雲亭、壽門、綸長、竹田、敬身社集湖上分韵

玉東西賴致能携，巨舸輕從鏡面移。絶色湖山長澹冶，滿船耆舊盡清奇。頗憐人與秋俱晚，難得天令雨霽時。變雪髭鬚誰耐撚，祇應調笑便成詩。（石湖有『顧我已周花甲子，勞君深勸玉東西』句，而容安適以六十初度酬客於此。壽門近倣龜齡、龜年意，自號龜龕，尤爲奇古。）

詩文集卷八　雜著

一、文

《貽孫詩集》序

予昔爲詩名《無譜曲》，今剞劂既就，復總名曰《貽孫》，何居？余年二十舉嫡長子，無禄早世，囑他日爲之立後。憶劉勰云：『由質開文，古詩所以擅巧。因文求質，晋格所以爲衰。然若無新變，不能代雄。』自念予之所變，質多文少。世間惟選詩者最埋没人，寧有代雄之日？今即刻之，後亦必無復爲全梓者。顧不能大行於世，未嘗不欲其偶現於世，則惟有刻付己孫耳！山谷云：『四民皆當世業，士夫子弟能知忠信孝友可矣！』然不可令讀書種子絶。有才氣者出，便當名世也。孫稍賢，必不毁余版。人數漸衍，寫本憚於各抄，刻板何難多印。我後人各印一部，我後人各有朋友，皆得見之，豈非歷百千年，此書猶得偶現於世之一策乎？夫一言耀帙，黄壤如生。片語升堂，藻園不廢。何况奇文異變如馬鈞機。筆下豪贍，脱去格律，出新意於法度之中，寄妙理於豪放之外者。後人詩勝於我，我則賴其稱述以傳。後人僅僅似我，亦知其家之先世喜弄筆墨者自某已然矣！且知祖宗之交游、蹤迹、處境爲懷，亦賢者所不厭也。

《西青散記序》之前〔一〕

弄月仙郎喟然而歎曰：『嗟乎哉！佳人之薄命也！』余悲之、痛之矣！夫天之生佳人也，非如生地耳石髮、溪毛湖目、蝦姑鼠婦之易也。又非如生人面桃、胭脂李、蛾眉豆、姊妹花之多也。恐其不艷，與之色；恐其不慧，與之才；恐其不幽，與之情；恐其不貞，與之德。而佳人亦無有不稽顙北辰，泣謝天恩者也。乃與之色而負其艷，與之才而負其慧，與之情而負其幽，與之德而負其貞。而佳人於是乎無聊宛轉，而不欲生矣！

蓋吾之痛佳人者，有六焉。靜掩寒閨，未親香翰；白非傅粉，紅不施朱；誤聽鳩媒，嫁爲鴉婦；瘖如吞炭，癘若漆身，則痛此無才有貌之佳人。別含清韵，頗乏華容；暗辨琴言，微賡禽語；降茲女士，儷彼頑童；啄木嘴長，鳳皇毛短，則痛此有才無貌之佳人。錦可回文，花工解語；蕙心紈質，獨立無雙；父愛黃金，母拋白玉；將軍腹負，老子頭童，則痛此有才有貌之佳人。厭習微詞，羞争巧笑；心懷冰雪，姿映松篁；黃裹無恩，緑衣擅寵；小星犯月，衆草欺蘭，則痛此無才無貌之佳人。花間誤蝶，月下疑

〔一〕按：《〈西青散記序〉之前》《〈西青散記序〉之後》二文見《西青散記》卷首，作者題『玉勾詞客吴震生鰥叟』。《西青散記序》乃曹學詩所作。《西青散記》，清乾隆三餘堂刻本，國家圖書館藏。後面輯録的相關資料亦出自該版本，不另出注。

仙；碧落情多，紅塵氣少；琵琶塞北，箕帚江南；鸚鵡難言，海棠空睡，則痛此人間絕世之佳人。千樹桃花，萬年靈藥；芙蓉脂肉，罨畫樓臺；心憶韋郎，意憐蕭史；銀潢易隔，玉宇長扃，則痛此天上絕世之佳人。

夫色期艷、才期慧、情期幽、德期貞者，以有愛其色、憐其才、感其情、敬其德者也。亦既艷矣慧矣、幽且貞矣，而愛之憐之、感之敬之者，乃與佳人大相反者也，則其所以爲愛爲憐、爲感爲敬者，必非佳人之知己者也。夫佳人之意，亦甚可憐矣。彼固自知，紅顏薄命，而其閣淚不垂、鎖唇莫訴者，夫豈敢有奢望哉！色不敢望其如己之艷，庶免於陋，而不至於人笑獮猴、世憎蝌蚪，斯幸甚者也！才不敢望其如己之慧，庶免於俗，而不至於筆沾銅臭、語帶虀酸，斯幸甚者也！情不敢望其如己之幽，庶免於薄，而不至於同心負義、割臂寒盟，斯幸甚者也！德不敢望其如己之貞，庶免於穢，而不至於蕩子娼樓、孌童別館，斯幸甚者也！所謂佳人之知己者，雖不能如佳人之艷之慧、之幽之貞，而心中口中、夢中病中、笑中哭中，無非佳人之艷之慧、之幽之貞者也。更無有所謂之艷之慧、之幽之貞者也，即別有之矣！而心中口中、夢中病中、笑中哭中，亦未嘗因彼佳人，而須臾忘此佳人者也。即有生以來，未嘗一見佳人之如何艷、如何慧、如何幽、如何貞，而心中口中、夢中病中、笑中哭中，亦未嘗須臾而不懸想一絕世之艷、絕世之慧、絕世之幽、絕世之貞者也。即懸想者人間之佳人，雖天上之佳人，亦不能勝之者也。即懸想者天上之佳人，雖人間之佳人，當必有似之者也。即懸想者人間天上，皆無如是絕世佳人，而心中口中、夢中病中、笑中哭中，魂陽格天，魄陰格地。天地亦將爲之特生一絕世之佳人，以慰之報之者也。即天地之力，終不能爲之特生一絕世之佳人，而魂陽格天，魄陰格地，亦將誓於來世，而自化爲絶世之佳人，而自甘心爲薄命者也。

夫自有生以來，不幸而不見人間之佳人，必吾之福不足以見之者也。乃自有生以來，大幸而忽見天上之佳人，必吾之誠有足以感之者也。即吾巳見天上之佳人，而其心中口中、夢中病中、笑中哭中，不忍須臾而忘人間之佳人者也。夫佳人之心中，靈思如藕，不屑爲吾而牽；佳人之口中，香津如蜜，不屑爲吾而吐；佳人之夢中，芳魂如雲，不屑爲吾而斷；佳人之病中，弱體如綿，不屑爲吾而回；佳人之笑中，秀靨如花，不屑爲吾而開；佳人之哭中，清淚如珠，不屑爲吾而墮。而吾之心中口中、夢中病中、笑中哭中，愛之憐之、感之敬之之誠，雖至於心死口瘖、夢迷病劇、笑冷淚枯，終不忍須臾而或忘者也。嗟乎哉！

《西青散記》者，天上佳人之書也。吾蓋知夫天上佳人者，之即爲人間之所升也；吾蓋知夫人間佳人者，之即爲天上之所降也。有白羅不意有清華，有清華不意有碧夜，有碧夜不意有夢娘，有夢娘不意有蕭紅。吾蓋知夫不意有者之正多也。有蕭紅不能忘夢娘，有夢娘不能忘碧夜，有碧夜不能忘清華，有清華不能忘白羅。吾蓋知夫不能忘者之正多也。夏之日，冬之夜，星之旁，月之側，忽忽而來、忽忽而去者，天上之佳人。而人間之佳人，則不能也。天上佳人之所以忽忽而去、忽忽而來者，亦以其艷其慧、其幽其貞，不忍委之於不見不聞之地，而必欲人間之人知之也。吾蓋知夫天上之人，未必愛之憐之、感之敬之，無可奈何，而望之人間之人也。吾蓋知夫人間之人，終不能盡知。而不艷不慧、不幽不貞之人，且囂然群議，而指爲花之妖、木之魅也。吾蓋知夫必有佳人之艷之慧、之幽之貞，而後能愛之憐之、感之敬之也。嗟乎哉！

夏之日，冬之夜，星之旁，月之側，人間絶世之佳人，自愛其色，自憐其才，自感其情，自敬其德，忽忽而生，忽忽而死，無聊宛轉於閒門窮巷之中，而絶世之才子不得而見，不得而聞。而見之聞之者，皆絶世之不艷不慧、不幽不貞之人也。吾蓋知夫人間之人皆不能知，而亦將望之天上之人一知之也。（《西青散記》卷首）

《西青散記序》之後

弄月仙郎喟然而歎曰：『嗟乎哉！佳人之薄命也！』余慰之勸之矣。以彼色之艷、才之慧、情之幽、德之貞，圓天方地之中，有不愛之憐之、感之敬之者哉？夫天地生物之功，原不省於生人也。天地生人之力，原不費於生物也。以太虚之中而生物，以萬物之中而生人，亦隨其陰陽之氣，絪緼化生。而非如巧匠神工，經營之、追琢之也。天地之生人生物，豈能使之各得其所，而絶無所憾哉？吾見螺蚌蝸蚓之屬，而哀之矣！物皆有足，天獨不爲彼生足。酷日驟雨，奔蹄疾輪，不能趨避，而徐以腹行也！吾見馬牛犬豕之屬，而哀之矣！人則有手，天獨不爲彼生手。短芻腐豆，餘羹殘粒，不能攫取，而俯以舌餂也！

魚鼈之屬，鱗介相似，無所謂好醜也。然自魚鼈觀之，必有鱗介中之佳人也，則必有鱗介中之薄命也。雉兔之屬，毛羽相似，無所謂妍媸也。然自雉兔觀之，必有毛羽中之佳人也，則必有毛羽中之薄命也。文采斕斑者，物之色，彼固以爲艷也；翩翾睍睆者，物之才，彼固以爲慧也；比翼交頸者，物之情，彼固以爲幽也；孳尾應時者，物之德，彼固以爲貞也。

夫於萬物之中，而爲人。於人之中，而爲佳人。於佳人之中，而爲絶世之佳人，命已厚矣，福已備矣，天地之力亦已竭矣。蓋天地生物，可以無心，而生祥禽瑞草，則不能無心。天地生人，可以無意，而生才子佳人，則不能無意。恐其不艷，與之色；恐其不慧，與之才；恐其不幽，與之情；恐其不貞，與之德。天地之力，不能從容而爲此也。與之色，不負其艷；與之才，不負其慧；與之情，不負其幽；與之德，不負其貞。天地之力，愈不能從容而爲此也。夫天地既竭其力，而生一絶世之佳人矣，而又必生一絶世之才以愛之憐之、感之敬之，力固有所不足也。乃佳人則自以爲負吾艷，不如無色；負吾慧，不如無才；負吾幽，不如無情；負吾貞，不如無德。而佳人於是乎怨天矣！

夫天之於佳人也，既有心生之，而必有心苦之，則天之意不然；既無心苦之，而必有心救之，則天之意不然；既無心救之，而竟有心棄之，則天之意不然。天既生至艷至慧、至幽至貞之人，而徒供不艷不慧、不幽不貞之人以玩之，則天之意不然；既生不艷不慧、不幽不貞之人，而必强至艷至慧、至幽至貞之人以奉之，則天之意不然。而佳人於是乎尤人矣！

夫人遇至艷至慧、至幽至貞之人，而不知愛之憐之、感之敬之，則人之意不然；愛之憐之、感之敬之，而不望佳人之相愛相憐、相感相敬，則人之意不然；愛之憐之、感之敬之，而自以爲非佳人之配，而求一絶世之才子以贈之，則人之意不然。而佳人於是乎不必怨天，不必尤人矣！

夫以絶世之佳人，而遇夫絶世不佳之人，斯豈能不怨不尤者哉！雖然，不忍怨、不忍尤也。吾於夙世，容貌殘陋，爲人所棄，寒餓無依，彼獨收我，誓願今世化爲艷色以報之者也；吾於夙世，心智愚呆，爲人所欺，輾轉陷阱，彼獨援我，誓願今世化爲慧才以報之者也； 吾於夙世，情誼佻薄，棄舊憐新，我負彼心，彼爲我死，誓願今世化爲幽情以報之者也； 吾於夙世，德性邪濁，匍匐囹圄，將就刀鋸，彼於我寬，誓願今世化爲貞德以報之者也。

譬如今世，我有艷色，憎彼無色，彼心痛楚，自傷形穢，以至於死，終無益我薄命之色也； 譬如今世，我有慧才，憎彼無才，彼心痛楚，自傷智短，以至於死，終無益我薄命之才也； 譬如今世，我有幽情，憎彼無情，彼意不悛，自甘薄倖，我望其死，此固非我絶世之情也； 譬如今世，我有貞德，憎彼無德，彼意不悛，自甘賤行，我望其死，此固非我絶世之德也。

而佳人於是乎有消遣之之法矣！ 花嬌柳弱，愛我之艷，我色非艷，人固賤之，與草芥等也，無可奈何也！ 鶯啼燕語，憐我之慧，我才不慧，人固輕之，與雞鶩等也，無可奈何也！ 風清月皎，感我之幽，我情不幽，人固厭之，與烟塵等也，無可奈何也！ 松堅竹秀，敬我之貞，我德非貞，人固棄之，與荆棘等也，無可奈何也！ 夫爲不艷不慧、不幽不貞之人而無可奈何； 則不如爲至艷至慧、至幽至貞之人而無可奈何也。爲至艷至慧、至幽至貞之人，而錯配於不艷不慧、不幽不貞之人以無可奈何，猶勝於爲不艷不慧、不幽不貞之人，而受憎於至艷至慧、至幽至貞之人之更無可奈何也！ 無可奈何而錯配於不艷不慧、不幽不貞之人，天下後世，必痛之哭之，而共悲其無可奈何也。 無可奈何而受憎於至艷至慧、至幽至貞之人，天下後世，必笑之唾之，而共鄙其無可奈何也。 無可奈何而爲人間之佳人，則彼爲天上者幸也。 無可奈何而爲天上之佳人，則亦與人間者同也； 無可奈何而不願人間，並不願天上，則不如兩忘乎人間與天上也； 無可奈何而不忘天上，又不忘人間，則不如自忘乎絶世之佳人也！嗟乎哉！

色之艷，才之慧，情之幽，德之貞，而得一至艷至慧、至幽至貞之人，以愛之憐之、感之敬之，圓天方地之中，蓋甚無有也。人間之佳人所難，天下之佳人亦難也。色之艷，而自矜其色；才之慧，而自恃其才；情之幽，而誤用其情；德之貞，而誤玷其德，圓天方地之中，蓋甚多有也。人間之佳人爲之，天上之佳人不爲也。（《西青散記》卷首）

《西青散記》跋

唐時，吴人魯望作《笠澤叢書》。《自序》云：『蘩脞，猶細碎也。細而不遺大，可知其所容矣！壹鬱爲聲，往往雜發，不類不次，混而載之，得稱爲《叢書》，自當薉憂之一物。』〔一〕江湖人，遇泉石則記之，聳節概則傳之，觸離會則序之，又安知文之是歟非歟？獨行獨立還獨酌，獨玩獨吟還獨悲，古稱獨立與獨步。若比羣居終較奇，斯人何迮，先獲我心哉。其自爲《傳》則云：『散人者，心散意散形散。散人曰，天地大者

〔一〕按：唐陸龜蒙，字魯望，著《笠澤叢書》，今存清雍正九年刊本。吴震生《西青散記跋》中提到《笠澤叢書》的《自序》《傳》《歌》《虱賦》《杞菊賦》《自遣詩》，即《笠澤叢書》卷甲的《叢書序》《江湖散人傳》《散人歌》《後虱賦》《杞菊賦》《自遣詩》。《野廟碑》《鶴媒歌》見《笠澤叢書》卷丁《野廟碑》《鶴媒歌》。另外還引卷甲的《甫里先生傳》《石竹花咏》中文字。吴震生《跋》以意節引，這裏用引號標出，以語出陸龜蒙文爲標準。

也，在太虚中一物耳。勞乎覆載，差之晷度，望斯須之散其可得耶？水之散，爲雨爲露。其局，爲沮爲洳。土之散，可崇可深。其局，甓不可盂。得非散能通於變化，局不能耶？退若不散，守名之筌。進若不散，執時之權。筌可守耶？權可執耶？』《歌》曰：『無端後聖穿鑿破，一派前導千流隨。多方惱亂元氣死，日使文字生奸欺。人間所謂好男子，我見婦女留須眉。所以行散任之適，笑散春容披，衣散單複便，食散酸鹹宜。外物一以散，中心散何疑。』顧《傳》與《歌》後，即載《虱賦》：『不爲物遷，是有常德。棄瘠逐腴，乃虱之賊。』特以見中心散朗，不容無常德者影借也。又次即《杞菊賦》：『我幾年來忍饑誦經，寧不知屠沽兒有酒食耶？我衣敗綈，我飯脱粟，羞慚齒牙，苟且粱肉矣！』作《野廟碑》，則於纓弁言語之土木有慨，有『酒牲甚微，神享孰非』語。躬負畚鍤，督耕夫曰：『布衣不勤劬，何以爲妻子？天，且世路澆險，淳風蕩除，彼農家流，猶存厥初也。』復自傳云：『先生平居以文章自怡。性好潔，几格硯席，翦然無塵埃。朱黄一毫，未嘗一日去於手。雖落然無旬日生計，點竄塗抹者，紙札相壓，或好事者取去，後於他人家見，亦不復謂己作矣。少攻歌詩，欲與造物者争柄。遇事輒變化，不一其體裁，卒造平澹而後已。』《自遺詩》序云：『每至夜分不睡，則百端興懷。因作四句詩，至三十絶，絶各有意。既曰自遣，亦何必題爲？』『多情多感事難忘，秖有風流共古長。座上不遺金帶枕，陳王詞賦爲誰傷？』『長嘆人間髮易華，暗將心事許烟霞。病來前約分明在，藥鼎書囊便是家。』『數尺遊絲墮碧空，年年長是惹春風。誰言天上無人住，亦有春愁白髮翁。』『古往天高事渺茫，争知靈媛不凄凉。月娥如有相思淚，秖待方諸寄兩行。』其四絶也。後千年而吾友《西青散記》出，世以散仙散聖目之。雖遭時極盛特異，而好潔同，興懷略同。耿耿宵夢，悠悠遠趣，神超碧落，仰接應難。《叢書》既傳，則《散記》亦傳必矣！嗟乎！古往滔滔，人生實勞。茫洋於心，噎嘔在口，然後大奇出於文彩。此吾夜與吾友談，日體吾友意，作得《西青散記序》，前後各一篇，遂令誦者疑爲《感士不遇賦》之變調之所由乎。吾每當風横雨斜、天地冥濛時，輒手此記，回環吟咀，覺鮫室之絲，舒蹙皆成異彩，綷縩然，襹褷然，亦江湖散人所謂『古羅衣上碎明霞』者。又有若駁霓斷虹，流烟墮霧，春草夾徑，遠山截空，壞墻古苔，石泓秋水，非綉非繪，微雲鎖結，不漫散也。及其衛護名教，復濠然而溝，壘然而墻。聞已，不恐不得讀其書；讀已，不恨不得見其面者，必非天涯之佳人耳。『平生早遇華陽客，向日餐霞轉肥白。欲賣耕牛棄水田，移家直傍三茅宅。』則散人當日，神往於金壇、句曲間者至矣！吾欲居斯土，避人事，習胎息，期度世。千載之下，有同情焉，庸知非其後身耶。抑散人有云，婦女衣襟便佞舌，方得金籠日提挈。精神卓犖背人飛，冷抱蒹葭宿烟月。吾友題吾扇，是以得『藕絲宛轉繫蒹葭』之句也。獨《叢書》中，《鶴媒歌》最悲痛：『雲飛水宿各自物，妒侶害能猶爾爲。而况人間有名利，外道笑語中猜忌。君不見荒陂野鶴陷良媒，同類同聲真可畏。』則吾與吾友，孤翹側睨於寰區，鏡以心，母合以迹而已。余亦丹黄不去手者。刻《西青散記》既成帙，置於案，適讀《散人傳》，性情所契，神氣與貫，不覺牽連書之。又安知文之是歟非歟？震亭云：『此借古酒杯法。然脈絡之間，四賓主見焉。即以之代跋可。』緜叟書。

與史震林劄

湯義仍有云：『千百人中，一二人能爲伎巧文章，而人理物情之變幾盡。』少與寒荆，未絶兒嬉。因作《廣對食》一編，詩詞體備，摹寫其理其情、其事其狀之奇，殆於入冶骨化，以爲《征婦怨》《寡妻嘆》《望夫石》《妬婦津》之變格。後偶憶唐詩『英雄一往誰復真，床上故書前世夢』及『可惜當時好風景，渠儂却不解吟詩』，遂拈弄新題，戲用唐家意製，代爽鳩氏補作。即事咏物、感舊送懷、諛形頌面、嘲讓反酬等什，並詩餘若干篇。如《教軒皇》《煉石歌》《皇英贈答》之類。不爲雅咏温恭，專尚奇詞切至。詩魂字影，似遇精靈。又常恨『賦得』一體，最足驗人思致。而向因試帖，常用呆題，爰取詩詞曲内儇側幻妙情昵之句，可成此體者，具列爲題，務以相矯，賦七言律詩殆遍。頗謂秀情俊生，能於一兩句中，釀出許多狀態。有宓妃襪借嫦娥著，謝安團扇上爲畫敬亭雲等作。非此則彼，日課一首以爲常。聞鄰莊演俗劇，牛鬼蛇神，恒遥作惡。復刺人間大喜詫事，已載正史，而世多未聞者。窮搜天稟人事，殊特艷絶之端，以緣澤之。延集詞豪，共爲新曲數十種。中間推理轉生，若宋高錢鏐諸例，亦多附見焉。别有《詩仙會》等十餘劇，則從『今古才人總在天，詩魂不死便成仙』句得門徑。蓋生民以來，心同貌同人互入意中，恨不並世者，皆可聯爲眷屬。會之各天，獅子筋彈，難陀珠出，良見恒沙世界，均屬情想所持。將開古莽山川，備極人中天趣。今讀先生之文，乃知籬邊樹下，遠神自流，水際山隈，淡含何限。生平懷而不盡者，歷歷影現於其間。暫作墨仙，舊家碧落無疑也。昔者眷憐已朽之骨，擬敲未來之髓。似稟獨用之心，類作空中之言，誠屬有情諸過悮耳。盈數尺餘，便將燒訖。其境語情語，俱欲極工。長懷短思，無非慧寄。如此，顧情移於拙撰，妄嘆於鄙人，何耶？（《西青散記》卷一）

二、擬摘入藏《南華經》

《莊子註》有四十九部。坡集亦有《註廣成子》一篇，且云：『吾昔有見於中，口未能言。今見《莊子》，得吾心矣！』夫坡翁横心所出，腕無不受，能言之類，莫能加也。其不能言，特以常人之情難語，以所不知，徒謂我狂，故不復明言。亦先生所記養氣者，至足之餘能以與人。以軾所見『徐道人事』復有甚異，不欲盡書之意耳！《宗鏡録》則以莊爲漆園傲吏，恍惚狂生。以予平心而觀，日月所臨至廣，其言雖不可用於儒國，固可用於餘國之近梵而崇釋者。斥以恍惚，未免小屈。摘以入《藏》，庶雪其冤。昔郭象註《莊》，自爲一書。兹摘解《莊》語，亦自爲一書而已。四十九家之外，獨可闕援《莊》入佛之一家乎？譬之鴻漸《茶經》，示處其小，無志於大。若鳳洲學庸别爲章句云云，則予何敢。吴生識，小字佛生。

按郭序云：『夫莊，可謂知本矣！故未始藏其狂言。』『夫言非物事，則雖高不行。』此其所以不經，而爲百家之冠也。雖未體之言，則聖矣！故曰：倡狂妄行，而蹈其大方。游乎混茫，聖人極乎無親孝慈，終於兼忘。長波之所蕩，高風之所扇，暢乎物，宜適乎民。願挹其餘芳，味其溢流，猶足自得，况探其遠情，而返冥極者乎？（佛生曰：探遠返冥，則莫如使學者附麗佛藏，得所依歸矣！）

逍遥遊

郭曰：言小大雖殊，而放於自得之場則一也。

天之蒼蒼，其正色耶？其遠而無所至極耶？其視下也，亦若是則已矣！（佛生曰：釋氏諸天之説，亦以此推。）風之積也不厚，則其負大翼也無力。（佛生曰：可解養氣飛昇之旨。）蜩與鳩笑之曰：『我起榆枋，則至於地，奚以九萬里爲。』（佛生曰：可喻不信真如可以養氣者。）適蒼莽者，三日而返，腹猶果然；適百里者，宿舂糧；適千里者，三月聚糧。之二蟲，又何知！小知不及大知，小年不及大年。朝菌不知晦朔，蟪蛄不知春秋。故夫智效一官，行比一鄉，德合一君，而徵一國者，其自視亦若此矣！（佛生曰：孔孟尚與此近。不爾者，其天中天，聖中聖之佛乎？）舉世譽之不加勸，舉世非之不加阻，定於内外之分也。（佛生曰：内外，即内典外道之説。似楊朱之彭祖一變，反可至佛，而儒不能。）夫列子御風而行，冷然善也。（佛生曰：氣足則形至輕耳！）此雖免乎行，猶有所待。（佛生曰：若尸解成佛，則無待矣！）若遊無窮者，彼亦烏乎待哉？（佛生曰：佛是也。）堯讓天下於許由，曰：『日月出矣，而爝火不息。其於光也，不亦難乎！時雨降矣，而猶浸灌。其於澤也，不亦勞乎！夫子立而天下治，而我猶尸之，吾自視缺然，請致天下。』（佛生曰：儒佛之分正如此。）許由曰：『子治天下，天下既已治也。而我猶代子，吾將爲名乎？名者，實之賓也。吾將爲賓乎？鷦鷯巢於深林，不過一枝；偃鼠飲河，不過滿腹。歸休乎君，余無所用天下爲！』（佛生曰：故佛不願爲國王。）庖人雖不治庖，尸祝不越俎而代之矣！（佛生曰：佛既不侵人主，儒者何必拒佛！）肩吾曰：『吾聞言於接輿：大而無當，往而不反。吾驚怖其言，猶河漢而無極也！』（佛生曰：儒之視佛亦然。）其言曰：『藐姑射之山，有神人居焉。肌膚若冰雪，綽約若處子。其神凝，使物不疵癘。』（佛生曰：仙人諸天以至如來，無不相好具備，亦此意耳！好者自然，醜者漸變所至也。）連叔曰：『然瞽者無以與乎文章之觀，聾者無以與乎鐘鼓之聲，豈惟形骸有盲聾哉？夫智亦有之。』（佛生曰：儒之視佛正爾。）之人也，將旁薄萬物以爲一世，（佛生曰：謂即三千大千之世界也可。）孰弊弊然以天下爲事！（佛生曰：佛足以當之。）大浸稽天而不溺，大旱金流而不熱。（佛生曰：水火本無，衆生妄執。）是其塵垢粃糠，猶將陶鑄堯舜者也。宋人章甫適越，越人斷髮文身，無所用之。（佛生曰：以彼法爲仁義，而種落亦昌。）堯治天下之民，平海内之政，見藐姑、汾水之陽，窅然喪其天下焉。（佛生曰：儒見佛當如是。）

齊物論

南郭子隱几嗒然，似喪其偶。（佛生曰：我即六根，偶即六塵。）曰：今者吾喪我，其寐也魂變，其覺也形開。（佛生曰：魂似虚反實，形似實反幻。若達夢反是實，可鬼可佛。）其形化，其心與之然，可不謂大哀乎？（佛生曰：儒生隨形化，佛則不然。心造一切如强幻王。）夫言非吹也。（佛生曰：言有意故。）故有儒墨之是非，欲是其所非而非其所是，則莫若以明。（佛生曰：惟佛足以當之。其次楊朱、彭祖，以不殉名而爲已，一變遂至佛也。）是以聖人不由而照之於天。（佛生曰：即藏識之所以異，無明所謂心植種於空，其光能見已面也。）彼亦一是非，此亦一是非。果且有彼是乎哉？果且無彼是乎哉？（佛生曰：衆生皆是無明。郭象曰：夫聖人無我者也。故恢詭譎怪則通而一之，使群異各安其所安。）天下莫壽乎殤子，而彭祖爲夭。（佛生曰：殤子全真歸元。）二與一爲三，自此以往，巧曆不能得。（佛生曰：所謂無量無邊，不可思議。）毛嬙麗姬，人之所美也，鳥見之高飛。是非之途，吾安能辨！（郭曰：惟任其自是，然後蕩然俱得。）予惡知悦生之非惑，予惡知惡死之非弱，喪而不知歸者也！（佛生曰：佛乃不弱喪者。）麗之姬，艾封人之子也。晋之始得之也，泣沾襟。及其至王所，與王同匡床，而後悔其泣也。予惡知夫死者，不悔其始之期生乎！方其夢也，不知其夢也。（郭曰：則死亦不知其死，而自適也。）覺而後知其夢也，且有大覺而後知此其大夢也。（佛生曰：覺王須是佛。）而愚者自以爲覺，竊竊然知之。君乎、牧乎，固哉！（佛生曰：孟氏之先知先覺是也。）若果是也，我果非也耶？我果是也，而果非也耶？其或是也，其或非也耶？其俱是也，其俱非也耶？吾誰使正之？使同乎若者正之。既與若同矣，惡能正之？使同乎我者正之。既同乎我矣，惡能正之？使異乎我與若者正之。既異乎我與若矣，惡能正之？和之以天倪。（佛生曰：既已是夢，則周、孔、楊、墨可平等觀，是曰天倪。）昔者莊周夢爲蝴蝶，栩栩然蝶也，不知周也。俄然覺，則蘧蘧然周也。不知周之夢爲蝶歟？蝶之夢爲周歟？（郭曰：世有假寐而夢經百年者，則無以明今之百年非假寐之夢者也。死生之變，豈異於此？而勞心於其間哉！佛生曰：佛則心揖境矣。）

養生主

郭曰：夫生以養存，則養生者理之極也。若乃養過其極，以養傷生，非養生之主也。雖負萬鈞，苟當其所能，則忽然不知重之在身。雖應萬機，泯然不知事之在己。佛生曰：可見仙佛大異於人，並非奇事。

庖丁爲文惠君解牛。君曰：技至此乎？曰：臣之所好者，道也。進乎技矣，未始見全牛也。因其固然，肯綮未嘗，況大軱乎？（郭象曰：言其因便施巧。）族庖月更刀，折也。（佛生曰：吏之律法。）良庖歲更刀，割也。（佛生曰：儒之教化。）彼節者有間，而刃者無厚。以無厚入有間，恢恢乎其於游刃必有餘地矣！（佛生曰：妙隨順智，異方便智。破諸分別，入金剛定。）是以解數千牛，而刃若新，動刀甚微。（佛生曰：斷指免頭，則利爲。殺頭便冠，則大謬。以刑去刑，國治。以刑致刑，國亂。微與不微之分耳！）如土委地，謋然已解。提刀而立，爲之四顧，滿志火傳，不知其盡也。

人間世

郭曰：與人群者，不得離人。然人間之變故，世世異宜，惟無固而不自用者，爲能隨變所適。

德蕩乎名，智出乎争。名也者，相軋也。智也者，争之器也。二者凶器，非所以盡行也。且德厚未達人心，而强以仁義繩墨之言術暴人之前者，是以人惡其美也。（郭曰：彼將謂毁人以自成也。故聖人不役志以經世，而虚心以動物，然後萬物歸。懷天地不逆，可不與逆鱗迕也。）命之曰灾人。灾人者，人必反灾之。（郭曰：適不信受，則謂與己争名而反害之。王公必乘以君人之勢，而角其捷辨以拒諫飾非也。）龍逢、比干，皆傴拊人之民，以下拂其上者也。（佛生曰：佛故不以諸戒律强彼國王與宰官也，於是乎莫不尊親矣！）是以事其親者，不擇地而安之，孝之至也；事其君者，不擇事而安之，忠之盛也。（郭曰：故冥然以所遇爲命，而不施心於其間。）内直者，與天爲徒。若然者，人謂之童子。（郭曰：若嬰兒之直往也。）爲人之所爲者，人亦無疵焉，是之謂與人爲徒。（郭曰：外形委曲隨人。）無聽之以耳，而聽之以氣。無聽之以氣，而聽之以心。氣也者，虚而待物者也。（佛生曰：心氣合言，即佛性也。）傳其常情，無傳其溢言。（佛生曰：專門曲説，豈非溢言。）以禮飲酒者，（佛生曰：婚宦諸事，皆飲酒類。）始乎治，常卒乎亂。尅核太至，（佛生曰：生薑樹生，令人上壁，皆尅核矣！）則必有不肖之心應之。（郭曰：故聖人蕩然放物於自得之場。）彼且爲嬰兒，亦與之爲嬰兒；彼且爲無町畦，亦與之無町畦。無螳臂當車。（佛生曰：龍、比無益於當務。）支離者，肩高於項，髀至於脅。徵武士，則攘臂其間，有大役則不受功。上與病者粟，則受三鍾。（佛生曰：僧亦若是。）支離其形者，尚足養其身，終其天年，况支離其德者乎！（郭曰：使百姓不失其自然，而彼我俱適。）

德充符

死生亦大矣，而不得與之變。雖天地覆墜，亦將不與。審乎無假而不與物遷。（佛生曰：常住不滅，惟佛則然。）自其異者視之，肝膽楚越也；自其同者視之，萬物皆一也。（佛生曰：佛門不同已往，故名大和合處。郭曰：各美其所美，則天下一美也。各是其所是，則天下一是也。因其異而異之，則天下莫不異。而浩然大觀者，知異之不足異，因而同之。玄通泯合矣！）游心乎德之和，（佛生曰：平等心是德之和。遊則神能主氣，近於藏識矣！）視喪其足猶遺土也。（郭曰：則去生如脱屣矣！）夫不懼之實，求名勇士，猶能入於九軍，而況寓六骸象耳目。（佛生曰：此爲不形之形，佛所以能大能小、能隱能彰也。）一知之所知，而心未嘗死者乎！（郭曰：人用耳目，亦用耳目。非須耳目，常住不滅。）今子與我游於形骸之内，（佛生曰：謂言離相無實性，離身無法身者。）而索我於形骸之外，（佛生曰：强立名目説理制欲之類。）不亦過乎？仲尼以名聞，不知萬人之以是爲己桎梏耶？老聃曰：胡不直使彼以死生爲一條，以可不可爲一貫者，（佛生曰：惟佛之使其徒爲然。）解其桎梏可乎？曰：天刑之，安可解！（佛生曰：此萬人者，以仝執故從。前世心生，今世身應，仝受此桎梏。）衛有醜人曰駘它，丈夫與之處者，思而不能去也。婦人見之，請於父母。曰：與人爲妻，寧爲夫子妾者，數十而未止也。去衛而行，衛君若無與樂是國也。蓋愛其母者，非愛其形也，愛使其形者也。（佛生曰：愛君者，非愛其尊嚴，愛其暢乎物，宜不一之以桎梏也！）

大宗師

佛生曰：即佛之天中天、聖中聖。

知天之所爲，知人之所爲者，至矣！（佛生曰：即佛之諸天衆生。郭曰：知天之所爲皆自然也。則内放其身，外冥於物，與衆玄同任之，而各有不可。）知人之所爲者，以其知之所知。（佛生曰：逍遥恣睢，民所知。）養其知之所不知，（佛生曰：如仁義、黥劓，民所不知。）終其天年而不中道夭者，是知之盛也。（郭曰：僞成而真不喪者，未之有也。）且有真人而後有真知。（佛生曰：惟佛可當。）真人不逆寡，不雄成，不謩士。（佛生曰：儒正犯此三者。郭氏曰：不以熱爲熱，而未嘗赴火。不以死爲死，而未嘗喪生。）古之真人，其寢不夢，（郭曰：無意想也。）其覺無憂，（郭曰：隨遇而安。）其食不甘。（郭曰：理當食也。佛生曰：於妻亦然。）真人之息以踵。（佛生曰：即慧生定。）故聖人亡國而不失人心，利萬世，不爲愛人。（佛生曰：智愚異位，貴賤異法，是不爲愛人。因物付物，心本平等，是利萬世。）伯夷、箕子，（好諫。）適人之適而不自適其適者也。聖人者，其一與天爲徒，其不一與人爲徒。（佛生曰：惟佛門不捨一法。）魚處陸，相呴以沫，不如相忘於江湖。（郭曰：與其不足而相愛，豈若有餘而相忘。佛生曰：陸魚，儒是也。江湖，佛是也。）與其譽堯而非桀也，不如兩忘而化其道。（佛生曰：佛是矣！）夫大塊載我以形，（佛生曰：則形外實别有我。）勞我以生，佚我以老，息我以死。故善吾生者，乃所以善吾死也。（佛生曰：必如佛，乃真善生。)藏天下於天下。(佛生曰:華嚴海。)特犯人之形,而猶喜之。若人之形者,萬化而未始有極也。其爲樂可勝計耶?(佛生曰:即欲界天。)道可得而不可見,生天生地。(佛生曰:佛。)先天地生而不爲久。(佛生曰:佛。郭曰:無所不在,而所在皆無也。)無古今,(佛生曰:形骸尚屬子虛,何有定處定時?)而後能入於不死不生。洛誦聞之副墨,副墨聞之疑始,聞之參寥。孰知死生存亡之一體者,吾與之友矣!畏死者,(佛生曰:此指煉丹坐功等輩。)猶大冶鑄金,而金躍冶曰:我必爲鏌鋣也!孰能相忘以生無所終窮。(佛生曰:僧當爾。)臨户而歌,游方之外者也。外内不相及,(佛生曰:内典外道。)彼又安能憒憒然爲世俗之禮,以觀衆人之耳目哉!故曰:天之小人,人之君子。(佛生曰:君子,主公也。小人,細民也。)人之君子,天之小人也。魯國固有無其實而得其名者乎?(佛生曰:其學是仁義,其實非仁義。)堯黥汝以仁義,劓汝以是非矣,汝將何以游夫逍遥恣睢轉徙之途乎?(佛生曰:天生安養,皆轉徙法。)盲者無以與乎眉目顔色之好。(佛生曰:凡夫不見天界,猶牛羊眼不辨方隅。)父耶?母耶?天乎?人乎?(佛生曰:可參未生前面目。)

應帝王

一以己爲馬,一以己爲牛。(佛生曰:初不知秉彝之説爲上古之樸俗也。)君人者以己出經式制度,是欺德也。(佛生曰:所謂塗民耳目。)使蚉負山。(郭曰:以己制物,則物失其真。佛生曰:其不受塗者,多矣！）夫聖人之治也，治外乎？（袁弘道曰：法不多，民不譎，外遵行耳。）使物自喜，兼乎不測，而游於無有者也。（郭曰：否則忤物不暇。佛生曰：佛法如是。）無爲名尸，無爲謀府。（郭曰：使物各自謀也。）至人之用心若鏡。（佛生曰：以無緣之智，照無相之境。鏡内之空，不仝鏡外之空。並己心亦在所照之内，豈敢欺耶！）不將不迎，應而不藏。（佛生曰：儒只『因物付物』四字，與此相近。惜其因付之經式，却不能使物自喜，游於無有。）

外篇

駢拇

駢於足者，連無用之肉也； 枝於手者，樹無用之指也； 多方駢枝於五藏之情者，淫僻於仁義之行。駢於明者，亂五色； 於聰者，亂五聲。 枝於仁義者，塞德性以收名聲。（佛生曰：未免白飯尋沙、牢船覓罅、好肉生疤之歎。）使天下簧鼓，以奉不及之法。 是謂鳧脛雖短，續之即憂； 鶴脛雖長，斷之則悲。 意仁義其非人情乎？ 三代以下，何其囂囂也？ 士則以身殉名，聖人則以身殉天下。（佛生曰：因假仁義可得利，方爲之，故曰殉利。）臧、谷二人牧羊，一讀書，一博塞，其於亡羊一也。伯夷死名，盜跖死利，其殘生、傷性均也。天下盡殉也。彼其所殉仁義也，則俗謂之君子；其所殉貨財也，則俗謂之小人。（佛生曰：須請如來來說。）且夫屬其性於仁義，雖通於曾子，非吾所謂臧也；屬其性於五味，雖通如俞兒，非吾所謂臧也；屬其性於五聲，雖通如師曠，非吾所謂臧也。吾所謂聰明者，非謂其聞見彼也。自聞而已矣，自見而已矣！（佛生曰：無惡於志，他心可通。人願入此法門，則亦誰不如我哉！是知佛法固不可廢矣！）夫不自見而見彼，不自得而得彼者，是得人之得而不自得者也，適人之適而不自適者也。雖夷、跖，同爲淫僻。故上不敢爲仁義之操，而下不敢爲淫僻之行也。

馬蹄

飲水翹足，馬真性。雖有臺寢，無所用之。及至伯樂曰：我善治馬。飢之、渴之、馳之、驟之，而馬之死者過半矣！（郭曰：求其過，能之用也。）夫植木之性，豈欲中規矩哉？至德之世，烏乎知君子小人哉？（佛生曰：性好雖殊，各有不可，故非君子亦非小人。）及至聖人爲仁義，而天下始疑矣。故白玉不毀，孰爲圭璋？道德（佛生曰：此德字，即物得以生之説，即達人心之説。此道字，即堯、桀兩忘之説，即自聞自見之説。）不廢，安取仁義？性情不離，（佛生曰：去實學僞，性情始離。）安用禮樂？殘璞爲器，工之罪。毁道德爲仁義，聖人之過。夫馬飲水食草，喜則交頸相靡，怒則分背相踶已耳。（佛生曰：初不必思害彼命也。)及至聖人揭禮樂、懸仁義,而民乃始事歸於利。(佛生曰:利,指利害之利。如名高則位尊之類,皆利也。争利始相殺,佛不得不出矣。)

胠篋

將爲篋守備,則必扃鐍。然而巨盜至,則負匱而趨,惟恐扃鐍之不固也。然則向之所謂智,乃爲大盜積者也。嘗試論之:世俗之所謂智者,有不爲大盜積者乎?所謂聖者,有不爲大盜守者乎?齊之治州閭、立宗廟者,何一不法聖人哉?然而田成子一旦殺齊君而盜其國,所盜者豈獨國,並其聖智之法而盜之。故田成子有盜賊之名,而處乎堯舜之安。無乃並竊其聖智之法,以守其盜賊之身乎?跖曰:入先,勇也!出後,義也!知可否,智也!分均,仁也!五者不備而能成大盜,未之有也。由是觀之,善人不得聖人之道不立,跖不得聖人之道不行。天下善人少,而不善人多,則聖人之利天下也少,而害天下也多。(佛生曰:佛來方好。)故曰:聖人生,而大盜起。(郭曰:人無貴賤,事無真僞,苟效聖法,則天下吞聲而闇服之,斯乃跖之所至賴而成其大盜者也。)掊擊聖人,縱舍盜賊,而下始治矣。(佛生曰:謂先治盜名,後及竊利,則盜賊革心。郭曰:須活其政令,而代以寡欲。)聖人已死,則大盜不起,天下平尚無故矣。(佛生曰:外國且然,何况佛法。)重圣人,則是重利盜跖也。爲之斗斛以量之,則並其斗斛而竊之。竊勾者誅,而竊國者爲諸侯。非竊仁義聖智耶!(佛生曰:即湯武之斧鉞,亦從夏商借來。郭曰:重斧鉞以禁盜,盗並竊之，則反爲盗用矣！是故仁義賞罰，適足以誅竊勾者也。）此重利盗跖而使不可禁者，是乃聖人之過也。故曰：國之利器，不可以示人。彼聖人者，天下之利器也。摘玉毁珠，小盗不起。輕棄聖人，大盗乃止。掊斗折衡，而民不争。殫殘天下之聖法，而民始可與論議。（郭曰：外無所矯，則内全我樸。）塞師曠之耳，而天下始舍其聰矣！膠離朱之目，而天下始舍其明矣！（佛生曰：天下不捨聰明，則作僞之術日精。）擺工陲之指，而天下始人有其巧矣！削曾子之行，而天下德始玄同矣！（佛生曰：人之身瑕不掩瑜，若以外飾當内美，是以漆塗玉，雖美非玉矣！）此數者，皆外立其德，（佛生曰：内具其通，惟佛而已。）以亂天下，法之所無用者也。神農時，民甘其食，美其服，安其居，樂其俗，老死不相往來。若此之時，則至治已。弓弩多，則鳥亂於上矣！網罟多，則魚亂於下矣！故上悖日月之明，下爍山川之精。（佛生曰：日月不以苛察爲明故。）

在宥

聞在宥天下，不聞治天下也。（郭曰：宥使自在，則治。）自三代以下，匈匈然以賞罰爲事，彼何暇安其性命之情哉！愁其五藏以爲仁義。於是乎愚智相欺，而天下衰矣！《廣成子》一段，（須遵坡解。佛生曰：佛也可。）理與物皆不以存懷，無問其名，無窺其情，物乃自生。（佛生曰：盗而至於殺人，亦由人之窺其情，問其名耳！）世俗之人，皆喜人之同乎己，而惡人之異於己也。（佛生曰：必謂我無纖瑕，則人惡其異於己矣！）夫以出乎衆爲心者，（佛生曰：止是名根。）曷嘗出乎衆哉！其存人之國也，無萬分之一。

天地

無爲爲之之謂天，（佛生曰：即前童子内直意。）有萬不同之謂富，不同同之之謂大。（佛生曰：視善否如平等，曰同之，皆以慈悲引覺悟，豈强禁其過者比。）藏金於山，藏珠於淵。（郭曰：不貴難得之物。）萬物一府，死生同狀。堯欲齧缺配天。許由曰：殆哉天下！彼審乎禁過，而不知過之所由生。（佛生曰：所由在離實學僞。）彼且乘人而無天。（佛生曰：天之生木，非不能使皆應繩，覺不必使皆應繩耳！郭曰：由己以制物，則萬物乖矣！彼且遂，使後世任僞而去真。）黄帝遺玄珠於赤水，使離朱索之不得，象罔得之。（佛生曰：無心成德。）齧缺治（治字讀斷），亂之帥也，北面之禍也，南面之賊也。（郭曰：田恒非能殺君，乃資仁義以賊之。佛生曰：觀司馬廢曹，兼罕擻宋，益信。）可以爲衆父，而不可以爲衆父父。（佛生曰：吏惟奉法，謂之衆父可也。智愚異位，貴賤異法，則衆父父之職矣！）堯時子高爲諸侯，至於禹，去而耕，禹趨下風問之。曰：堯不賞罰，今子賞罰，而民且不仁。（佛生曰：民且謂：人既解罰我，我奈何不解害人，皆因不肯若愚若昏而然耳！）德自此衰，刑自此立，後世之亂自此始矣！物得以生謂之德，（佛生曰：故不殺爲佛氏之都門，而布施或不待相强。）物生成理謂之形，其合昏昏，若愚若昏，是謂玄德，同乎大順。（佛生曰：外國庶幾。）忘乎物，忘乎天，其民爲忘己。（佛生曰：如此之時，豈有殺機。）將勉謂魯公曰：必服恭儉，拔出公忠之屬而無阿私，民孰敢不輯！季徹局局然笑曰：若夫子之言，於帝王之德，猶螳蜋之怒臂以當車轍，則必不勝任矣！（郭曰：雖無阿私，而不足以勝矯詐也。）大聖之治天下也，摇蕩民心，使之成教易俗，舉滅其賊心而皆進其獨志。（佛生曰：惟佛願力是如此。獨志，即易離之實，賊心由所學之僞。）子貢謂抱甕丈人曰：有槔焉，挈水若抽。丈人曰：機心存則純白不備。子非夫博學以擬聖，于于以蓋衆，獨弦哀歌以賣名聲於天下者乎？汝方將忘汝神氣，墮汝形骸而度乎？而身之不能治，而暇治天下乎？子貢變容而失色，曰：始吾以爲天下一人耳，不知復有夫人。（佛生曰：夫人，莊子自寓。）若夫人者，非其志不之，非其心不爲。雖以天下譽之，得其所謂，謷然不顧。以天下非之，去其所謂，儻然不受。我之謂風波之民。（佛生曰：下而楊朱，上而佛，皆如此。）以告孔子，子曰：彼假修混沌之術者也。夫明白（佛生曰：明白，即照曠。非佛智不足當，所謂空不以不見爲空，以其無實用言空。若見空而不見不空，如疑夢得眠耳。）入素，無爲復朴，體性抱朴，（佛生曰：不變隨緣爲心，隨緣不變爲性。）以游世俗之間者，泯然無迹，豈必使汝驚哉！得人者居無思，行無慮，不藏是非美惡。（佛生曰：晋乘楚檮，則藏美惡矣！）四海之内，共利之之謂悦，共給之之謂安。以神乘光，與形滅亡，此謂照曠。致命盡情，天地樂而萬事消亡。（佛生曰：竟是説佛。）至德之世，不尚賢。相愛而不知以爲仁，實而不知以爲忠。（佛生曰：外國猶有此風。）民如野鹿，行而無迹，事而無傳。（佛生曰：如此則不必離實，不必學僞矣！）三人行，而一人惑，所適者猶可至也。若兩人惑，則勞而不至，惑者勝也。今也以天下惑，（佛生曰：離實則永無返朴之時，學僞則永無入素之日。）會雖有祈，（佛生曰：程朱之言克復，故是有祈。）而不可得也，不亦悲乎！大音不入於里耳。至言不出，俗言勝也。（佛生曰：性理大全，不能免俗。）

天道

水静猶明，而况精神。無爲，則用天下而有餘。（佛生曰：適如其分，各順其性，曰無爲。）有爲，則爲天下用而不足。莫神於天，莫富於地。（無爲故。）又何偈偈乎揭仁義，若擊鼓而求亡子焉。意夫子亂人之性也。桓公讀書，輪人曰：以臣之事觀之，徐則不固，疾則不入。不徐不疾，得手應心。不能喻臣之子。古之人與其不可傳也死矣。然則君所讀者，古人之糟朴已夫！（郭曰：古不在今，今事已變，故絶學。任性與時變化而後至焉。）

天運

南行者至於郢，北面而不見冥山，則去之遠也。（郭曰：冥山在乎北極，而南行以觀之，至仁在乎？無親而仁愛以言之，故郢雖見而愈遠冥山。仁孝雖彰，而愈非至理也。佛生曰：至仁無親，佛是也。）以敬孝易，以愛孝難。（郭曰：聖仁在上，恣之使各自得而已。）芻狗之未陳也，盛以篋衍，巾以文綉，尸祝齋戒以將之。及其已陳也，行者踐其首脊，蘇者取而爨之。（佛生曰：苻石之流，是爨仁義者。）行周於魯，猶推舟於陸。彼未知夫無方之傳，（佛生曰：滿足一切衆生心者，惟佛氏之異。方便智妙，隨順智耳。）應物而不窮者也。（郭曰：時移勢易，禮亦宜變。故因物而無所係焉。）相黎橘柚，其味相反，而皆可於口。故禮義法度者，應時而變者也。（佛生曰：權不礙實。郭曰：然後皆適。）今取猨狙而衣以周公之服，彼必齕齧挽裂，盡去而後適。古今之異，猶是也。醜人效西施之矉，富人閉門不出，貧人挈妻子去之。彼知美矉，而不知矉之所以美。（郭曰：況夫禮義！當其時而用之，則西施也。時過而不棄，則醜人也。佛生曰：善心無僞，是所以美。不爲名利故。）老子謂孔子曰：使道而可獻，則人莫不進之於君親。（佛生曰：言誠正於君人適，使離實學僞耳。）食於苟簡之田，以游逍遥之墟，古者謂之采真之游。孔子見老聃而語仁義，聃曰：夫播糠眯目，則天地四方易位矣！吾子使天下無失其朴。（佛生曰：朴雖不及明白，然是素地，非僞誠正。）黄帝之治天下，使民有其親死不哭，民不非也。（郭曰：若非之，則强哭。）舜治天下，使民不至乎孩而始誰，則人始有夭矣！是以天下大駭，楊墨皆起，其作始有倫。（佛生曰：其字指舜一輩。）而今乎婦女，（郭曰：今之以女爲婦，而上下悖逆者，非作始之無理，及理之弊。縱人欲於屋漏，飾天理於廣筵，故至此。）何言哉！（郭曰：弊生於理，故無所復言。）三王之智，上悖日月之明，中墮四時之施，莫得安其性命之情者，而猶自以爲聖人，（佛生曰：惟精惟一，幾成戲論。）不可耻乎？六經先王之迹也。迹，履之所出，而迹豈履哉？類自爲雌雄，苟得於道，（佛生曰：明白入素，其道乎？）無自而不可。（佛生曰：佛所謂孾女，仝𡰯色目行淫，無分輕重，等爲癡字所揖。）

刻意

語仁義恭儉，此平世之士，教誨之人，游居學者之所好也。尊主强國，此朝廷之士，致功並兼者之所好也。無爲而已矣，閒暇者所好。爲壽而已矣，養形者所好。若夫不刻意而高，無仁義而修，無功名而治，無江海而閒，不導引而壽，無不忘也，無不有也。澹然無極，而衆美從之，聖人也！（佛生曰：惟佛足以當之。）平易恬淡，則其神不虧。迫而後動，其生若浮光而不耀。故曰：好惡者德之失。（佛生曰：佛惟哀憫衆生。）無所於忤，虚之至也。

繕性

以恬養智，以智養恬。（佛生曰：此近佛智。）德無不容，仁也。（佛生曰：故佛稱能仁。）禮樂偏行，則天下亂矣！逮德下衰，始爲天下，是故順而不一。（佛生曰：識與彼仝者，則順之，十分之一耳。）博溺心，文滅質。（佛生曰：惟佛之博始不溺心。）然後民始惑亂，無以復其初。道喪世矣，世喪道矣！（佛生曰：妙舌。）故大行乎天下，則反一無迹。（佛生曰：涅槃是也。）不則深根寧極而待。（佛生曰：其入定乎？）故喪己於物者，謂之倒置之民。（佛生曰：空宗以有我爲妄，性宗以有我爲真。）

秋水

河伯望洋，不見水端。曰：我嘗聞少仲尼之聞者，（佛生曰：此者字佛老諸子皆在。）始吾不信，吾非至於是，則殆矣！長見笑於大方之家。（王宗沐曰：《莊子》一部，惟《秋水》篇深言之。禪書萬卷，曾不出此。）海若曰：井蛙不可以語海，拘於虚也；夏蟲不可以語冰，篤於時也；曲士不可以語於道，束於教也。今爾出於涯涘，觀於大海，乃知爾醜，爾將可與語大理矣！（佛生曰：即佛之性海教海。）計四海之在天地，中國之在海内，不似稊米之在太倉乎？號物之數謂之萬，人處一焉。谷肉之所生，舟車之所通。五帝所連，三王所争，仁人所憂，任士所勞，盡此矣！仲尼語之，以爲博。（聲音之道一，不通書即不過跛踶河矣！）此其自多也。物量無窮，時無止，分無常。小而不寡，大而不多。生而不悦，死而不禍。又何知天地之足以窮至大之域？夫自細視大者不盡，自大視細者不明。汝烏知小大之家，不位乎其形。年不可舉，故曰天在内人在外。（佛生曰：此爲察乎天地，非佛誰能當之。）蚿以百足行而不及蛇，蛇安所用足哉！（郭曰：欲位其形而矜其能，所以逆其天機，而傷其神器也。）蛇動脊脅而行，又不如風。（佛生曰：風積氣耳。則仙佛之空行非誣也。）公孫龍曰：龍少學先生之道，然不然，可不可。（佛生曰：故又有不重持戒，不憎毁禁之説。）困百家之智，窮衆口之辨。今聞莊子之言，汒然異之。不知論之弗及歟？智之弗若歟？今無所開吾喙，故問其方。（佛生曰：若之，何猶有闢佛者？）公子牟曰：蛙坎之樂，鼈足未入，而膝已縶矣！（郭曰：明大之不游小，非樂然。）彼方爽然四解，淪於不測，反於大通。子乃求之以察，索之以辨，（佛生曰：良知説盡，亦文字禪耳。）是直用管窺天也。惠子相梁，或謂莊子將代之。惠子恐。莊子往見之，曰：鴛鶵非醴泉不飲，鴟得腐鼠以嚇之。今子欲以子之梁國而嚇我耶？惠子與莊游於濠梁，莊曰：魚樂。惠曰：子非魚，安知魚之樂？莊子曰：子非我，安知我不知魚之樂？（郭曰：明相非而不可以相知之義。佛生曰：爲謝儒者：子非佛，安知我不佛之樂？又曰：佛之甘露，方是醴泉。）

至樂

天下有至樂無有哉？有可以活身者無有哉？今奚爲奚據？奚避奚處？奚就奚去？奚樂奚惡？（佛生曰：除是往生極樂界。）夫天下所苦者，目不得好色，耳不得好聲，口不得美味，身不得妙觸。然富者疾作，多積財而不得盡用。貴者思慮善否，其爲形亦外矣！（佛生曰：其不爾者，惟楊朱、彭祖耳！郭曰：内其形者，知足而已。）人之生也，與憂俱生。（佛生曰：若不得妙觸，又須思善否曰憂。）壽者惽惽，久憂不死。吾未之不樂，亦未之樂也。（佛生曰：不慮善否，是未之不樂。不好妙觸，是亦未之樂。）莊子妻死，鼓盆歌。惠子往吊，曰：不亦甚乎？莊曰：其始死，我獨何能無慨？然察其始本無生，（郭曰：先示有情，然後尋至理以遣之。若云我本無情，故能無憂，則夫有情者，遂自絶於遠曠之域，而迷困於憂樂之境矣！）莊子枕髑髏哀之，髑髏曰：死，無君於上，亦無四時，安能棄此樂，而復人間乎？（佛生曰：髑髏未知佛理，當是頑空二乘。）綆短者，不可以汲深。（佛生曰：爲語陽明公，儒不必兼佛。）楮小者，不可以包大。爲鳥奏九韶，具太牢，此以己養鳥也。（佛生曰：即説良知者亦是。）鳥必死，故先聖不一其能，不同其事。名止於實，義設於適。（佛生曰：爲文其詞所不便，飾而便之。）蠐螬爲蝶，蝶爲鴝鵒，千日爲鳥，鳥沫爲食醯。萬物皆出於機，入於機。（孫鑛曰：機字似指輪迴説。郭氏曰：此言一氣而萬形。佛生曰：名止於實，義説於適，則六合之内可陶冶而變化也。）

達生

形不離，（佛生曰：如被殺是形離。）而生亡者有之矣！悲夫！世之人以爲養形足以存生，夫欲免爲形（佛生曰：此形專指死，即臭腐之形。）者，莫如棄世。列子曰：聖人潛行不窒，何以至此？（佛生曰：疑其未免爲形，已不能窒。）關尹子曰：是純氣之守也。（佛生曰：梁傅大士謂佛性是生氣物，非真，兀然無知是也。於能小能大，或存或亡，奚怪焉。）通乎物之所造。（郭曰：萬物皆造於自爾。佛生曰：心知窒，乃衆生同業妄執。）不開人之天，而開天之天。（佛生曰：惟佛如是。）承蜩者累五不墜，曰：吾處身若槁木，雖天地之大，萬物之多，而惟蜩之知。用志不分，乃凝於神。（佛生曰：參話頭須絶義路，亦是此意。）善游者，忘水也。善操舟者，視淵若陸，視舟將覆，猶車之却也。以瓦注者巧，以金注者惛。凡外重者内拙。或養其内，虎食其外，或養其外，病攻其内，皆不會通者也。（佛生曰：佛所以又有事相神通之説。）

養鬬雞，猶虚憍而恃氣，未也望之似木雞矣！異雞無敢應者，反走矣！（佛生曰：拳師有氣術者，指戳壁且洞。郭曰：此言養之以至於全者，猶無敵於外，況自全乎！憂來而累生者，不明也。）爲君消鑢者，忘賞罰非譽，漸至忘四肢。（佛生曰：幾於入定。）則以天合天，見者驚，猶鬼神智忘是非。（佛生曰：破諸分别盡。）心之適也，飾智以驚愚，修身以明汙，（佛生曰：謂明他人之汙。）全而形軀幸矣！

山木[一]

木以不材免，（佛生曰：似爲僧道。）雞以不鳴殺。（佛生曰：似爲人臣。）道者物物而不物於物。（佛生曰：佛所以云以心附事則狹劣，而以事從心則廣大。）人倫之傳，（佛生曰：人倫之傳，儒所自號。）則不然。賢則人忌而謀之，不肖則人且欺之。豐狐文豹之不免，皮爲之灾也。故見有於人者憂。（佛生曰：謂誠、正、修、齊者，倒底爲欲見有於人起見。）東海有鳥，翂翂翐翐，進不敢爲前，退不敢爲後，故其行列不斥，而外人卒不得害。吾將處乎材不材之間。（佛生曰：即不能成佛，亦莫如爲僧矣！）自伐者無功，功成者墮，名成者虧。孰能去功與名而還與衆人？削迹捐勢，以爲功名，故無責於人，人亦無責焉。入獸不亂群，入鳥不亂行。鳥獸不惡，而況人乎！（佛生曰：寧爲僧道，不爲儒者，此也。）以利合者，（佛生曰：因

〔一〕木，底本作『朩』，據《莊子》改。

忠孝可以享名，而忠孝者皆利合也。）迫窮禍患相棄也。以天屬者，（佛生曰：如嬰兒所愛，出於直往；鳳凰相求，因同情識，皆天屬也。）迫窮禍患害相收也。夫相收之與相棄亦遠矣！且吾聞諸夫子曰：入其俗，從其俗。（佛生曰：莫謂我俗美，彼俗惡也。况我俗或以利合，彼俗或以天屬乎！）陽子之宋，宿於逆旅。逆旅主人有妾二，惡者貴而美者賤。問之曰：其美者自美，吾不知其美也。惡者自惡，吾不知其惡也。（佛生曰：貴賤雖差，妾之則一。不知其惡即樂天。妍媸優劣寧相遠之説，若自誇美，反作逐臣矣！）曰：弟子記之！行賢而無自賢之行焉，往而不愛哉！（佛生曰：程朱所未能，羅什寶志或能之。）

田子方

子方之師虛緣（佛生曰：即六塵緣影之緣。）而葆真。（佛生曰：即謂真如之真也可。）物無道，正容以悟之，使人之意也消。（佛生曰：佛亦爾。）文侯曰：始吾以聖智之言，仁義之行爲至矣！吾聞子方之師，吾形解而不欲動，口鉗而不欲言。吾所學直土梗耳！雪子過魯，不見其人。曰：中國之人，明乎禮義而陋乎知人心。（佛生曰：執性善之説，亦未免陋，異於他心通者。）日出東方入西極，有目有趾者，是出則存，是入則亡。（佛生曰：見暗爲暗，是無明也。益見人生如夢，佛口恩深。）老聃曰：吾遊於物之初，（佛生曰：佛亦爾。）夫得是至美至樂也，得至美而游乎至樂，（佛生曰：引以諸天五欲，極於妙喜世界。）謂之至人。孔子曰：願聞其方。曰：草食之獸不患易藪，水生之蟲不疾易水，行小變而不失其大常也。得其所一而同焉，則四支百體將爲塵垢，死生終始將爲晝夜，而况得喪禍福之所介乎！棄隸者若棄泥塗，知身貴於隸也，（佛生曰：奉法爲役曰隸。郭曰：苟知死生之變，所在皆我。則貴者，常在也。）貴在於我，而不生於變。（佛生曰：賤變爲貴，人爵然耳。）聖人於德，若天之自高，地之自厚，日月之自明，夫何修焉！（佛生曰：豈是隨人脚跟，心放待求者。）孔子曰：吾猶甕雞。微夫子之發吾覆，吾不知天地之大全也。（佛生曰：大全即沙界之説。）莊子使哀公令曰：無其道而有其服者死。（佛生曰：揀好題目做心實，不然是無其道而有其服。）五日，而魯國無敢儒服者。聖人者，上窺青天，下潛黃泉，神氣不變。其神經乎太山而無介，充滿天地，既以與人，已愈多。（佛生曰：自養氣，至足能以與人之道，士以至仙佛莫不皆然。）

知北遊

知者不言，言者不知，故聖人行不言之教。（佛生曰：阿彌陀。）道不可致，德不可至，仁可爲也，義可虧也，禮相僞也。故曰：失道而後德，失德而後仁，失仁而後義，失義而後禮。禮者，道之華，而亂之首也。六合爲巨，未離其內。（郭曰：計六合在無極之中，則陋矣。）舜問丞曰：道可得而有乎？曰：汝身非汝有也，汝何得有夫道？（佛生曰：儒佛之分。）生與孫子非汝有，天地之强陽氣也，又胡可得而有耶？不形之形，形之不形。（佛生曰：佛佛。）不際之際，際之不際者也。（佛生曰：所謂無量無邊不可思議。郭曰：自古至今，皆以至言爲狂言，而不信也。）道不可聞，聞而非也。道不可見，見而非也。（佛生曰：沙界之説皆權假。）道不當名，不知乃知乎！知乃不知乎！孰知不知之知？（佛生曰：除是佛耳。）光耀問無有，曰：夫子有乎？其無有乎？視之不見，曰聖矣！予能有無矣，而未能無無也。（佛生曰：但了惟心，諸境自滅。不須壞相，如鏡中影。是名直空，是曰無無。）冉求問於孔子曰：未有天地可知耶？曰：可。古猶今也。（佛生曰：空即色。）明日復見，曰：夫子之言，昔者吾昭然，今日吾昧然，何也？曰：昔之昭然，神者先受之。今之昧然，且又爲不神者求耶！（佛生曰：此所謂黄楊木禪。）無古無今，無始無終。（佛生曰：色即空。）古之人，内化而外不化。（佛生曰：佛或舉體隨緣，而作人事。）悲夫！世人直謂物逆旅耳！（佛生曰：此怖死但空之二乘。）知遇而不知所不遇，知能而不能所不能。（佛生曰：惟佛知佛。）

庚桑楚

老聃之徒庚桑楚居畏壘，其臣之畫然，知者去之；其妾之挈然，仁者遠之。（郭曰：有爲不足以救彼，適足以傷我。）人全其生，不厭深眇而已矣！（佛生曰：深眇無如佛法。）舉賢則民相軋，任知則民相盜，千歲之後，其必有人相食者也。（郭曰：飾僞以致斯弊。）宇泰定者，發天光。（佛生曰：故佛慧非世智之比。）是乃所謂冰解凍釋者，人之所舍，謂之天民。（佛生曰：僧殆是。）學者，學其所不能學也，知止乎其所不能知，知之至矣！（佛生曰：此止即止於至善之止，非佛誰能當之。）爲不善乎顯者，人得誅之；爲不善乎幽者，鬼得誅之。兵莫憯於志，鏌鋣爲下；寇莫大於陰陽，無所逃於天地之內。非陰陽賊之，心使然也。（佛生曰：病由七情，地獄亦即自心。）無有一無有，聖人藏乎是。古之人，其知有所至矣。烏乎至，有以爲未始有物者，（佛生曰：此聲聞愚。）至矣，盡矣，弗可以加矣。其次以爲有物矣，將以生爲喪也，死爲返也，（佛生曰：此外道儒。）然以分矣！（佛生曰：竟是佛理。）果有名實。（佛生曰：三教中皆有名無實者，徒服其服而已。）敬之不喜，侮之不怒者，惟同乎天和者爲然。（佛生曰：敬喜侮怒，本程朱教。）

徐無鬼

徐無鬼見魏武侯，而説狗馬事，侯大悦。或問何以使君悦若此。曰：去國數日，見其所知而喜。及期年也，見似人者而喜矣！不亦去人滋久，思人滋深乎？逃虛空之徑者，聞人足音而喜，况昆弟親戚之謦欬其側乎！久矣夫，莫以真人之言謦欬吾君之側乎！（佛生曰：是猶游乎物，初得是至美之屬。郭曰：各思其本性之所好，得所至樂則大悦也。）愛民，害民之始也。（佛生曰：如禁良爲賤，民不畜婢。其桀黠者，乘荒畔劫之類。）爲義偃兵，造兵之本也。（郭曰：名彰則競興，父子君臣懷情相欺，雖欲偃兵，其可得乎？）牧童曰：牧天下猶牧馬，亦去其害馬者而已矣！（佛生曰：妙哉！約法三章。）黄帝再拜，稱天師而退。（天師二字，自此始。）智士無思慮之變則不樂，察士無凌誶之事則不樂。錢財不積則貪者憂，權勢不尤則奢者悲。悲夫！桓公問管病，將囑國叔牙。仲曰：不可。其爲人也潔廉善士也，其於不已若者不比之，又一聞人之過，終身不忘。夫以賢臨人，未有得人者也。其於國有不聞也，其於家有不見也。名若儒墨凶矣！（郭曰：欲同所不能同，舉所不能舉，故凶。）聖人並包天地，澤及天下，（佛生曰：不過使各順性則適耳。）而不知其誰氏。人不以善言爲賢，（佛生曰：則民之耳目本不可塗矣！）許由逃堯，曰：吾恐其爲天下笑。後世其人相食歟！夫仁義之行，且無誠、假貪者器。夫堯知賢人之利天下也，而不知其賊天下也。暖暖姝姝者，學一先生之言，自以爲足，（佛生曰：即《秋水》篇語，以爲博諸事。）而未知未始有物也。（佛生曰：名相，皆衆生妄執。）其知之也似不知之也，不知而後知之。（佛生曰：不知而知是明鏡也，是佛智也！郭曰：我不知，則彼知自用。）

則陽

王果謂陽見楚王，王爲人形尊而嚴，其於罪也，無赦如虎。非佞人正德，孰能撓之？聖人，窮也使家人忘其貧，達也使王公忘爵禄而化卑。其於物也，與之爲娱矣！故或不言而飲人以和，與人並立而使人化。（佛生曰：是佛。）聖人達綢繆。（王辰翁曰：綢繆者，宛轉附著，自相愛結之謂。）生而美者，不與之鑒，則不知其美於人也。人之好之，亦無已性也。（佛生曰：即真人謦欬，即得至美游至樂，非以欲勾牽，鮮能引入佛智者。）舊國舊都，望之暢然。夫師天不得師天，與物皆殉。（佛生曰：儒是也。）夫聖人未始有天，未始有人，未始有始。（佛生曰：佛。）從師而不囿。（佛生曰：不以定法縛己與人。）容成氏曰：除日無歲。有國於蝸之左角者曰蠻，有國於蝸之右角者曰觸。時相争地，戰尸數萬。魏王疑虚，戴人曰：君以爲四方上下有窮乎？曰：無窮。知可通達之。國若存若亡乎？曰：然。曰：通達之中有魏與蠻氏，有辨乎？曰：無辨。道堯舜於戴人之前，猶吹劍者一吷而已。其口雖言，其心未嘗言，方且不屑，與世俱是陸沈也。（佛生曰：此殆白石之流。）衛靈公有妻三人，同濫而浴，其慢若彼之甚也。見賢人如此，其肅也，所以爲靈也。江河合水而爲大，大人合併而爲公。天地，形之大；陰陽者，氣之大。（佛生曰：有貞即有淫，有麟鳳即有蛟兕。）道者爲之公。（佛生曰：雖爲文，其詞許自懺悔可矣！）

外物

目若營四海，心若懸於天地之間，利害相摩。（佛生曰：有是非美惡、名法刑賞，則利害相摩矣！）衆人焚和。涸鮒得升斗之水活耳，待激西江之水以迎我，則不如索我於枯魚之肆。（佛生曰：飲食男女，民之斗升。仁義禮樂，民之遠水。）儒以詩禮發冢，大儒曰：東方作矣，若何？小儒曰：未解裙襦，口中有珠。生不布施，死何含珠爲？以金椎别其頰，無傷其珠。（佛生曰：譬儒之非爲利即爲名，屋漏未必無愧也。）與其譽堯而非桀，不如兩忘而閉其所譽。聖人躊躕以興事，（佛生曰：躊躇，方知兩忘之妙。直使僞人無樹幟地。）以每成功。雖有至智，萬人謀之。（佛生曰：諸子書亦難廢。）人有能游，且得不游乎？人而不能游，且得游乎？（郭曰：性之所能，不得不爲也。性所不能，不得强爲。故聖人惟莫之制，則同焉皆得。）夫遁志、决行，覆墜而不反，火馳而不顧。（郭曰：人人所好，不顧是非，死生以之。佛生曰：大概即指好無己性之物。）夫尊古而卑今，學者之流也。惟聖人乃能遊於世而不僻，順人而不失己。因物隨變，（佛生曰：智愚異位，貴賤異法，物各得則無求。）惟彼之從。道不欲壅，知徹爲德。（郭曰：諸子與儒相騰踐，儒不順人故壅。）室無空虚，則婦姑勃谿。春雨日時，則草木怒生，而不知其然。（佛生曰：罔不暢遂故也。）荃所以在魚，得魚忘荃；蹄所以在兔，得兔忘蹄；（佛生曰：臨民者，亦欲民爲我有而已，豈欲木皆中矩哉！）言所以在意，得意忘言。吾安得夫忘言之人而與言哉！（何大復曰：天下事在心知其意，故拘者不可與論廣。）

寓言

寓言十九，籍外論之。（郭曰：言出於己，俗多不受，故寄之他人。）巵言日出，（喻言過其實，如酒巵滿則傾。）和以天倪。與己同則應，不與己同則反。是謂之陳人。萬物皆種也，（佛生曰：性未必皆善。）以不同形相禪，始來相環，莫得其倫，是謂天均。（佛生曰：似説輪迴。）好惡是非，（佛生曰：此好惡根陳人來。）在服人之口而已矣！（佛生曰：天下古今，惟口至多，欲其悉服，故是難事。面是背非，或有之耳。）顔成謂東郭曰：是吾聞子之言，一年而野，二年而從，三年而通，六年而鬼，入七年而天成，八年而不知死不知生，九年而大歸。（佛生曰：佛言哉！）莫知其所終，若之何其無命也？莫知其所始，若之何其有命也？有以相應也，若之何其無鬼耶？無以相應也，若之何其有鬼耶？罔兩問影曰：若向也仰，而今也俯，何也？曰：予有而不知其所以。彼强陽則我與之强陽。（佛生曰：影猶鏡中之象，三千大千，皆由各執，所執遂成分界矣！）

讓王

堯以天下讓支父。父曰：我適有幽憂之疾，方且治之，未暇治天下也。夫天下大器，而不以害其生，况他物乎！惟無以天下爲者，可以托天下也。此固人之所欲得以爲君也。故曰：道之真以治身，（佛生曰：得至美、游至樂，則非離實學僞之道矣！）其土苴以治天下。以隨珠彈雀哉！列子曰：君非自知我也，以人之言而遺我粟，其罪我也，又且以人之言，所以不受。昭王反國，賞從者。尼羊悦曰：吴軍入郢，悦避寇，非故隨大王也，不受。其陳義甚高。子貢問原思病。曰：學而不能行，謂之病。今憲貧也，非病也。輿馬之飾，憲不忍爲也。曾子十年不製衣，歌聲滿天地，若出金石。故養志者忘利，樂道者無位不怍。重生則利輕。身江湖，心魏闕乎！道得則窮通爲寒暑之序矣！武王許夷齊官一列，夷齊曰：道不以人之懷自成也。（郭氏曰：被諸人之風者，雖貪冒之人，乘天衢入紫庭，猶時慨然中路，而笑然許由之弊。使人飾讓以求進，惟聖人無迹，故無弊也。佛生曰：三寶更好。）

盗跖

跖從九千人，横行天下，侵暴諸侯，取人婦女，親不顧。（佛生曰：並未云劫人財帛，則豈無智嘗生，輕死謀食之盗所得而師祖哉！）所過，大國守城，小國入保，萬民苦之。孔子讓柳惠不能教弟，請往説。惠曰：跖之爲人，心如湧泉，意如飄風，强足以拒敵，辨足以飾非。順其心則喜，逆其心則怒，易辱人以言。先生必無往。孔、顔不聽，往見跖。跖方膾人肝而餔之，謁者入通。跖聞大怒，目如明星：此夫魯國之巧僞人耶！爲我告之：爾作言造語，妄稱文武，多詞繆説，（佛生曰：自得不傳之學於遺經，而詞益多。）擅生是非，以迷天下之主，使天下學士不反其本，妄作孝弟而僥倖於封侯富貴者也。子之罪大極重，疾走歸！不然我將以子肝益晝餔之膳。謁者復通。跖大怒，兩展其足，聲如乳虎。孔進曰：凡有三德：生而長大，美好無雙，少長貴賤，見而皆悦，此上德也；知惟天地，能辨諸物，中德也；果悍勇敢，聚衆率兵，下德也。人有此一德，足以稱孤。今將軍兼此三者，身長八尺二寸，面目有光，唇如激丹，齒如齊貝，音中黄鐘，而名曰盗跖，竊爲不取。有意聽，樂請使四國，爲造大城數百里，立數十萬户，尊將軍爲諸侯，收養昆弟，此聖人方士之行，天下之願也。跖大怒曰：來前！夫可觀以利而可諫以言者，皆愚陋恒民之謂耳。人長大美好，人見而悦之者，此吾父母之遺德也。子雖不吾譽，吾獨不自知耶？且吾聞譽人者，亦好背毁之。今告我以大城，是欲規我以利而恒民畜我也，安可長久也？城之大者，莫大乎天下矣！堯舜有天下，子孫無置錐地。湯、武得天子，而子孫絶滅。非以利大故耶？且吾聞神農之民，知其母不知其父，（佛生曰：與前取人婦相應。）而無有相害之心，此至德之隆也。堯舜作，立群臣。湯放其主，武王殺紂。自是之後，以强凌弱。（佛生曰：分明如此，而儒者曲爲好説，以愚愚人。故不如釋氏也。）今子矯言僞行，以迷惑天下之主，而欲求富貴焉，盗莫大於子。湯、武諸人，皆以利惑其真而强，反其性情，甚可羞也！伯夷、叔齊，重名輕死，不念本養壽命，無異於磔犬流豕、操瓢而乞者。若告我以鬼事，則吾不能知。（佛生曰：佛知不能奪其辨，遂以鬼事因果告之。）若告我以人事，皆吾所聞知也。今吾告子以人之情，目欲淫色，耳欲淫聲，口欲淫味，身欲淫欲。上壽百歲，下壽六十，除病疲死喪憂患，其中開口而笑者，一月之中不過四五日而已。天與地無窮，人死有時。操有時之具，而托於無窮之間。不能悦其志意、養其壽命者，皆非通道者也。子之所言，皆吾之所棄也！亟歸，無復言之！子之道，狂狂汲汲，詐巧虚僞事也，非可以此全真也，（佛生曰：王新建因此言而挺出，然竟以痢卒矣！）奚足論哉！孔子出，色若死灰，不能出氣。曰：莫編虎鬚，幾不免虎口哉！滿苟得曰：小盗者拘，大盗者爲諸侯。昔者桓公小白殺兄入嫂，而孔子論則賤之，行則下之，則是言行之情悖戰於胸中也，不亦拂乎？子張曰：子不爲行，即將疏戚無倫，長幼無序。滿曰：堯女之舜，疏戚有倫乎？周公殺兄，長幼有序乎？且子正爲名，我正爲利。其所以變其情、易其性，則異矣！乃至於棄其所欲爲而殉其所不欲爲，則一也。故曰：無爲君子，從天之理。若是若非，執而圖機。獨成而與道徘徊。（佛生曰：跖亦未可概論哉！）比干之死，世所謂士正其言，必其行，故服其殃，罹其患也。（郭曰：此章言尚行則行矯，貴士則士僞，故蔑行賤士，以全其内。）許由非爲，（佛生曰：學許由者，則不然矣！）名皆就其利，辭其害也。

説劍

有天子之劍，諸侯之劍。今趙王有天子之位，而好庶人之劍，無異於鬬雞。一旦命已絶，無益於國事。

漁父

漁父望見孔子，曰：彼何爲者也？子貢曰：行仁義，飾禮樂，别人倫。上以忠於世主，下以化於齊民。漁父笑曰：危其真，（佛生曰：儒者因有此語，而良知等説遂興。然究非得至美、游至樂之實也。）恐不免其身。遂去。孔子推琴而起，追及澤畔。曰：曩者先生有緒言，未知所謂。竊待於下風，幸聞咳唾之音。曰：畏影者不知處陰以休形，走愈疾，影愈不離。子爲人欲，（佛生曰：此人欲，謂名相與利害。）免累乎。真親未笑而和，真在内者，神動於外，所以貴真也。事親則孝，飲酒則歡，無一其迹矣！事親以適，不問所以矣！飲酒以樂，不選其具矣！禮者，世所爲。真者，受於天。愚者致恤於人，受變於俗。惜哉！子之早湛於僞也。孔子曰：今者得過若，天幸然！

列禦寇

禦寇曰：造物之報人也，不報其人而報其人之天，彼（佛生曰：彼謂其人。）故使彼。衆人安其所不安，不安其安，古者謂之遁天之刑。（佛生曰：與後使瘖粉矣相應。）朱漫學屠龍，技成而無所用。（郭曰：事在於適，無貴於遠功。）聖人以必不必，故無兵。（郭曰：理雖必然，猶不必執。）衆人以不必必之，故多兵。（郭曰：理雖未必，抑而必之，物各順性，則足而無求。各必其所見，則乖逆生。）小夫之智，不離苞苴竿牘，敝精神乎蹇淺。悲哉乎！汝爲智在毫毛，而不知大寧。（佛生曰：人不安其所不安則已，亦得安其所安，爲大寧。）秦王召醫，治愈下，得愈多。舐痔者得五乘。（郭曰：人人競飾於仁義，而雕畫其毛彩。百姓既不安，聖人亦無以爲静。後世人君將遂忍性，自矯僞以臨民，則百姓非直外形從之而已。乃以心神受而用之，不能復自得於體中也。人性各有所宜，相效則失真。）今使民離實學僞，非所以視民也。爲後世慮，不若休之。（郭曰：身口雖遵，心神忽之，治之則僞，故聖人不治。）罹内刑者，陰陽食之。（佛生曰：作僞喪真，癰癆鼓膈，幾與笞杖外刑仝一苦惡，亦天報其天之一也。）惟真人免焉。厚貌深情，卒焉問焉觀其智。（佛生曰：可以知其真僞。）正考父一命而傴，再命而僂，三命而俯，循墻而走，孰敢不軌？（劉辰翁曰：泠譏隱刺，不知誰指，而古今常有是人。）賊莫大乎德有心。（佛生曰：德有心，是離實學僞註脚。）凶德有五，中德爲首。中德者，自好訾其所不爲者也。（郭曰：自是而非，彼則攻之者，非一故爲。凶德若中，無自好之情，則恣萬物之所是。）長大、壯麗、勇敢，皆容。緯蕭者，子得驪龍頷下珠，（佛生曰：彼所自有可欲可安之物，而吾奪之。言非所應得，是此類也。）遭其睡也。得宋王車，亦然。使寤，粉矣。犧牛文綉，欲爲犢，得乎？（佛生曰：安其所安是犢，安所不安是犧。）烏鳶螻蟻，葬何分焉？（佛生曰：有稱無稱，仝一腐胔。）夫明之不勝神也久矣！（佛生曰：此明字謂世智。）

天下

天下之術多矣！不離於宗，謂天人；不離於精，謂神人；（佛生曰：學儒爲吏，豈免離精。）不離於真，謂至人。（佛生曰：佛菩薩。）其在《詩》《書》者，縉紳先生多能明之。（佛生曰：虚無窮實有限，格物於實，是格其有限，不格其無窮也。）不能析〔一〕萬物之理，判天地之美，譬耳目口鼻不能相通皆有所用。天下之人各爲其所欲焉。（佛生曰：其遵儒法，第於大廷而已。）道術將爲天下裂。墨子非鬬，其道不怒。（郭曰：不足則以鬬爲是，尚儉皆有餘，故以鬬爲非也。）弟子皆誦《墨經》，而倍譎不同。以巨子爲聖人，皆願爲之尸。見侮不辱，救民之鬬；禁攻寢兵，救世之戰。（佛生曰：此佛之粗。）雖天下不取，强聒而不捨者也。雖然以情欲寡淺爲内，其爲人大多，其自爲大少。（佛生曰：故須隨順衆生，然後引歸安養。）反天下

〔一〕析，底本爲『𣏌』，據意改。

之心，天下不堪，君子不爲苛察。（佛生曰：法三章耳，爲文其詞因癡犯者無分輕重。）天能覆之，不能載之。地能載之，不能覆之。大道能臣之。（佛生曰：大和合海，信然信然。）知萬物皆有所可，有所不可。（佛生曰：如羞惡之心，人皆有之。必使充類至盡，是教之欲其至也。）選則不遍，教則不至。（郭曰：任其性乃至。）古人塊不失道。（佛生曰：殆潛形茹草之流。）豪傑相與笑之。古之道人，至於莫之是、莫之非而已矣！（郭曰：雄白者，豈非尚勝自顯，以殆其生者耶？反是，則人歸之如溪谷也。）人皆取實，己獨取虚，（佛生曰：佛之以無爲有、以有爲無是也。）巋然而有餘。其行身也，徐而不費，常寬容於物。（要知寬容雖同，却非墨法。）可謂至極謬悠荒唐，以天下爲沈濁，不可與莊語，以寓言爲廣。（佛生曰：三千大千。）獨與天地精神往來，而不傲睨於萬物。不譴是非，以與世俗處。其書瓌偉，其辭俶詭，其充實不可以已。上與造物者游，（佛生曰：可謂至極，故爲聖中之聖，與造物游，故爲天中之天。）下與外死生、無生死者友。淵閎而肆。（佛生曰：除佛法，無能當此四字者。）人問天地、風雨、雷霆之故，惠施不辭而應，不慮而對。多而不已，猶以爲寡。其猶一蚊一蝱之勞者也。其於物也何庸！（佛生曰：此不知器界，本無妄執，謂有者也。）是形與影競走也，悲夫！

《舊唐書》：佛在西域，言妖路遠，漢譯胡書，恣其假託。《新唐書》又斥爲清談餘旨。北魏時詔皆是。前世漢人無賴子弟劉元真、吕伯疆之徒，用老莊之虚假，附而益之，蓋崔浩筆也。則此注雖某麈譚，未始無本。謂援莊入佛可，謂因而屏諸域外，亦無不可。昔陸象山嘗著小經，且謂意倣莊子。況大抵宗莊叟，私心事竺乾者乎！生又識。

三、《老子》附證

（佛生曰：歸元三寶字皆由老子，知萬物二句，一書之眼，一部之樞。）

道可道，非常道。名可名，非常名。（佛生曰：佛也。）無名，天地之始；有名，萬物之母。（佛生曰：故佛先去名相。）玄之又玄，衆妙之門。（佛生曰：所謂無上，甚深微妙法也。）天下皆知美之爲美，斯惡矣！皆知善之爲善，斯不善已！（佛生：皆知則作僞。故佛氏之善，初不爲名。）聖人生而不有，爲而不恃。（佛生曰：佛是也。）不尚賢，使民不争；不貴難得之貨，使民不爲盗。（佛生曰：知佛法則割捨不暇，何有盗。）不見可欲，使心不亂。（佛生曰：但覺其醜惡。）淵兮若萬物之宗，挫其鋭，解其紛，和其光，同其塵。湛兮似或存。（佛生曰：亦惟佛足當之。）天地不仁，以萬物爲芻狗；聖人不仁，以百姓爲芻狗。（佛生曰：不仁，不言仁義也。芻狗，猶木機。）

天地之間，其猶橐籥乎？玄牝之門，是謂天地根。（佛生曰：知虚空皆氣，則無無雖入華嚴海可也。）

天地山川長久者，以其不自生。（佛生曰：謂生而不有，故爲而不恃。）是以聖人後其身而身先，外其身而身存，非以其無私耶？（佛生曰：專欲，塗民則有私矣！）故能成其私。金玉滿堂莫之能守，富貴而驕，自貽其咎。聖人爲腹不爲目。（容物不察物。）

吾所以有患者，爲吾有身。及吾無身，吾有何患。（佛生曰：須有化身，而無報身。）

古之善爲士者，（佛生曰：維摩詰則然，蕭老翁未也。）微妙玄通，深不可識。致虚極守静篤，復命曰常，知常曰明。（佛生曰：真常妙明。）

大道廢，有仁義。慧智出，有大僞。六親不和，有孝慈。國家昏亂，有忠臣。惟不争，故天下莫能與之争。絶聖棄智，民利百倍；（佛生曰：宋人且謂民無南顧心者，契丹之法簡易，又有八議、八縱。人心之所以祖宋者，未嘗折困天下之巨室，於格外有以容奬天下之英偉。）絶仁棄義，民復孝慈；絶巧棄利，盗賊無有。見素抱朴，（佛生曰：使離實則永無抱朴之日，使學僞則永無見素之時。巧莫巧乎縱人欲於屋漏，飾天理於廣筵者。不廢仁義，雖欲絶可得乎？）少私寡欲。衆人熙熙，如登春臺，我獨如嬰之未孩。俗人昭昭，我獨若昏。窈兮冥兮，其中有精。（佛生曰：佛。）人法地，地法天，天法道，道法自然。（佛生曰：真常方算自然。）

知其雄，（佛生曰：懼以死雄之類也。）守其雌，爲天下谿，復歸於嬰兒；知其白，守其黑，（佛生曰：孩天下，黑之類也。）爲天下式，復歸於無極；知其榮，守其辱，（佛生曰：名齊文武，榮之類；和光同塵，辱之類。）爲天下谷，乃復於樸。（佛生曰：樸近自然。）

天下神器，不可爲也。爲者敗之，執者失之。物壯則老，不道早已。自勝者强，死而不亡者壽。（佛生曰：是真王帝菩薩也。）萬物歸焉，而不爲主，可名爲大。將欲歙之，必固張之；將欲弱之，必固强之；將欲廢之，必固興之；將欲奪之，必固與之。（佛生曰：養强者之欲，給智者之求，彼必自倦。）柔弱勝剛强，魚不可脱於淵。（佛生曰：與人愈多，弱可攻堅，是此淵也。）國之利器，不可以示人。（佛生曰：利器者，歙之、弱之、廢之之地勢。）

上德不德，是以有德。故失道而後德，失德而後仁，失仁而後義，失義而後禮。禮者，忠信之薄，而亂之首。（奸巧彌蜜。）弱者，道之用，上士聞道，勤行之；中士聞道，若存若亡；下士聞道，大笑之。不笑，不足以爲道。大巧若拙，大辨若訥，大成若缺，大直若屈，大器晚成，大音希聲。甚愛必大費，多藏必厚亡。知足不辱，知止不殆。（佛生曰：秦皇漢武尚且辱殆。）禍莫大於不知足。（佛生曰：懼民專欲，是不知足。）不出户知天下，不窺牖見天道。其出彌遠，其知彌少。聖人無常心，以百姓爲心。（佛生曰：以善方便智，度脱無數衆。）善人吾善之，不善者吾亦善之。（佛生曰：阿彌陀。）爲天下，渾其心，百姓皆注其耳目，聖人皆孩之。（佛生曰：哀憫隨順。舊注曰：力不出於人，而立於争地，則危矣！未有能使人無用其智力乎已者也，如此則已。以一敵人，而人以千萬敵己也。無所察焉，天下何避。若乃多其法網，塞其徑路，攻其幽宅，則天下失其有。）

善抱者不脱，心使氣曰强。（佛生曰：飛行不傷，皆由此故。須知看老莊者，必以真者治身一句爲主。）知者不言，言者不知。不可得而親，不可得而疎，不可得而害，不可得而貴，不可得而賤。法令滋章，盗賊多有。（佛生曰：即承昏亂之餘，殉社稷之難，亦是得而賤矣！）禍兮福所倚，福兮禍所伏。善復爲妖。（佛生曰：誠正之説，正恐爲名，正恐執著。）深根固蒂，（佛生曰：除是真如常住，不含一法。）長生久視之道。以道蒞天下，其鬼不神。牝常以静勝牡，故大國下小國，則取小國。（佛生曰：取字未可與殘字概論，不過如牝之受納耳。）詐牝者静而不求，物自歸之也。雄噪動貪欲，牝以其静復能爲下，報怨以德。（佛生曰：此亦牝法。）輕諾必寡信，美言可市，（佛生曰：輕諾美言，儒之通病。）不如坐進此道。

古之善爲道者，非以明民，將以愚之。（佛生曰：儒獨反是。）民之難治，以其智多。玄德深遠，與物反矣！（佛生曰：若虚言無聲無臭，參贊位育，正恐其德，與民適均，徒貽笑子多智耳。）欲上民，必以言下之。（佛生曰：故見衆生，亦稱以佛。）是以天下樂推而不厭，天下皆謂我道大似不肖。夫惟大，故似不肖。若肖，久矣其細矣夫。我有三寶：一曰慈，（佛生曰：但主釋氏慈悲之意，非並約法三章不用也，故易行。）二曰儉，三曰不敢爲天下先。善戰者不怒，善用人者爲之下。（佛生曰：漢高於韓信善用矣！）用兵有言，吾不敢爲。主而爲客，禍莫大於輕敵。吾言甚易知，甚易行。天下莫能知，莫能行。夫惟無知，是以不我知。知我者希，則我貴。聖人自愛，不自貴。勇於不敢則活。民不畏死，奈何以死懼之。代大匠作，未有不傷其手矣！（佛生曰：裁成輔相者，是蓋敢於以死懼民，爲先自貴者也。）民之輕死，以其求生之厚。（佛生曰：不過欲得色欲，悦志意耳。必非求大城也。）人之生也柔弱，死也堅强，故堅强者死之徒。兵强則不勝。天下莫弱於水，而攻堅莫之能勝。既已與人，己愈多。（佛生曰：與人却是水攻。）

詩文集卷九　附録

一、史震林文集史料

震亭雲霞交，有玉勾詞客。年十五，夢玉女現丈六身，坐大彩鸞，金翠之色，遍滿天際。玉女開襟露肘，臂約龍環，指令仙童降榻前。貽桃花箋數叠，皆硏『寫韵』二字於箋尾。以雙玉帶勾，命爲詞，玉入握發香。寤而喜曰：『此古來夢仙者，未曾有也，與夢侏儒者反矣！』於是生平所爲詞，皆以玉勾名之，以誇夢。自謂不啻蘇子瞻夢咏紅靴、銘錦裙之樂焉。嘗言曰：『蕭蕭落葉，悠悠花香。天上人間，隨意寄託。』孤情絶照，無因無依，蓋物一而觀物者自殊。山巔水涯，寄稿於石。常先有詞，而後有題。人所不至，其粉墨亦往往不滅也。父舟庵先生産黄山，好遊山陰會稽，每繫念西湖，有卜居志，謂：『此湖須蓬萊清淺時，差堪比擬。夫世間之境，文章能發其妙者，非靈境也。文能奪境，境亦能奪文。見絶世人，而贊以世間語乎？』乃著《西湖四時遊草》，其叔祖聽翁，序以四六，人争傳誦之。舟庵先生與玉勾詞客，俱愛水中之山，故雖黄山之奇，不能久住其中也。

黄山麓有天姥宫，箬嶺下有彭祖墓。玉勾詞客約同志爲生辰會，立弧社，懸天姥、軒轅像，以彭祖、張蒼配享，作《弧社告祖文》。其婦安定君，題彭祖、張蒼像，遂成讖語。詩云：『苦惜年光戀幻身，白頭私擅夢邊春。兒家酹酒淒然問，可有齊眉耦齒人？』安定君秀外慧中，幽貞縹緲。嘗嘆世緣汙濁，非可久存。性愛月，見月照穢壤，每恨褻此清輝。誓化身爲彩雲萬朵，遍承月色，不使墮人間不潔之處。玉勾詞客見其清穎絶世，慮之曰：『玉蕊瓊花，不久應歸閬苑矣！』一日微疾，閲《大藏》擬字函，掩卷泣下，曰：『誰信難陀經裏説，終憐永永不相知。』遂爲絶句，預别玉勾詞客云：『風流嘉慶古難均，共命并心異别親。應恨塊泥將打破，誰能再塑管夫人。』病漸重，起自梳洗，徐整所讀書史。硯匣筆床，手拂塵埃。生平愛非想天雙履硯及寒鴉膩墨。硯池有小魚，鱗甲天成，旁成『紫石潭』三字。墨面有半身美人，書畫時用此硯。寒鴉膩，則意憐美人，不忍磨也。是日扶至前休室，自燃高麗石燈，室滿紅暈。披玉勾生紅褐襌衣，合掌禮妙莊王第三女。室中有青緑小漢鐘，令所喜女冠，叩之以醒病耳。題詩粘壁，遂返卧坐樂軒中。詩云：『日日熏香禮覺王，不任操杵不縫裳。誰言鹿苑無生訣，未及龍宫不死方。』坐樂軒者，取摩詰宴坐爲行樂語也。復强起，命侍兒碧葉洗雙履硯，取寒鴉膩緩緩磨之，向半身美人而嘆。丁寧玉勾生，願他日展榔稍寬，額以『小眠齋』三字。醫藥法盡，夢其母孫淑人以藥與飲，手捫肢體，憐其瘦，夢中持母手哭而寤。此家錫名男女，字皆倚香。長子曰孖，五齡受書輒成誦。安定君念東坡七歲，程太夫人親授以書，於是集諸子史合成一編，曰《雜流必讀》以課兒。兒亡，遂焚書置棺中。曰：『不能望其今生作通儒，亦須令其來生多識字。』牛應貞之不作，殆不信噴蘭低語人。有此眼光如炬事矣。以兒佳故，痛之成疾。疾時，每夢母挈其兒來視疾。疾既篤，不復夢其母及兒。賦絶句云：『爲痛寧馨轉自傷，相憐却恨我無孃。更誰看等千金重，只我佳人斷綉腸。』歿之夕，令權與太姑陳宜人共厝。索筆硯，自取枕函淡紅箋，欲自書，沈吟置筆，以屬玉勾生。自誦絶句曰：『千春萬載此沈埋，坐樂軒中只暫挨。豈可便無題額處，相煩親署「小眠齋」。』問遺照成未，乃迴身伏枕而瞑。（《西青散記》卷一，清乾隆刻本，國圖藏，下同）

安定君既歿，所集《雜流必讀》書，殉於兒棺，無副本。巾箱中僅存一序稿，曰：『賈子有言：老必黠，多所歷也。博必慧，多所擷也。兒子慶詒生五歲，其父既授之以《魯論》。余惟延祐以來，經藝士幸不老牖下，亦疲神於叠床架屋之帖括，即能緣經以飾事，推事以就經矣。鮮復求衆多古人，至精絶極之心。不知視盈廿一史中，或刀筆散吏，或入資騎郎，或虛聲待辟，或武力應募者，見識何若？乃搜諸子集曾寓目者，斷章取義，分條合璧，因而各附史事，成一編以課之。未獲睹河南先夫子之修身，姑竊比西蜀兩蘇公之策事，名曰《雜流必讀》。意後之人，或不能競經義從正途，則蒙師必須且令讀此。又欲仕由雜流者，亦得竭才以事君，摶民而上合，非僅一切以就功名之謂也。第閨中目力有限，兒子如不工帖括，他日當有暇博覽。倘遇深造獨到之言，不妨摘取英華，增註各條之下。若稍未精當者，即斷無溷入焉。或爾宿生於經義有緣，爲之即得，則一部《論語》，施用無窮，亦不須滿腹爛講章矣！抑吾恐世間人，以粗心、淺心、勝心、執心、矜慢心、娟嫉心，謂學之染人，甚於丹青。欲廢此書，不使雜流得讀，余亦實無如何。惟與自古以來能著諸書之人，長太息於夜臺之下耳矣。康熙己亥穀雨日。』章之名曰『師衆通微』『得情制術』『因時順俗』『去僞尚實』『致欲行要』『一務巧持』『渾心益衆』『明神定分』『從欲立信』『鼓富養貧』，此十章也。（《西青散記》卷一）

《弧社告文》云：維壽有星，耿耿孤光。壽兼福禄，曰籛與耆。笑彼冲舉，高天〔一〕茫茫。恭惟老彭，籛名籛姓。帝顓頊氏，元孫衍慶。商伯陸終，第二遺胤。其於唐堯，爲從弟兄。於虞帝舜，實從祖云。夏禹稱之，老姪彭君。年登七百，殷女饜欲。胡乃蜀遊，新安留墓。敗於淫鄭，盗天太過。厥在楞嚴，名精行仙。堅固不休，感應成圓。當時天姥，實教軒轅。三洞道科，在家道士。籛鏗黄瓊，實爲一類。逮黄石君，亦仙於地。陽武張公，左傳藏家。荀卿弟子，算法堪誇。刑賴瓠免，食乳無牙。相漢孝景，老尚肥白。羅膢後房，浩乎染愛。有子百人，而翁足快。後穰城民，其事亦奇。曾孫婦乳，尚及飲之。二百四十，歷歲踰時。兩個葫蘆，恰成一斗。是生人血，是仙人酒。醉骨瓊浆，为千歲壽。淮南子云，彼冉與顔。情心鬱殪，以從尼山。不得其和，致夭奚難。或曰不然，嘆兹形體。本自朽弊，消亡物耳。何有美名，囊血輿滓。人寄逆旅，非客而何。顔憶故鄉，速駕歸艖。彭張忘返，漂泊江河。我思與我，周旋疇囊。雖亦一物，流連心賞。盤桓稍久，庶幾不枉。祇恨兩君，去今已遥。未獲執鞭，從爾逍遥。公如愛我，舉手相招。爰聯一社，祠公寢殿。圖公芳軌，以資聞見。社友覽揆，年年開宴。人輸一畝，籍列條由。定當孝秋，奉君遨遊。祭必醉飽，釃酒豐羞。匏貯酪漿，代乳母脯。或召女巫，君前佾舞。人喜神歡，忘形爾汝。二老不哂，享此瓣香。各錫百齡，悦豫且康。聊引神弦，文不成章。（《西青散記》卷一）

江夏胡京蒙先生，漁洋山人王阮亭之詩弟子也。督學江左時，歲試歙邑，拔震亭第一，科試拔玉勾詞

〔一〕天，原作『夭』，據意改。

客第一，兩人者始相聞。然所居相去三十里，未相見也。一日，玉勾詞客睹震亭所箋《古詩十九首》，疏神濬意，離合自然。言端韵末，迎以至性。喜曰：『吾嘗發懇至心，爲古今人購第一知己。竟在十九首中，三十里内乎？』震亭登太白酒樓，揖謫仙畫像，見玉勾所書，不知千載後，還有此人無一聯及壁上詩，遂相就定交也。（《西青散記》卷一）

玉勾詞客見余《悟崗別記》於震亭，輒附致其札，言：『湯義仍有云：「千百人中，一二人能爲伎巧文章，而人理物情之變幾盡。」少與寒荆，未絶兒嬉。因作《廣對食》一編，詩詞體備，摹寫其理其情其事其狀之奇，殆於入冶骨化，以爲《征婦怨》《寡妻嘆》《望夫石》《妬婦津》之變格。後偶憶唐詩「英雄一往誰復真，床上故書前世夢」及「可惜當時好風景，渠儂却不解吟詩」，遂拈弄新題，戲用唐家意製，代爽鳩氏補作。即事咏物，感舊送懷，諛形頌面，嘲讓反酬等什，並詩餘若干篇。如《教軒皇》《煉石歌》《皇英贈答》之類。不爲雅咏温恭，專尚奇詞切至。詩魂字影，似遇精靈。又常恨「賦得」一體，最足驗人思致。而向因試帖，常用呆題，爰取詩詞曲内儇側幻妙情昵之句，可成此體者，具列爲題，務以相矯，賦七言律詩殆遍。頗謂秀情俊生，能於一兩句中，釀出許多狀態。有宓妃襪借嫦娥著，謝安團扇上爲畫敬亭雲等作。非此則彼，日課一首以爲常。聞鄰莊演俗劇，牛鬼蛇神，恒遥作惡。復刺人間大喜詫事，已載正史，而世多未聞者。窮搜天稟人事，殊特艷絶之端，以緣澤之。延集詞豪，共爲新曲數十種。中間推理轉生，若宋高、錢鏐諸例，亦多附見焉。別有《詩仙會》等十餘劇，則從「今古才人總在天，詩魂不死便成仙」句得門徑。蓋生民以來，心同貌同人，互入意中，恨不並世者，皆可聯爲眷屬。會之各天，獅子筋彈，難陀珠出，良見恒沙世界，均屬情想所持。將開古莽山川，備極人中天趣。今讀先生之文，乃知籬邊樹下，遠神自流，水際山隈，淡含何限。生平懷而不盡者，歷歷影現於其間。暫作墨仙，舊家碧落無疑也。昔者眷憐已朽之骨，擬敲未來之髓。似稟獨用之心，類作空中之言，誠屬有情諸過悮耳。盈數尺餘，便將燒訖。其境語情語，俱欲極工。長懷短思，無非慧寄。如此，顧情移於拙撰，妄嘆於鄙人，何耶？』（《西青散記》卷一）

轉華夫人，即安定君，歙西豐溪吴比部之内子程恭人也。名瓊，字飛仙，同郡休寧率溪人。幼見董華亭《書畫眼》一編，遂能捷悟。及長，書畫算弈，無不精敏。論事評理，微妙獨絶。其神解所徹，文字象數皆塵秕也。玉勾詞客，嘗恨情多。夫人則謂：『自古以來，有有法之天下，有有情之天下。唐詩云：「不與王侯與詞客，知輕富貴重清才。」才之可愛，甚於富貴。由情之相感，歡在神魂矣。』喜吟其句云：『新詩一千首，古錦初下機。』『除月與鬼神，别未有人知。』『不知天地間，知者復是誰。』『恐爲世所嗤，吟向無人處。』『古今吟不盡，惆悵不同時。』因取中晚之詩，以情役思，極情放意者，録一帙。曰：『詩以無爲有，以虚爲實，以假爲真，每出常理之外。極世間癡絶之事，未妨形之於言。衆轍同遵者擯落，羣心不際者探擬。勾新取極，不嫌殊創。聲到界破，方信情來，詩之秘也。』又謂：『寫之手馥，皆有烟香。著其氣息，即時便醉。其論禪，則言自古名流樂佛智之雄誕，無非因其巧鎔惡見耳。嘆世人批書，非唵囈，則隔搔。即貫華，知耐庵未至。錢塘三婦，知開闢數千年，始有《牡丹亭》。顧其所批，略於左綉。試味玉茗「通仙鐵笛海雲孤」一絶，應思寓言既多，暗意不少，須教節節靈通。』自批一本，出文長、季重、眉公知解之外，題曰《綉牡丹》。雨冷香温，爛然成帙。毫分五色，肌擘理分。大概照依原本，將《驚夢》折，蟾宫折桂、崔徽期約等俗字删去六十餘字。然後言杜麗之人，形至瓌秀，心至纏綿，眼至高遠，智至强明，志至堅定，習聞强鳳歸鴉，已有内決於心，不服賢文之意，休道暗隨。《幽媾》折『莫不是人家彩鳳暗隨鴉』一句，固已明明註出，不容等閒藉口。其云：『但思莫負者，母本懷者鳳，而遷就者鴉也。有些僥倖者，得夢中之鳳已足，於博地之鴉無羨也。顧都似咱者，寧與夢中之鳳偕死，不與博地之輩俱生也。藉令夢嫁，非偶神魂，亦必不從，况乎一例恒流，肯擬將身拼與。正以人生至贖難緩而不可再之事，焉忍付之異類。幽情誰見，猶云紅絲繫後死生休。將佳人見耶？不佳人見耶？佳人難得，不佳人則化石，人間莫爲女矣！好無人見，謂懷而幽怨之人，非謂人非人輩，夢想誰邊。先以己身，化爲阿壻。種種形好，視悉端正也。固非緑綺幽弦、芳年越禮、黄花妙句、晚景貽譏者所得擬焉。若乃息媯無言，樂昌啼笑，是何説歟？又作者嘗言，文章妙處，皆在紋縐間。察其關捩之處，玉茗以爲才貌絶世之夫，應配才貌絶世之婦。誰不謂然？然雖春腸遥斷，不問其他，而茫茫天涯，才貌絶世之婦，不得而知也，往往隨一例名門以去耳。暗隨者又以鴉承乏焉，尤極慘已。必如杜氏，持之以志，召之以夢，懷之以死，覓之以魂，庶兩美其必合矣！春卿一生，最有造化。以貌，則有水鏡之麗娘；以才，又有碧眼之苗老。人所得一已足者，彼顧雙擅焉。殆亦幻戲所有，而實境所無也。我佳人可以無嘆也。木爲生意，人貴青春，是矣。何獨取於柳乎？柳枝何咏乎爾？曰：柳也者，天地之柔情也。忽眠忽起，最善抽思。縱遠飄空，一根萬緒。化爲飛絮，尚遍房櫳者也。真才子也！吾獨以爲，但實其節，亦可變梢雲之竹；知斂其氣，亦可變歲寒之松也。春卿之志誠是也。梅奚取？曰：雨肥紅綻，汗潮微酸。笑笑美懷，風風潤粉。舉似香肌，無能踰此。芙蓉至艷，當波霞裳耳。木之貞氣，春之正態也。既尊梅矣，又統領以牡丹，何也？ 梅非肯隸牡丹者也。 既貪冷秀孤芳，又認嫣紅姹紫，情不已雜乎？ 牡丹又奚取諸？ 曰：身樹出於内典，牡丹摘自《西厢》。 屬肝魂事，故有花神，生之理也。 識神入胎，仙聖由此。 實造物者之毒人，非伉儷者之巇教也。 若無牡丹，則無梅柳也，况用情於梅柳者？』玉勾詞客曰：『么荷其舊譜也。 既已得花三昧，起色勝解，將愛水根，作香世界，則烟絲醉軟，荒草成窠，蝴蝶門安，斷紅逕接，欺人不解，誘蠹思春，犬腹羊胞，如遊園觀。 彼但栖神一處，觸眼嘲吟，寧復顧性海歸香，鮮花供佛哉！復謂微塵妙色，現廣博圓滿之身。 晋代宫妝，有衛種長白之嗜。 鬘持天地，亦若生酥。 人趣偏佳，莫先形肉。 無奈莊姜死後，風人殉之。 此後才人，但寫形肉，無不呆鈍者。 脂著雨，玉生烟，寫肉鮮奇，自玉茗始。蝴蝶門，牡丹亭，寫形巧麗，亦自玉茗始。 古則枚皋嫚賦、魏世笑書，今則用修鸚嘗，羡門情外，决不能舍花衣粉版，甜口咋人。 弄影簾中，溜音紗外，鶯圓燕翦，繪狀圖聲，而別有輕筆淺墨，可以粉碎丁香。 雙描夢影，其自號爲無涯浪士、有憶情生，豈不以理之所必無，情之所必有也。 袁中郎云：「好好色不真者，其惡惡臭必僞。」玉茗詩「但念中郎思欲飛，佳人遲暮難重會」，亦急索解人之意夫。』轉華之批，則多取成句代己意，出奇無窮。 而轉語掀翻《大藏》，蓋不僅從世間文字來也。 有小印曰：大心衆生。 嘗手轉華嚴，見梵圖所誌，有人轉《華嚴經》，以洗手水滴蟻子，蟻即命終生天。 又曹溪偈『心悟轉法華』，因別號轉華，人遂稱以轉華夫人。 口熟楊升庵《廿一史彈詞》，緑窗紅燭之下，輒按拍歌之。 自書名句爲窗聯云：『緑窗明月在，青史古人空。』『感慨間生，救以歡喜。』及歿，玉勾詞客觸事嘆曰：『庸妻俗妾，妨人志節，然後知孟光之可敬也； 庸妻俗妾，妨人修道，然後知鮑姑之可愛也。』每念韋蘇州『性懶不及私，百事委令才，沈沈積素抱，婉婉屬之子』之詩，遂永虚主孟之位焉。吴二十，名震生，字祚榮，更字彌俄，號弱翁，至是自號爲鰥叟云。

（《西青散記》卷四）

玉勾詞客，深明濂洛盱姚之學。制義之暇，於廿一史逐句丹黄。病倦遊後，文有《都官家集》《可堂筆話》，皆言心理治術，傳節烈。序云：『除夜直宿省闈，念朱子《性理吟》中吏道詩「用法持平漢釋之，崇卑何必計班資」，頗以自壯。况臣職授自特恩，敢以短於取名，而不慧於求志乎？西曹外翰，哆王長公，憶夙世能之耳。漢魏以來，唐宋金元之詩，以及宋元詞曲，舊已讀盡。恒言五古乃易藏拙，七律實定妍媸。及刊《悟禪小集》，但存么弦孤興之作而已。爲四六，則數行後以一二語，截斷故事，即搜奇麗近代事攢之，使後視今，猶今視昔可也。』然其少時，於書最好諸子。以確有所窺，蹶然起創，知解人世出，事决暗符。於古文最喜散記。以讕言長語，無意爲文，而神情興會，多所標舉。曰：『世間有隨師之文，有應世之文，有逢時之文，有諧俗之文。而子書，則智者之文；散記，則才子之文也。智者之文，讀之能知微通物，用有實際；才子之文，讀之能怡魂澤顔，增延壽命。尤愛袁小修之豪異焉。』玉勾詞客，欲迎塞外姬。轉華夫人，吟唐寶君《賀宋侍御詩》『從今願學壽陽妝。緗勾不蹴湘裙幅』以促之。將買小侍兒，曰：『卿亦聞朝雲十二事坡公耶？』轉華以碧玉小家，待年則緩，勸求舊族，稱中婦。嘗有《竹夫人》詩，勖人妻。又爲《湯婆子》詩，訓人妾。云：『君不嗔貧不妒色，熱腸偏愛伴人寒。眷屬中稱如意果，無情翻作有情看。』玉勾詞客笑曰：『古今賢婦人所難平者妒也，君悉平乎？』轉華夫人曰：『妒者，亡國敗家之本也。夫則愧憤以滋疾，妾則鬱憂以夭年。計己之私，而不欲蕃人之嗣，雖有百美，莫償一醜，何謂能賢？夫富貴貧賤，强弱智愚，天之道平也，而不平莫甚於人之心。貧者妒富，賤者妒貴，弱妒强而愚妒智，卒不能違乎天。名既毁，而實亦喪焉。善妒者適自病也。』轉華夫人深味禪説，謂如來住世時，無非爲無情衆生説有情法耳。世人以貪嗔癡爲有情。高者學佛而著於佛，學仙而僻於仙，猶之貪與癡也。有《堤上感懷詩》云：『花飛不哭哭開前，無始空花盡可憐。爲眷春光也怡逸，淚江香海有情天。』輯古宫闈德容雙備者如千人，而嘆曰：『人猶花也，才情則香也。花生香在，花死香亡。花除歸土，花業難除。香滅歸空，香性難滅。今花即古花之魄，今香即古香之魂耶。』賦詩云：『艷淑如斯例作塵，相逢可即昔時人。願將彼骨吹成土，持葬兒今屢轉身。』玉勾詞客詩：『悟得色空枯木似，百千億色奈吾何。』蓋咏澡盆也。轉華夫人因以四句，釋《牡丹亭》『色情難壞』之意云：『何自有情因色有，何緣造色爲情生。如環情色成千古，艷艷熒熒畫不成。』（《西青散記》卷四）

玉勾詞客嘗有『百頃緑楊烟裏展』之句，乃法工畫師。造柳莊，外向額曰『吴村别業』，内向額曰『拙娱田舍』。自爲聯云：『頭上兩丸忙日月，胸中一幅冷溪山。』莊繚藺阜爲周垣，垣上雜植百花，名曰『花城』。凡堂皆構擁舍，以遲契友。賓穡堂後，即萼緑華堂。南向植紅素緑三色梅於階前，左曰『楊柳風軒』，右曰『梧桐月廈』。屋東西皆面莊外，特以配芙蓉巷陌，木樨門焉。堂聯用小篆，『貧交世情外，才子古人中』，松蓮先生筆也。其樓曰『非非想天』，劃前楹爲露臺，玉勾詞客著書處，聯用東坡語云：『早歲蘂莧腹，平生錦綉腸。』聚諸子及内典數千卷。嘗言鄙儒之博學也，詳於器數，矜於訓詁。抑知不讀子則微不通，不覽《藏》則心不大乎？又進，則步廊回合，爲『選夢閣』，有『衹將詩意思，自與夢商量』一聯。閣前引溪水達軒中，互相洄注。水溢春時，如天上坐。曰『看妝闌』，曰『卧釣渠』。爲樓屋，内圓如球，在選夢閣上層，扁以三字曰『無恨月』。玉勾詞客以爲，可人應借此中住，不信難教下碧天耳。一日與轉華夫人登其上，白雲在霄，丘陵自出，秋空晴碧，極視愈鮮。俯矚下土濛濛，蠅沸蟻擾。慨然相謂曰：『能化大地爲琉璃，不能使衆生發清净心也。古今在夢影中，奈何？』轉華夫人益渺然有十洲三島之想。岸樓橋者，跨兩樓以獨木，爲短欄護足，由非非想天，達選夢閣上層，遊無恨月。玉勾詞客有句云：『地剛一寸幾重天。』閣後土坡，四圍奇松十數株。其先自黄山來，榜其齋曰『夏健』。題詩云：『松間草屋夏如秋，寂寂寥寥澹自由。療得詞人心眼俗，從今清思滿神州。』風吹松花，則黄粉墮琴樽間，見者嘆爲香塵也。夏健齋後，離椽數尺，積石爲峭壁。壁凹入爲洞，洞中石色如粉，自成雲氣。設白石床，其半爲綉魚池。刻詩於石，以代扁語。云：『五尺花冰睡恐消，潛鱗無意躍秋潮。一官技短遑爲國，卧看紅塵廿二朝。』古云：『士有短於爲一官，而長於爲一國者。俗吏以卑爲實固非，儒者以高爲名亦非也。』石壁依岡，岡連竹圃。萬竹遮松，一泉走石，自壁頂洩入洞中，忽爲散絲，忽爲懸布。雖心骨長沸人，至此自平。題之曰『逍遥泉』。竹圃中方室，爲『蒼筤亭』。窗其三面，以『碧色忽惆悵，所思殊不同』書楣，杜甫、盧綸語也。複室曰『前休地』，以奉妙莊王第三女，顔曰『真空妙假身』。竹有思摩、雲母、合歡、相思諸種，或致之海上者，而孝竹、慈竹，爲特多焉。其他幽勝，悉由意作，高下横側，不損天趣。室宇樸簡，而多虚白叢緑，幽禽所止，野士所尋。太古之色，罔朗芒忽。莊之後有扉，曰『送春關』。聯云：『千古有情都寂寂，一時無語但茫茫。』春暮微月，與轉華夫人至送春關。北望禮斗，落花積地深尺，迴風乍起，繽紛繞身，賦《送春》聯句。玉勾詞客云：『思如草嫩正氤氲，役眼柔肢總是君。』轉華夫人云：『相送往無情路去，誰家蝴蝶瘦三分。』莊常扃闔，不通雜賓。其商略終古者，有踽踽道人、問津處士，而鄭松蓮、程雪門爲不速之客。震亭《和柳莊詩》數十首，如裴迪之於王維也。（《西青散記》卷四）

白少傅詩：『粉片粧梅朵，金絲刷柳條。鴨頭新緑水，雁齒小紅橋。』《淮南子》：『吴人善治，註治賦色也。』玉勾詞客，嬉春踏月，輒口占云：『皓月偏宜縭素葩，二分原爲照瓊花。冶春畫出揚州好，唤渡人嫌江北涯。骨膩宫斜來艷種，家祠富媪拜妍媧。蜀岡誰種蒼松滿，來往精靈恐下車。』松蓮索其解，曰：『既有色天無色天，應有色土無色土。揚自宫斜種色，兼之富媪添粧，無雙亭後特祠，竟寓至理。瓊花雖死，精氣實寓兒女中，猶芽生種壞也。迨其漸減漸變，則二分明月，亦將去此，而他照焉。冶字之義，融合四序，皆如陽春，入我鈞陶，無不銷靡。王漁洋秪須兩字，畫出此土億千年億萬事，真天匠也。原序固云「景晏牛山之悲」，亦以是耶。王詞有「一縷柔情無著處」句，余臆續云「天教化作緑揚絲」。庶幾可贈揚州城郭耳。龔芝翁句「揚州一片綉簾香」，余亦有「揚州秖是粉香城」句。欲當紅橋之中，立一楔，書「紅亭月一橋」五字，橋下樓臺與橋平，畫尚書像，仍以「冶春」頌之。紺珠曰：「君意自佳，人不會也。」更朗吟云：「好瑟好竽都莫問，但吹絶調廣陵簫。」』（《西青散記》卷四）

玉勾詞客重雙卿德，恨轉華夫人已逝，不然，則親至綃山拜之哭之，迎雙卿登選夢閣，入無恨月矣。轉華夫人嘗有句贈閨淑云：『鸞帳玉山人起未，他生相覓我惟君。』此直無才有貌之佳人耳！夫女子之相憐，反有甚於男子者。雙卿爲男子，雖有富貴之士咨嗟而涕洟之，終不能一救其潦倒阨窮之遇。貌合情離，情合神離。至於神，亦安有不離者哉？轉華夫人見雙卿，將必拭其淚，招其魂，以爲男子憐才之表式，而天固不許也。玉勾詞客詩云：『平生類躇昧，偏奇自鬐鬌。一見慧心人，有似寒宵火。意不戀緇塵，正憶乘飛舸。老去願爲農，縞綦伊誰可。吾代一仙郎，陳思邀顧我。相貽番錦書，展卷令頤朵。肖貌超世姝，密字珍珠顆。浮生有至歡，田家笑烏倮。天孫雖不饁，歲歲臨河沱。食力古人心，何必薰香坐。玉笋習春泥，轉勝春雲裹。綉被擁安仁，争比牛衣妥。斯人淡如菊，青帝空花彈。内家吟似爾，俊嫗壓千夥。次回産金沙，風流蓋江左。兒時嗜其髓，千篇與接軻。昨夢曹雪齋，乳母車前拕。欲起王司勳，朱鳥收婀娜。淘沙忻獲寶，夢熱解衣羸。惜無才子金，姑取芳名播。張此一段奇，擬看天下哆。或嗔太狂生，慧心持作麽。』《内家吟》一編，武林陸藎思所刊，專爲玉台人生色者也。又爲賦絶句云：『凄凉千古濃香夢，安帖三冬藉草眠。不信人間真實有，荀郎薰透玉嬋娟。』蓋濃香夢，藉草眠，亦同味耳。雙卿答鄰婦，有『同味相竊』之語。曹震亭曰：『譬如食蜜，中邊皆甜。雙卿則中甜而邊未免苦也。』玉勾詞客曰：『轉勝邊甜而中不甜者遠甚。』因震亭語，復得一絶云：『應勝太常泥，拚與姑山雪。却惱蝶欺郎，故故穿裙褶。』震亭笑曰：『蝶亦憐才耳！蓋懷芳子諸人，夢中之化身也。豈錢磬郎所得擬哉？』（《西青散記》卷四）

晚宜園之請，而不能往也。趙鳳淇、巢訥齋、荆振翔皆恨之。丙辰會試，留都門。六月朔，玉勾詞客以病畏炎蒸，約避暑西山。述其事，震亭徘徊歎恨不能已，慮白岩死，晚娟、宜娟誤鴆媒，令天下後世人唤奈何如雙卿也。玉勾詞客有詩云：『晚宜園好送餘年，聞説雙姝併一妍。最恨千秋情有史，絶无幾個女相憐。不教两玉长分婿，似擘連珠遺失園。夢覓文通花穎筆，畫成叔寶寄娟娟。』《西青散記》成，先寄晚宜

園，使之鑒雙卿，勿爲鴆媒誤耳。（《西青散記》卷四）

六月，游西山……

玉勾詞客坐諸天閣，俯萬山，神氣清浩。語震亭曰：『名利豐，而山水之緣嗇矣！畢婚嫁而後遊名山，山故常空也哉！境貴善返，不貴其不往也。往朝市者，如蝸粘壁；往林藪者，如蠣附石。出處之道胥荒也。日月明，風雨節。寒暑和，俯仰寬。聖人之世可遊也。宦而遊，不廢政；士而遊，不廢學；農而遊，不廢時。意感於遐矚，理悟於静觀，事析於周訪。不逃名以爲高，不屏利以爲廉。爲臣無隱辭，爲子無犯言。夫婦、兄弟、朋友之間，不狎不争。是故善遊者，遊於華胥，而往帝鄉；遊於邯鄲，而往睡鄉；遊於山中，而往醉鄉。不必其皆不返也。』震亭倚闌而笑。（《西青散記》卷四）

越數日，游譚柘寺……

到寺，如入山腹。雙泉繞殿階，汩汩鳴瀉，蓋引於寺後龍湫者。殿東有銀杏，直立干霄，名龍削樹。寺後依巖搆殿，多松柏。玉勾詞客問拜磚。拜磚者，元世祖女妙嚴公主跡也。公主祝髮寺中，晝夜禮大士，足痕入磚。明孝定太后欲觀之，匣而進焉。玉勾詞客拭磚諦視，指斑暈曰：『此涙痕也！捨身皈命者，先起悲心，乃成慈行。脱胞時，墮地即哭，亦緣母腹無放聲處耳！夫衆生迷溺，漸失本來。以一須臾，爲無量壽。曾不思惟，迅速迅速。樂是憂叢，福爲業藪。顛倒世胎，失靈墮蠢。即無量壽，猶一須臾。及命終時，復生悲想，不已遲耶？』乃爲詩云：『長夜未來無立地，粉水疏園一餉事。驕暉貴主善思惟，欲向諸天灑紅涙。蝤蠐忽仰睇慈雲，雲中大士笑褰裙。秋波頓見交闌楯，招手人俱安養身。珍珠滿韡兩勾玉，獨閉斑蘊長往速。眷屬容誰宿命通，嗚咽人間可哀曲。熒熒愛水漬宮衣，頹然五體舒柔荑。多生玉骨邱山齊，瓠犀冰冷泫然啼。決定信時豈彼岸，到今留得香泥看。鬘持已踏兜羅綿，凝脂猶沁蓮花汗。昔日盈盈一段春，未必能令爾許深。將喚百年淒斷意，持鐫萬古至誠心。朱門無數癡羅襪，婉孌雕床弄新月。彩鳳將翔相顧飛，水晶欹跐偏忘滑。輪王獨領覺王恩，悲願恒先攝利根。貪成剛就平南業，怖壞俄知出世尊。龍瞳鳳頸殊嬌婧，西方美人攜近座。和林松漠剩悲笳，早奉智光回照破。唐家難嫁玉真仙，侍中未必官虞前。壺中況亦傷離別，何如七寶棲雙鴛。貴極當年尚如此，試問尋常閨閣子，寧須零落始知空。諦玩令君生法喜，祇合晨昏頭面禮。』震亭謂其從妙明吐華，亦爲詩云。（下略）（《西青散記》卷四）

與玉勾詞客吳長公書

仲冬既望，訪君於平山，不遇。寄食四宜園。破樓橫雪，脱粟菜根。敝緼爲冰，布衾成銕。擁爐貫酒，賴有震亭。境苦意甜，別饒清味。誦君『澆習百端堪冷悟，深情一卷少知音』之句，輒欲投筆荷鋤，同羣鳥獸。固知擾擾揚州，更難覓疎淡恬曠人如玉勾詞客者。也思以尺書投某長者，屬稿既就，旋取焚之。誠不忍以客中一時之濫，發山中千載之嘆耳！天寒歲晚，衝雪渡江。遲我故人，中心如噎。梅花未覿，竹實遂虛。鄙人伏處忘名，放言自廢。籜冠葛屨，抱甕灌園。尺蠖之境，鮒魚之轍也。久蟄思啓，久滯思嚏，豈遂忘啓而嚏哉！窮有所不爲，貧有所不取。與狐謀裘，與鹿謀脯，有猶然駭耳。古銘云：『嗛嗛之德，不足就也。不可以矜，而祇取憂也。嗛嗛之食，不足狃也。不能爲膏，而祇離咎也。』田舍翁升斗相掇，銖兩相給，輒呴然德色。惟巨靈氏，手擘太華，達河流以灌涸轍〔一〕，則鮒且與鯤俱化爲鵬矣！言念君子，温其如玉。道之云遠，我勞如何。夢中事，眼中淚，意中人，未可爲外人道也。漁樵之暇，補入西青，感慨亦復不淺哉！（《華陽散稿》卷一）〔二〕

與玉勾詞客書

伏處華陽，迭逢饑饉。性復疎拙，耻於干人。詩云：『詩學從兒懶，長貧任婦愁。』少陵贈我於千載後哉！麥粥一甌，莎田半畝，刈芻不足以供爨，采棉不足以供織。戴笠荷鋤，每懷知己，知己誠有味也。去冬衝雪渡江，印《西青》四百卷，紅樓緑窗索贈者半。今春同趙闇叔、張夢梅、小歸花、荆振翔遊惠山，拜孝女孫曉霞，録其詩草。而晚宜園仙眷，長隔暮霞，綃山浣衣人，病不復起。感慨人，感慨事，半在閨中，半在夢中也。自惠山登虎邱，見女郎韓夢音詩云：『曉紅將墮爲誰留，重禮觀音上虎邱。不及東風能喜捨，盡捐花片供春愁。』『修得花神誤此生，蝶情如夢未爲情。仙娥遍募傷春淚，添向琉璃夜倍明。』憔悴人洵多有哉！舟庵之託，終無佳墅。舍西廢圃，幼所采薪，灌莽雖深，猶存梧柏。謀欲結茅筑土，少憇賓朋。虛擬

〔一〕轍，原作『輙』，據前文改。

〔二〕按：《華陽散稿》，清松槐書屋刊本。《清代詩文集彙編》第二百七十四册影印。

十年，投鐮自笑。家居畏客，偶聞剥啄，則瞿然以駭。客至如喘牛見月，客退如疲馬聞鉦。貧交或過，渴話饑吟，彼此不爲嫌矣。謝春徂暑，落寞驚秋，遣候德音，輙期面慰。華陽螢火，芝不療饑矣！贈我護門草者，寧報以左行草哉！（《華陽散稿》卷一）

與玉勾詞客書

未臈申秋，賫書申候。二札所言，鶯鳩爲笑，鷓鴣爲淚者也。士不可無知己，亦不可遠知己。三週恨别，年似千餘。此猶窟室長幽，晝無以窺日，夜無以窺月也。鄙人家如殘秋，身如昃晚，情如剩烟，才如遺電。偶與詩農樵士、琴僧酒丐，决踵露肘，豎筆横墨，以自鳴其所喜。亦猶小草無聊，自矜其花；小鳥無奈，自矜其舌。世之諛牡丹，寵鸚鵡者，目厭其瑣，耳病其絮也。玉勾詞客薰以栴檀之澤，和以鸞鳳之音。此則《西青散記》子開丑闢之奇運，不復更憂混沌者耳。吴中近事君知否，新月家家拜玉勾。以視放翁團扇，迥判仙凡矣！十月之朔，夢登天九重，甚飢且寒。乞米於箕星，怒曰『糠在』；乞綿於織女，笑曰『絲賣』。覺以聞母，母戒曰：『慎無夢登天也。』後夢入地，有蚓號渴，則曰『泉竭』；有蛇號苦，則曰『蟻侮』。嗟乎！夢乃如是乎哉！昨過華陽之野，聞童謡曰：『鳳飼飢鶴，麟扶病鹿。古霜寒足，今霜寒腹。』鄙人登第歸田，宦情蕭瑟。三冬負米，兩夏採薪。四壁已傾，一瓢已敝。雖無不改之樂，然亦非不堪之憂也。

（《華陽散稿》卷一）

二、其他資料

（一）诗序诗评

序吴中湖《無譜曲》

嚴元桂

溯新安江而竟其源，秀與天接。《水經注》所謂南峨岷也。可堂居豐樂水之南。其從叔祖園次先生，與先宫允藕漁公，以才名相埒，交最契。可堂髫齔時，學詩於汪氏伯仲。汪氏伯仲親炙於王新城，而守其緒論。《漁洋集》中所謂門人汪洪度、洋度也。可堂於正史、旁史、諸子、説家以及三教性理之書、漢魏以來名人之集、全唐之詩、宋人之詞、元人之曲，靡不字字丹黄，篇篇徹覽。深以飣餖之學爲耻，一切類書概置不觀。所著新劇十三種，不脛而走。其五七言歌行，雖發詞偏宕，僻蹊無限，亦復疏而不滯，雜而無方，不難縱横起滅、離奇參錯，以故爲新，以俗爲雅。以各出機杼，不屑雷同爲歸。七律亦頗變格，不但想鋒没石，亦能用事空灑。雖當其少時力分帖括，然既已心鏡群籍，筆有奇鋒，則横臆所出，腕無不受。纔聞墨氣，已見成章。其居武林，則有《携家》《啖炙》二集，取薛能『西湖天下名，况是携家賞』句也。於杭東河，为舟庵於水次，上曰『西樓』。夾巷重門，高廳大館，水樹花鳥，亦皆具體而微。比歲，僑寓梁溪，與數晨夕，刻

《人間細事詩》一帙，蓋呼召賓客語人間細事，意以即事直書，竹枝遺調，故又名《梁溪竹枝詞》。酒酣耳熱，輒取歌之。嘗顧謂余盡古今詩人之妙，不外兩家。太白云『解道澄江浄如練，古來惟有謝元暉』，此一家也。山谷云『憑誰爲語謝元暉，休道澄江浄如練』，此又一家也。余爲解頤首肯。晚歲所作，則清深閒淡，七情雜遣，並自悠圓，非漸臻極界，而能彈丸脱手。如是耶，夫聲成文謂之音，才高便作後人師。豈庸音雜體，徒自棄於高聽者，所得而概論。山谷又嘗言矣！文章好惡大抵與女色同，則亦何常之有。惡之則以爲音生節拗，淺讕露骨，言枯體晦，氣卑意下，深飣詭結，縱步放足，濁切以爲沈著，艱澁以爲含畜，俚輳以爲典厚可也；好之則以爲爛然鏘然，淵然蒼然，不繪而麗，不綉而彩，天動神解本於情流，氣勝勢飛，真力彌滿。雖以高奇見譟，當顯光氣於世異。夫安習庸近，迷沿瞽習，矜蟲鬥鶴，圖繪翦錦，秀句雖多，真機罕悟。故實雖富，根荄愈衰者。讀之能使後人内無乏思，外無遺物亦可也。抑詩也者，理景情事交而靈機發，真味溢。故聖人於詩，凡情所不能已，言所不能忍者，悉采之。果不能已，雖盡法擬體，依題有言，布局填滿，使才著理可也。皆出於自然，而非以求名也。非不能忍，雖洗削凡近，寂末嘿往，深情高韵，無迹可尋未可也。皆重在狥物，而非能自恣也。次則賞悟紛雜，機見殊門，下筆殊形，出言異句，故究其琢句之長，先審其造情之本。歷萬古之才，人觀其遺詞用筆，了不相似。文體英變，由神明洞徹。文無常體，以有體爲常。爲文當以傳意爲主，則其旨必見，亦由無意於文名故也。世人貴古賤今，不能盡之。能爲心師，不師於心，能轉古人，不爲古轉，皆先正之偉談，而來學之定法矣。屬予爲序，予欲何云。聊序兩家世好，園次、藕漁兩先生，風流雲散，已若前塵。而予於三數十年之後，復與可堂同社稱詩盟，論車笠，爲可喜耳。

同學宋山嚴元桂。

《一醉語花集》叙

徐德宗

可堂刻《近有集》，蓋取老杜『近有風流作，纖毫欲自矜』意。余觀其詩，或豪縱，或閒曠，或奇逸，或超凡，而皆寓禪理。謂『近有』二字義晦，舉唐人『華省仙郎早悟禪』句，改題曰《悟禪集》。康樂作皆造極空王之道助也。東坡筆釭之利，自竺典中來，或於可堂有當乎？顧可堂尚有《花骨集》，取長吉『天遣裁詩花作骨』。又有《一醉語花集》，取山谷『一醉解語花，萬事畫地餅』。至其《熱謾》一集，則谷所云：『梵志翻著襪，人皆道是錯。寧可刺爾眼，不可隱我脚。』『設欲真見觀世音，金沙灘頭馬郎婦。』遺山《題谷集》所謂『法秀無端解熱謾，笑談真作勸淫看』。漁洋贊涪翁所謂『豫章孤詣誰能解，不是曉人休浪傳』也。放翁云：『及觀晚近作，令我欲焚筆。淫哇解移人，往往喪好質。』遺山云：『優伶技畢陳，淫褻亦肌淪。黄菊有何好，只緣風露清。』蓋自齊梁以來，妖淫久扇，不特薩揭之屬，覺非此無以自媚，非此無以媚人。廉夫絶句有極鄙褻者矣。非晋得爲晋，當是天地間别有一種奇宕不常之氣，不得不晋耳。即近時風雅主盟，亦以妃女唇甘爲柏梁奇語。又有『昔時孟津公，詠嘲頗嫚戲。結習稱畫師，往往得三昧』語。則朱甍綉闥亦佳，何必盡蒼然野眺幽巖積雪乎？况僻於吟事者危苦悲哀，無所不盡，必不肯正言世事。雖張華詩體務爲妍冶，名高曩代，而疎亮之士猶恨其兒女情多。然二女之釐降，無損於聖德。而馮道、褚淵不得比於人數。韓偓香奩，視夫口言忠孝，婉孌賊手者，何如哉。襟弟徐德宗。（《無譜曲》卷三）

吴可堂十二種傳奇序

厲鶚

方輿圓蓋，都爲爨演之場。古往今來，不盡梨園之唱。使非移宫换羽，魚里何觀。若無妙手妍辭，虎賁曷肖。况復雍熙巷陌，淡冶樓臺，風月任其佃漁，花鳥供其驅使。邵康節之名詩集竊取餘音，楊朝英之選曲林仍標舊目。此延陵主人玉勾書屋十二種傳奇所由作也。昔者蔡中郎天宫受福，争説是非；元相公月地會真，誰知假托。莫不播於弦管，膾炙千年；侑彼尊罍，流連五夜。或者歡愉意少，愁苦詞多；或者兒女情長，英雄氣短。大抵拾其殘瀋，疇能翻彼陳言。主人逸情雲上，壯采風高。掐盤古髓，思填世界之不平；發菩薩心，願補人生之至欲。於是采甘腴於正史，搜痛快於稗官。粉侯香尉，陋措大之宫袍；黤雨奢雲，笑尋常之花燭。男兒變化，遠徵蜀國蛾眉；文士尊榮，近數楊家狗脚。誅奸諛於彩筆，鬼妾横床；殲寇盜於火旗，女郎傅粉。斯並鏗鍧樂府，傾倒名流。按歌字則不殊，瀲水新聲；呈諢衣則何礙，鄱陽暴謔。氍毹鋪處，定須吕仙鶴之雙身；檀板敲時，勝圖黄幡綽之兩耳。（《樊榭山房集》文集卷四）

舟庵記

厲鶚

舟庵者，吾友吴可堂比部顔其錢唐城東僑居西偏之屋。蓋本其尊甫先生生平所自號也。可堂之言曰：『余家歙之溪南，自先大父即寄籍仁和爲諸生。先君早列膠庠，試必高等。性喜吴越山水，每扁舟出遊於杭之西湖，尤注意焉。族叔祖聽翁守吴興，常以事至省中，輒邀先君遊湖上。水光山渌，朝酣夕飫。曾有吟草一編，藏之篋。衍及垂老倦遊，時時寤想不置。不肖因買武林屋，已諏日將奉先君來此。稱八衺，觴於湖上，用博老人一笑。不意前數月遽棄養，痛可言耶！服闋移家，因以先君自號署此屋，用以寓風木之悲云爾。子可爲我記之否？』予謂之曰：君子於親之亡也，思其居處，思其嗜好。若可堂之爲，蓋有合於此也。曾子不忍食羊棗，嗜好也，而居處不存焉。東坡改宜興獨山爲蜀山，居處也，而嗜好不存焉。夫嗜好之在物者，莫清於山水。居處之在山水者，莫宜於舟。先生之以舟爲庵也，無住而住，隨寓而安之達觀也；可堂之以庵爲舟也，有願未伸，觸目驚心之孝思也。屋之外有池淪漣，有石谽谺，槐柳桐竹之類列植而交蔭。先生儻神遊其中，風晨月夕，徙倚軒楹，與波上下。即以爲舟也可。或者乘元氣爲舟，倚微風爲柁。相羊乎兩堤，延緣乎六橋。歸而偃息乎此，第以爲庵，也無不可。而可堂之思，不且少慰矣乎？愚弟鶚頓首。（《無譜曲》卷五，亦見《樊榭山房文集》卷五）

朝議大夫刑部貴州司主事吴君墓表

杭世駿

比部吴君葬其元配程恭人於資口，復於其左築生壙，自爲誌銘，述其生平之志，與其曠遠之懷，以及姻連氏族甚悉。乾隆歲在己丑，君年七十五矣，末疾不慎，遂至不起。屬其子封英曰：『表吾墓者，宜莫如杭君。』嗚呼！余文之不異於人，人審矣！君臨没墜言，鄭重諈諉，何哉？武林自西湖八社而後，風雅衰息幾二百年。余被放歸田，於南屏開設壇坫。金江聲觀察、丁鈍、丁隱君、周辛老、厲樊榭兩徵士牽連入社，與君爲文章性命之友，皆以前歿。衰遲偃蹇，獨有余在。肩後死之責，君不余屬而誰屬也？

乃按其狀而系之曰：君諱震生，字長公，可堂其號也，姓吳氏。吳氏望出延陵，其遷歙者以唐左臺御史少微爲始祖。九傳至元公，遷於豐溪之陽，歷二十七世爲君曾祖，諱茂吉，國子監生。祖諱豹然，仁和諸生，以君貴貤贈朝議大夫，如其官。父諱之駿，明經，鄉飲大賓，封朝議大夫。母羅恭人，縣令玉受公女，生君而早卒。君才氣坌涌，千言立就。從武進秦孝廉宮璧學爲制舉，文紆餘卓犖遠有家法，弱冠受知江夏胡公潤譽，爲選首。五踏省門，薦而未售遂棄去，入貲爲刑部貴州司主事。奇請它比，獄無冤濫。以獄吏少和氣，白雲司不可久居，乞歸不復出。營葬高曾祖父，竭誠盡慎，無忝所生。樂湖山之勝，買宅太平橋側，濱河築樓三楹，顏曰『舟庵』，贈公所自號。曰：吾公魂魄應戀此也！

性耽吟咏，詩不下千百餘篇。尤工金元樂府，熟諳南北宮調，分刌節度。凡古今可喜可愕之事，悉寓之倚聲，竟入酸甜之室，行世者凡一十二種。嘗與厲徵士、丁隱君買舟同遊山陰，盡覽越中之勝而還。倡和詩，朝傳夕遍，一時紙貴。少嬰疾疢，博綜醫術。王宇泰、張景岳兩家之書，橫竪貫串，洞垣一方。青烏家言，人各異説，獨以仰止道宗爲準的。著《葬書或問》數篇發明斯旨，垂示子孫勿爲他岐所惑。又著《吳氏先塋志》，自芳田祖墓，以迄資口新塋，繪圖立説，刊刻成書。讀莊有《摘莊》一書。別有《姓學私談》《太上吟》《金箱壁言》《豐南人事考》已行世。晚年遍覽竺乾之書，著《大藏摘髓》。余與君初未識面，君割新宅之西偏，成邸伯之讓。自歙道杭，每接言論，輒移晷不忍舍去。語所謂『白頭如新，傾蓋如故』，余與君兩無負焉。君卒以九月五日，越日，余往哭之。肅然風開帷堂，英爽猶顯顯在吾胸臆間。欷歔乎哉！

君初娶率溪程氏，生一子慶貽，旋殤。繼以無錫秦氏，一子，即封英也，翰林院待詔。一女名蕙詒，側室虞氏出，適布政司理問程璧。孫三：揚宗、和宗、翕宗。卜以乾隆三十五年某月日，反葬於休寧。余未及臨其穴也。

亂以銘曰：預爲壽藏，始漢趙岐。圖畫賓主，四賢是師。自爲誌銘，始唐王績。青山白雲，寫所素歷。以方今古，豈有不逮。長達死相，破除貪愛。衣足斂形，棺足飾身。譬以巨室，而偃歸人。狐死謂仁，首邱焉依？况公久客，云胡不歸？魚躍拂池，蓏蘇振動。輀車即塗，山迎水送。率川如帶，距墓七里。異椁同牢，九原伊邇。高壟四尺，美櫝十尋。既安且固，樵牧不侵。（《道古堂全集》卷四十五《墓表》，清乾隆四十一年刻本，光緒年間增修本）

漁洋緒論云

王士禎

開箱驗取石榴裙，情到狂極時，老狐不復能藴藉。義山則善學杜甫，彼自有沈著痛快處。遺山亦謂精純，莫失義山真也。近時王次回詩，多有温韓所不到者。詩主言情，李賀所長，正在理外。若説理，何不竟作語録。一種情昵處，惟次梗劇手能之。柳七終不能作香奩綉閣中語耳。至於詩餘，則元陸輔之，詞旨『清空』二字盡之矣。先須脱盡夙生塵腐氣。

卓老一抔没荆棘，誰憐文采兼奇葩。近日詞賦飣餖之陋作，非神解傳由耳食。

何遜『薄雲巖際流，初月波中上』，佳句也。杜偷其意，爲『白雲巖際宿，孤月浪中翻』，便饒傖氣。論者乃謂出藍。瞽人道黑白，聾者辨宫徵，可笑也。八哀鈍滯，長冗不可曉，揀金尤在慧眼。

唐人以精意相高，絶句氣深而長於六朝，攬其菁華，汰其蕪蔓。七古，諸公一調，惟李、杜橫絶古今。老杜『我之曾老姑』三十八句，總只當一起。『至尊尚蒙塵』四十八句，總只當一結。李白無首無尾，超趠飛揚。然李不能律詩，杜不能絶句。工於五言，不必工於七言。工於古體，不必工於近體。《太白集》七律只一首，浩然只一，東野全無。

儲光羲鉛汞氣，高適質樸，未免笨伯。涪翁過雄健，遂流入險怪。病在著意，欲道古今人未道語。然王維、山谷詩不同，脱盡世諦則一。丹陽賀裳議放翁，此如乞兒輕議波斯賈，東坡所謂鼇廝踢。

牧齋學文待詔詩，茗文注歸熙甫詩。人之嗜好，真有不可解者，付之一笑可矣。明惟徐禎卿以高韵勝，高子業以深情勝。

新都《秀運集》，惜成家者寥寥，又雜出商賈之流，無足觀者。

律詩中，二句定宜寫景，舊訣也。然意到妙時，情與興會，亦有勝於寫景者。必拘拘此訣，又爲法執。

律詩對字必工，豈非定理。而不對之對，反有出古人意表者。正屬新變，寧必泥拘？

律詩最忌以語助虚字顯意，然使意非恒，意又以不避此忌，顯出爲佳。（《無譜曲》卷首）

三、方志及其他史料

（一）程瓊

其一，（清）彭藴璨《历代画史彙传》，卷六十九，清道光刻本。

程瓊，字飛仙，休寧比部吴震生室，幼見董華亭書畫一編〔一〕，遂能捷悟。及長，書畫算弈〔二〕，無不精敏。《西清散記》

其二，（清）馮金伯《國朝畫識》，卷十七，清道光刻本。

程瓊

轉華夫人，即安定君。歙西溪吴比部震生之内子程恭人也。名瓊，字飛仙，同郡休寧率溪人。幼見董華亭《書畫眼》一編，遂能捷悟。及長，書畫算弈無不精敏，論事評理微妙獨絶。其神解所徹，文字象數皆塵秕也。史震林《西青散記》

〔一〕編，底本作『偏』，據《西青散記》改。

〔二〕弈，底本作『疾』，據《西青散記》改。

其三，（民國）徐世昌《晚晴簃詩滙》，卷一百八十四，民國退耕堂刻本。

程瓊，字飛仙，號轉華，一號無涯居士，休寧人。歙縣吴祚榮室。《詩話》：轉華幼見董香光《書畫眼》一編，遂能捷悟。及長，書畫算弈靡不精敏。論事析理，窮極微妙。其神解所徹，視文字象數皆塵秕也。生子辞五歲，親授以書，即成誦。乃取諸子中精語各附史事以教之。辞殤，甚痛，尋病卒。

題彭祖張蒼像

苦惜年光戀幻身，白頭私擅夢邊春。兒家酬酒凄然問，可有齊眉耦齒人。

集古今宫閨德容兼備者若干人題其上

艷淑如斯例作塵，相逢可即昔時人。願將彼骨吹成土，持葬兒今屢轉身。

釋《牡丹亭傳奇》『色情難壞』意

何自有情因色有，何緣造色爲情生。如環情色成千古，艷艷熒熒畫不成。

有疾豫别玉勾詞客

風流嘉慶古難均，共命同心異别親。應恨塊泥將打破，誰能再塑管夫人。

臥病坐樂軒

日日薰香禮覺王，不任操作不縫裳。誰知鹿苑無生訣，未及龍宫不死方。

疾作，夢母氏孫淑人挈兒來，兹不復夢矣

爲痛寧馨轉自傷，相隨却恨我無娘。更誰看等千金重，只我佳人斷綉腸。

屬玉勾生槨外題『小眠齋』三字

千春萬載此沈埋，坐樂軒中只暫挨。豈可便無題額處，相煩親署小眠齋。

其四，（清）曹學詩《香雪文鈔》卷八，清乾隆刻本。

跋吴长公《告安定君》文後

新愁堆積，梧桐細雨之時。舊夢辛酸，蟋蟀悲秋之夜。遺來一卷，百感蒼茫。想到三生，離魂慘澹。願與忘情彌勒，落花同悟前因。誰憐多病維摩，入室徒留隻影。嘆孤懷之獨往，問別淚之爲誰。則吴君旦人悼亡之作也。當其玉瘞藍田，珠沈洛浦。春寒金屋，花從夢裏潛凋；雨暗瓊樓，絮向吟中忽盡。碧雲迢遞，已罷吹簫；涼月依稀，如聞鼓瑟。爰乃長懸小影，殷勤默自焚香；用伴遺容，儼敬依然佐讀。望彩雲之冉冉，夜静飛來； 疑玉佩之珊珊，宵深侍坐。 舉杯泣勸，齊眉之舊案猶存； 視膳愁看，洗手之調羹尚在。 縱使鸞膠或續，常虚鳳鳥之巢； 迴思鷄骨多寒，忍合鰥魚之目。 尚憂泉路，抱怨蘼蕪，每向鏡臺，含悲縑素。 凡此深情之哀戀，纏結難忘； 良由懿範之端莊，徽音可慕。 盖以嫂夫人安定君，禮法矜嚴，天才警悟。 清標雅澹，性情絶似梅花； 慧思玲瓏，筆墨常箋香草。 瑶窗燭炧，繙左右之圖書； 寶鼎清香，詁源流於史鑒。 况復勤勞家督，工籌筴之良圖； 婉娩女師，盡虔恭之内政。 鴛飛金翦，每聞吟共秋燈； 蠶浴玉筐，不待衣搜畫篋。 芙蓉隱褥，誇瓊玖之雙清； 翡翠湘簾，羡椒蘅之並馥。 聽玉簫於鶴背，比翼和鳴； 鋤仙藥於鹿門，同心偕隱。 而且香薰貝葉，新翻舍利之經； 緑滿杪欏，吹落瞿曇之座。 數聲清磬，參綉佛於蒲團； 一握戒珠，禮金仙於竹屋。 宜其世緣盡棄，道念常堅。 知逆旅之蘧廬，悟色身之空幻。 微塵不染，蓮花留清净之心； 石火難停，祇樹得皈依之地也。 惟是白楊蕭索，恨甚文通； 黄土凄凉，悲深奉倩。 蘭芽屢萎，尤憐慈竹凋霜； 樛木方垂，忽見菱花掩月。 此所以披帷邈若，文以情生。 隱几嗒然，形如木槁。 花殘月缺，能無歎逝之詞； 地老天荒，忍少招魂之賦乎？ 嗟乎！ 墨痕化淚，心傷幄裏。 餘香蠟炬成灰，腸斷筐中碎錦。 怨春風之凉燠，已知夢似蜉蝣； 隨夜月以虧盈，無奈心如蚌蛤。 然而斷釵恩重，猶堪再卜他生； 合璧情深，尚可重逢隔世。 則此日瑶妃奏曲，將招彩鳳於東瀛； 玉女扶輪，或訪青鸞於西竺。 講無生之法，何妨聚眷屬於緋羅； 傳不朽之書，竊願紀禮宗於彤管。（清乾隆刊本）

（二）吴震生

其一，《（道光）歙縣志》，卷七之四『仕宦』，清道光八年刻本。

吴震生，溪南人，户部貴州司。

同上書，卷八之十一

吴震生妻程氏，年二十七夫故，孝養舅姑，撫孤成立，守節六十二年。〔一〕

其二，《重修安徽通志》卷一百七十四『選舉志表』，清光緒四年刻本。

吴震生，户部主事。

其三，《（民國）歙縣志》，卷十四『人物志·列女』，民國二十六年鉛印本。

程瓊，字飛仙，號轉華，又號無涯居士。豐溪吴震生妻，工詩，幼見董華亭《書畫眼》一編，遂能捷悟，及長，書畫算弈無不精敏，論事評理微妙獨絶。生子犉五歲，親授以書，即成誦，乃合諸子中語各附史事爲書以教之。犉死，不勝其痛，尋亦病卒。

〔一〕按：此條與劇作家吴震生事實不符，當爲另一人。

吴震生行實繫年

吴震生(一六九五—一七六九),字長公,又字祚榮,號可堂、中湖、武封、讓溪居士、玉勾詞客、東城旅客、雪樓、蘭山等,室名玉勾書屋,安徽歙縣溪南人。祖吴豹然,寄籍仁和(浙江杭州)。父吴之駿,爲諸生,『早列膠庠,試必高等』,雍正貢生,性喜吴越山水。母羅恭人,生吴震生後早卒。據其《廣五噫歌》『獨無兄弟兮』、《七歌爲某作》『我生無兄弟俱夭』,可知吴震生没有兄弟。吴震生從秦宮璧學,『文紆餘卓犖,遠有家法』『才氣坌涌,千言立就』。五次參加鄉試,均未中,入貲爲刑部貴州司主事,『獄無寃濫』,後辭官歸隱。晚年好佛老,他在《廣五噫歌》中云『獨無兄弟兮,噫! 重責教余委誰。使得賢明昆友,大雄容我緇衣』,他因爲無兄弟而肩負家庭的責任而未出家。他在《對酒當歌》中亦云『則生生謀事佛』。他有《摘莊入藏》《讀大藏摘髓》,其中對佛的皈依之情十分明顯。因其父喜西湖山水之勝,吴震生在厲鶚的幫助下在杭州太平橋側買宅,濱河築樓,號曰舟庵。與厲鶚、杭世駿等詩人交遊倡和。乾隆三十四年(一七六九)卒,乾隆三十五年(一七七〇)歸葬安徽休寧。

吴震生初娶休寧率溪程瓊爲妻,生子慶貽,早夭。程瓊因悲傷過度,不久亦亡。繼娶無錫秦氏、側室虞氏。秦氏生子名封英,爲翰林院待詔。虞氏生女名蕙貽,嫁布政司理問程璧。有孫三: 揚宗、和宗、翕宗。

吴震生著《無譜曲》七卷、《玉勾十三種》。據《(民國)杭州府志》卷八十七、卷八十八、卷八十九，吴震生還著有《豐南人事考》《性學私談》《葬書或問》《金箱壁言》《大藏摘髓》《摘莊》《太上吟》等著作。杭世駿《朝議大夫刑部貴州司主事吴君墓表》有吴震生生平事迹記述。史震林《西青散記》頗多吴震生夫妻生平事迹。這裏據相關資料，爲吴震生行實繫年。

康熙三十四年(一六九五)**乙亥　一歲**

是年出生。杭世駿《朝議大夫刑部貴州司主事吴君墓表》(以下簡稱《吴君墓表》)云吴震生『乾隆歲在己丑，君年七十五』，可推知吴震生生年。

康熙四十八年(一七〇九)**己丑　十五歲**

是年，夢玉女以雙玉帶勾命其爲詞，醒而喜。生平所爲詞，皆以玉勾名之。《西青散記》卷一云：『震亭雲霞交，有玉勾詞客。年十五，夢玉女現丈六身，坐大彩鸞。金翠之色，遍滿天際。……以雙玉帶勾，命爲詞。玉入握發香。寤而喜曰：「此古來夢仙者未曾有也，與夢侏儒者反矣。」於是生平所爲詞，皆以玉勾名之。』

康熙四十九年（一七一〇）庚寅　十六歲

是年，與程瓊結婚。（《七歌爲某作》中有『我年十六已伉儷』，因定是年。）

康熙五十三年（一七一四）甲午　二十歲

是年，長子慶貽生。慶貽，字醇，程瓊生。《貽孫詩集序》中云：『余年二十舉嫡長子，無禄早世。』可知慶貽生於是年。

康熙五十八年（一七一九）己亥　二十五歲

三月，程瓊編《雜流必讀》成，以之課兒。《西青散記》録《雜流必讀序》，序署『康熙己亥穀雨日』。

康熙五十九年（一七二〇）庚子　二十六歲

元旦，作詩贈天水君。《無譜曲》卷四有《庚子元旦，用曹震亭寄祝韵贈天水君》詩。

康熙六十一年（一七二二）壬寅　二十八歲

是年，吴震生《地行仙》（又名《後曇花》）傳奇有成稿。程瓊爲之序，署『元默攝提格雲開淑節，轉華氏書於柳於莊院松間茅屋之選夢閣』。《地行仙》乃《玉勾十三種》第十三種，據程瓊序，可知是年前《玉勾十

三種》已有成稿。(《地行仙》卷首)

乾隆元年(一七三六)**丙辰　四十二歲**

春,在京。(《西青散記》卷四)

五月,約曹震亭、史震林游西山戒壇。六月三日再游之。(《西青散記》卷四)

六月一日,因病畏炎蒸,約史震林、曹震亭避暑西山。與史震林述及晚宜園晚娟、宜娟之事。有詩題及晚宜園二娟:『晚宜園好送餘年,聞説雙姝并一妍。最恨千秋情有史,絶無幾個女相憐。』『不教兩玉長分婿,似擘連珠遺失園。夢覓文通花穎筆,畫成叔寶寄娟娟。』(《西青散記》卷四)

六月三日,再游戒壇。經灰廠,登獅子巖,至戒壇。(《西青散記》卷四)

後數日,游潭柘寺,問拜磚。拜磚是元世祖女妙嚴公主之迹。公主祝髮寺中,晝夜禮大士,足痕入磚。與曹震亭等均有詩,見史震林《西青散記》。(《西青散記》卷四)

乾隆二年(一七三七)**丁巳　四十三歲**

在揚州。

十二月十二日,史震林自序《西青散記》,署『乾隆二年十二月十二日夢中作』。卷首有吴震生所作《西青散記序之前》《西青散記序之後》二文,署『玉勾詞客吴震生鰥叟』。後有《跋》,署『鰥夫書』。三文當作於

是年前後，作者時正喪妻鰥居。史震林《西青散記》乃吴震生爲之刊刻。（《西青散記》卷首、《華陽散稿自序》）

冬，史震林、曹震亭出都，至廣陵，訪吴震生、許曙峰、李於亭等。（《華陽散稿》卷一《記與可村書》）

乾隆四年（一七三九）己未　四十五歲

冬，訪史震林於洮湖，史震林托之與方可村書。吴震生逾年才送給方可村。（《華陽散稿》卷一《記可村》）

乾隆六年（一七四一）辛酉　四十七歲

寓無錫。是年前後，續娶無錫秦氏。

十月十日，史震林入城訪吴震生。（史震林《華陽散稿》卷一《記芝房夜話》）

乾隆七年（一七四二）壬戌　四十八歲

寓無錫。（《華陽散稿》卷一《記與可村書》）

乾隆九年（一七四四）**甲子　五十歲**

寓無錫。

八月十五日，陪厲鶚宿新安太白樓，作樂府詩（無題）紀之。（《無譜曲》卷首）

冬，居無錫，與厲鶚約居杭州爲鄰。厲鶚作《新安吴長公與予有卜鄰之約，將以明春携家武林，索贈四首用舊韵》詩四首。（《樊榭山房續集》卷四）

乾隆十年（一七四五）**乙丑　五十一歲**

春，與厲鶚舟泊毗陵，游青山莊。厲鶚作詩四首，吴震生次其韵爲詩四首，題《陪太鴻重游青山莊次太鴻韵》。詩中有『毗陵邱壑少，留寺賴蕭梁。雖有春無限，誰教屧繞廊』，因定爲春游青山莊。（《無譜曲》卷四）

八月，同厲鶚、丁敬身等游越中，過北嶺將軍廟，厲鶚爲詩一首。詩序云：『予以乾隆乙丑秋八月，同新安吴長公、同里丁敬身，爲越中之游，過謁廟下。』（《樊榭山房續集》卷五）

乾隆十四年（一七四九）**己巳　五十五歲**

是年，厲鶚爲吴震生在杭州購屋。吴震生作《厲徵君太鴻爲予卜居艮山門内，且用渠集中〈遷居〉舊韵，作長句四首見寄，率爾和答》詩。（《無譜曲》卷四）

是年，父吴之騄去世。（厲鶚《舟庵記》）

乾隆十五年（一七五〇）**庚午　五十六歲**

春，自無錫移家杭州。厲鶚作《吴長公自梁溪移家來杭，用沈陶庵題石田有竹莊韵奉簡》詩紀之，詩編年庚午。（《樊榭山房續集》卷八）

乾隆十六年（一七五一）**辛未　五十七歲**

正月十六日，與厲鶚、江聲、龍泓游吴山，分韵作詩。（《樊榭山房續集》卷八『詩辛』有《同江聲、可堂、龍泓游吴山，分得開字》詩，編年辛未。之後又有《雪晴寄可堂、龍泓》《同吴可堂河渚探梅》詩。《續集》卷十『詞乙』有《紅綉鞋》詞，小序云：『正月十六日，同江聲、可堂、龍泓游吴山分得開字。』）

乾隆十七年（一七五二）**壬申　五十八歲**

二月二十一日，吴城招吴震生、金江聲、厲鶚、杭世駿、丁敬身等人皋亭看花。吴震生有《二月二十一日，甌亭招同江聲、鹿田、東壁、復園、樊榭、龍泓、堇浦、竹田、復齋、静夫皋亭看花，以『舟行著色屏風裏，人在回文錦字中』爲韵，各賦七言古詩，分得行字》詩。（《攜家集》）

八月四日，杭世駿桂堂桂花盛開，吴震生與友人宴集賞花，用東坡韵作詩祝吴城五十壽。吴城（一七〇三—一七七三），字甌亭，杭州人，與厲鶚合著《迎鑾新曲》雜劇。（吴震生《携家集》有《八月四日，堇浦桂堂叢桂盛開，用東坡天竺山送桂花分貽元素韵，爲甌亭五十壽，集者凡十六人》詩。）

十月，厲鶚卒。吴震生作《悼樊榭十二絶句》悼之。（《携家集》）

是年或前不久，刻傳奇十二種，厲鶚爲序。後補《地行仙》，成《玉勾詞客十三種》（一名《太平樂府玉勾十三種》）。

乾隆十八年（一七五三）**癸酉　五十九歲**

夏，取《韓江社刻》詩題，追步之，所爲詩集爲《消暑集》。（《無譜曲》卷六《消暑集》）

乾隆二十年（一七五五）**乙亥　六十一歲**

九月九日，重陽節登高，作《九日吴山口號》二首。第二首中有『乙亥重逢人已憊，苦無餘興永今生』。（《無譜曲》卷五）

乾隆二十七年（一七六二）**壬午　六十八歲**

是年，刊刻《箋注牡丹亭》（即《才子牡丹亭》），封面題『乾隆壬午年鐫』。《笠閣批評舊戲目》附刻其中。（《才子牡丹亭》）

乾隆三十四年（一七六九）**己丑　七十五歲**

九月五日，卒於杭州。

九月七日，杭世駿往祭，後爲之作墓表。杭世駿《朝議大夫刑部貴州司主事吴君墓表》云：『君卒以九月五日，越日，余往哭之。』

乾隆三十五年（一七七〇）**庚寅**

歸葬安徽休寧。吴震生在程瓊去世後，已預爲壽藏。

杭世駿應吴震生子吴封英之請，爲撰墓表。（《道古堂文集》卷四十五）

曲名/齣名筆畫索引

曲名/齣名	冊名	頁碼
平梁	一	二四〇
占宅	二	一一
生平足	一	二三〇
仙案	二	一一五
主社	一	二三三
主訪	一	二九
出刺	一	一四五
出刺	二	五九
召醫	一	二〇四

六畫

曲名/齣名	冊名	頁碼
成雙譜	一	一六二
回生	四	六九
回生批語	四	七二
牝賊	三	二八九
牝賊批語	三	二九一
延師	三	六四
延師批語	三	六六
后寧	一	八六
全本	二	七二
守濠	二	二三
收奸	一	一七七
如汾	一	二九八
如杭	四	一〇六
如杭批語	四	一〇八

七畫

曲名/齣名	冊名	頁碼
弄優	二	八五

折寇	四	一八二
折寇批語	四	一八五
花宴	一	五四
見平	一	二七九
見美	一	九九
助墓	二	二五二
吟射	一	一六九
別師	二	一一七
伴道	一	三一〇
希風	一	二六六
迎婦	二	二七
言懷	三	二五
言懷批語	三	二七
判冥	二	一五三
社抑	一	二七三
附國	一	一四三
附鄭	一	二一六
姊貴	一	一四一
八畫		
曲名/齣名	册名	頁碼
奉母	二	四六
玩真	三	三八五
玩真批語	三	三八八
拔寒	一	一八九
事元	一	二一〇
門窺	一	七二
垂簾	二	五七
征南	一	一九二

曲名/齣名	册名	頁碼
受册	一	四九
受謁	二	五四
九畫		
封主	一	二三五
封侯	一	九一
封侯	一	三三六
政舉	二	三二
赴飲	一	一五〇
拾畫	三	三七一
拾畫批語	三	三七三
相胎	二	二三四
相聘	一	四三
勅娶	一	一七九
威羌	一	一四八
幽媾	三	四〇〇
幽媾批語	三	四〇五
拜姊	一	一三五
拜師	二	六七
拜爵	一	一二三
看術	一	二六九
看産	二	一四九
修好	一	八八
後曇花	二	一〇九
叙閙	一	三〇七
叙樂	一	一三二
負冉	二	三四二
急難	四	一五九

急難批語	四	一六二
訂婚	二	一七
宮宴	一	二八九
陞藩	二	六一
除羊	二	二一八
十畫		
曲名/齣名	册名	頁碼
秦州樂	一	一三〇
起宅	一	二五〇
換身榮	一	九
耽試	四	一二二
耽試批語	四	一二六
索元	四	二五八
索元批語	四	二六一
破寇	一	四五
逐叉	二	二一一
逐賊	一	三二六
門雷	二	二三〇
秘議	四	五六
秘議批語	四	五九
訓女	三	三七
訓女批語	三	四〇
訊穢	二	三四八
旁疑	四	三
旁疑批語	四	六
旅寄	三	三四三
旅寄批語	三	三四五
家市	二	六三

家慶	一	一一七
被阻	一	一七五
冥判	三	三四九
冥判批語	三	三五六
冥誓	四	三四
冥誓批語	四	四〇
納婿	一	一二七
十一畫		
曲名/齣名	册名	頁碼
教猱	二	一七六
娶媳	一	一五九
娶媳	二	六五
娶劉	一	一五三
國婚	一	二四四

移鎮	四	一三八
移鎮批語	四	一四一
笳遊	一	二五七
得配	一	三二九
得娶	一	二一三
得藥	二	一〇二
得蘇	二	三二三
從幸	一	二九五
從葬	一	二〇八
從駕	一	一五五
祭詩	一	二六七
訝葬	二	一九三
訪友	一	一五七
訣謁	三	二〇九

曲名/齣名	册名	頁碼
訣謁批語	三	二一一
望浦	二	三六六
淮泊	四	二三五
淮泊批語	四	二三九
淮警	四	九四
淮警批語	四	九六
悵眺	三	七一
悵眺批語	三	七四
悼往	一	六一
悼殤	三	三〇四
悼殤批語	三	三一〇
寇氛	一	三一三
寇場	二	七九
寇間	四	一七二
寇間批語	四	一七五
婚介	二	一三三
婚老	一	三二二
婚走	四	七六
婚走批語	四	八一
婚祖	二	五二
十二畫		
曲名/齣名	册名	頁碼
超陞	一	二一九
喜端	二	五
惡歸	二	二九
募勇	一	三一六
萬年希	一	二六四
焚牒	二	七三

硬拷	四	二六三
硬拷批語	四	二六九
遇母	四	二二七
遇母批語	四	二三二
遇曹	一	一〇二
喻令	二	二五六
嗟卑	一	一二
買莊	一	三三一
圍釋	四	二〇二
圍釋批語	四	二〇八
勝宋	一	一八二
詷藥	四	六二
詷藥批語	四	六四
診祟	三	二七九
診祟批語	三	二八三
遊江	二	二二四
遊洛	一	九六
遊遇	一	二七六
尊劉	二	四八
道覡	三	二六二
道覡批語	三	二六六
慨懷	一	二〇〇
遍訪	一	六六
尋夢	三	一八六
尋夢批語	三	一九一
媒合	一	三一九
媒韋	二	一八二
絮影	二	二六七

曲名/齣名	冊名	頁碼
賀張	二	一二九
結姻	一	一八四

十三畫

曲名/齣名	冊名	頁碼
魂遊	三	三九二
魂遊批語	三	三九六
載淑	一	一〇七
虜諜	三	二三七
虜諜批語	三	二三九
遣掠	二	三六
置賸	一	二五二
圓駕	四	二八六
圓駕批語	四	二九四
傳子	一	二六一
會曇	二	三七〇
飴妻	二	九三
詰病	三	二五〇
詰病批語	三	二五三
誇人	二	四三
話鴦	二	三六〇
誕子	一	三三三
詭覆	一	七八
諍卿	二	二七三
慈戒	三	一八二
慈戒批語	三	一八四
福概	一	六〇
肅苑	三	一二二
肅苑批語	三	一二五

嫹媒	一	一七二

十四畫

曲名/齣名	册名	頁碼
榜下	四	二五四
榜下批語	四	二五七
遭亂	一	一〇五
遭横	一	六九
監國	二	九七
閨塾	三	八四
閨塾批語	三	八八
聞喜	四	二七九
聞喜批語	四	二八三
僕偵	四	一一六
僕偵批語	四	一一九
領州	一	二四六
誡尹	二	二九二
誤字	一	二六
誨鄭	二	三一一
説牟	二	三〇三
豪争	一	二三七
豪凌	一	一九
腐嘆	三	五四
腐嘆批語	三	五六
榮姻	一	八四
榮圓	一	一九四

十五畫

曲名/齣名	册名	頁碼
標目	三	一七

十七畫

曲名/齣名	册名	頁碼
禦淮批語	四	一五一
禦遼	二	五〇
聳尉	二	二四三
賽僧	二	一八七
禮佛	二	三五四
總政	一	二二五

十八畫

曲名/齣名	册名	頁碼
題肆	一	三〇八
獵狗	二	三二九
繕備	四	三〇
繕備批語	四	三二

十九畫

曲名/齣名	册名	頁碼
勸兄	二	九
勸曹	二	一七〇
勸農	三	一〇八
勸農批語	三	一一二
懲仇	一	五一
辭妁	一	七五
譜由	一	一六四
證祇	二	三一五
勸隱	二	三三五

二十畫

曲名/齣名	册名	頁碼
獻妹	一	二九二

曲名/齣名拼音索引

B

曲名/齣名	册名	頁碼
拔寒	一	一八九
拜爵	一	一二三
拜師	二	六七
拜姊	一	一三五
伴道	一	三一〇
榜下	四	二五四
榜下批語	四	二五七
被阻	一	一七五
避惡	二	一四
遍訪	一	六六
標目	三	一七
標目批語	三	一八
別師	二	一一七

C

曲名/齣名	册名	頁碼
才子牡丹亭	三	一
才子牡丹亭	四	一
悵眺	三	七一
悵眺批語	三	七四
超陞	一	二一九
成雙譜	一	一六二
懲仇	一	五一
勑娶	一	一七九
籌家	一	一三二

出刺	二	五九
出刺	一	一四五
除羊	二	二一八
傳子	一	二六一
垂簾	二	五七
慈戒	三	一八二
慈戒批語	三	一八四
辭旳	一	七五
賜妻	一	二八八
從駕	一	一五五
從幸	一	二九五
從葬	一	二〇八

D

曲名/齣名	册名	頁碼
耽試	四	一二二
耽試批語	四	一二六
誕子	一	三三三
璫勢	二	九一
導楊	二	一六二
悼殤	三	三〇四
悼殤批語	三	三一〇
悼往	一	六一
道覡	三	二六二
道覡批語	三	二六六
得配	一	三二九
得娶	一	二一三

曲名/齣名	冊名	頁碼
詭覆	一	七八
國婚	一	二四四
H		
駭變	四	九〇
駭變批語	四	九二
豪淩	一	一九
豪争	一	二三七
賀張	二	一二九
后寧	一	八六
後曇花	二	一〇九
花宴	一	五四
化女	一	二二
話鴛	二	三六〇
淮泊	四	二三五
淮泊批語	四	二三九
淮警	四	九四
淮警批語	四	九六
歡撓	四	一七
歡撓批語	四	二〇
歡想	一	九六
換身榮	一	九
回生	四	六九
回生批語	四	七二
會曇	二	三七〇
誨鄭	二	三一一
婚介	二	一三三
婚老	一	三一二

曲名/齣名	册名	頁碼
婚走	四	七六
婚走批語	四	八一
婚祖	二	五二
魂遊	三	三九二
魂遊批語	三	三九六
J		
急難	四	一五九
急難批語	四	一六二
祭詩	一	二六七
家慶	一	一一七
家市	二	六三
笳遊	一	二五七
監國	二	九七
檢書	二	六
見美	一	九九
見平	一	二七九
教猱	二	一七六
嗟卑	一	一二
結姻	一	一八四
詰病	三	二五〇
詰病批語	三	二五三
誡尹	二	二九二
驚夢	三	一三四
驚夢批語	三	一三九
訣謁	三	二〇九
訣謁批語	三	二一一

K

曲名/齣名	册名	頁碼
慨懷	一	二〇〇
看産	二	一四九
看術	一	二六九
寇場	二	七九
寇氛	一	三一三
寇間	四	一七二
寇間批語	四	一七五
誇人	二	四三

L

曲名/齣名	册名	頁碼
樂安春	一	一九八
雷	二	二三〇
禮佛	二	三五四
憐孟	二	一二三
練軍	一	二五五
獵狗	二	三二九
臨濠喜	二	三
臨戎	一	二二三
領州	一	二四六
劉徵	一	一〇九
虜諜	三	二三七
虜諜批語	三	二三九
論足	一	二三二
旅寄	三	三四三
旅寄批語	三	三四五

M

曲名/齣名	册名	頁碼
駡彪	一	一八七
買莊	一	三三一
媒合	一	三一九
媒韋	二	一八二
門窺	一	七二
秘議	四	五六
秘議批語	四	五九
緬叛	一	三三
冥判	三	三四九
冥判批語	三	三五六
冥誓	四	三四
冥誓批語	四	四〇
募勇	一	三一六

N

曲名/齣名	册名	頁碼
納婿	一	一二七
鬧華州	一	三〇五
鬧宴	四	二四五
鬧宴批語	四	二四九
内召	一	二八四
擬策	一	一六五
嬲嫗	二	二〇〇
弄優	二	八五

P

曲名/齣名	册名	頁碼
判冥	二	一五三

旁疑	四	三
旁疑批語	四	六
牝賊	三	二八九
牝賊批語	三	二九一
平荆	一	一一五
平梁	一	二四〇
破寇	一	四五
僕偵	四	一一六
僕偵批語	四	一一九
譜由	一	一六四

Q

曲名/齣名	册名	頁碼
起宅	一	二五〇
遣掠	二	三六
秦州樂	一	一三〇
慶壽	二	一〇五
慶壽	一	二二七
慶歲	一	二五九
慶弦	二	一三六
娶劉	一	一五三
娶媳	二	六五
娶媳	一	一五九
全本	二	七二
勸曹	二	一七〇
勸農	三	一〇八
勸農批語	三	一一二
勸兄	二	九

R

曲名/齣名	册名	頁碼
人難賽	二	四一
榮姻	一	八四
榮圓	一	一九四
如汾	一	二九八
如杭	四	一〇六
如杭批語	四	一〇八
入仕	一	二〇六

S

曲名/齣名	册名	頁碼
賽僧	二	一八七
三多全	二	七〇
三妻	一	二二一
繕備	四	三〇
繕備批語	四	三二
社抑	一	二七三
生平足	一	二三〇
陞藩	二	六一
勝宋	一	一八二
拾畫	三	三七一
拾畫批語	三	三七三
世外歡	一	九四
事元	一	二一〇
收奸	一	一七七
守濠	二	二三
受册	一	四九
受謁	二	五四

説牟	二	三〇三
聳尉	二	二四三
肅苑	三	一二二
肅苑批語	三	一二五
索元	四	二五八
索元批語	四	二六一

T

曲名/齣名	冊名	頁碼
談屍	二	二八四
談仙	二	八八
題肆	一	三〇八
天降福	一	五八
土木	二	一〇〇

W

曲名/齣名	冊名	頁碼
玩真	三	三八五
玩真批語	三	三八八
萬年希	一	二六四
王勢	一	一六
望浦	二	三六六
威羌	一	一四八
圍釋	四	二〇二
圍釋批語	四	二〇八
聞喜	四	二七九
聞喜批語	四	二八三
誤字	一	二六

X

曲名/齣名	册名	頁碼
希風	一	二六六
喜端	二	五
戲湜	二	二七九
仙案	二	一一五
獻妹	一	二九二
相聘	一	四三
相胎	二	二三四
勸隱	二	三三五
曉郭	二	二三八
諧王	二	一四六
寫真	三	二二四
寫真批語	三	二二七
醒源	二	三二〇
興工	一	一二一
詷藥	四	六二
詷藥批語	四	六四
修好	一	八八
叙鬧	一	三〇七
叙樂	一	一三二
絮影	二	二六七
選美	一	三〇二
選尚	二	八二
學書	二	七六
學數	二	四四
謔臆	一	一一
尋夢	三	一八六

曲名/齣名	册名	頁碼
尋夢批語	三	一九一
訓女	三	三七
訓女批語	三	四〇
訊穢	二	三四八
Y		
訝葬	二	一九三
延師	三	六四
延師批語	三	六六
言懷	三	二五
言懷批語	三	二七
讞家	二	一四二
謁尼	二	二六一
謁帥	一	二八二
謁遇	三	三二八
謁遇批語	三	三三一
謁趙	一	二〇一
移鎮	四	一三八
移鎮批語	四	一四一
飴妻	二	九三
憶女	三	三七八
憶女批語	三	三八〇
吟射	一	一六九
迎婦	二	二七
硬拷	四	二六三
硬拷批語	四	二六九
幽媾	三	四〇〇
幽媾批語	三	四〇五

曲名/齣名	冊名	頁碼
憂孀	一	六四
遊江	二	二二四
遊洛	一	九六
遊遇	一	二七六
友慫	一	八一
友燕	一	一三七
遇曹	一	一〇二
遇母	四	二二七
遇母批語	四	二三三
喻令	二	二五六
禦淮	四	一四八
禦淮批語	四	一五一
禦遼	二	五〇
圓駕	四	二八六
圓駕批語	四	二九四
Z		
載淑	一	一〇七
遭橫	一	六九
遭亂	一	一〇五
占宅	二	二一
戰姑	二	二〇四
戰勝	一	三二四
召醫	一	二〇四
折寇	四	一八二
折寇批語	四	一八五
診祟	三	二七九
診祟批語	三	二八三

征南	一	一九二
政舉	二	三二
諍卿	二	二七三
證祇	二	三一五
止宿	一	三八
置滕	一	二五二
逐叉	二	二一一
逐賊	一	三二六
主訪	一	二九
主社	一	二三三
助墓	二	二五二
贅閩	一	一一二
子儁	二	三八
姊貴	一	一四一
總政	一	二二五
尊劉	二	四八

詩集/詩名筆畫索引

（本索引中的詩集、詩名均出現在本書第五册）

一畫

詩集/詩名	頁碼
一醉語花集	一三一

二畫

詩集/詩名	頁碼
二月二十一日，甌亭招同江聲、鹿田、東璧、復園、樊榭、龍泓、堇浦、竹田、復齋、静夫皋亭看花，以『舟行著色屏風裏，人在回文錦字中』爲韵，各賦七言古詩，分得行字	二一五
七歌爲某作	八七
人生	二二九
人舞歌	三二
八月四日，堇浦桂堂叢桂盛開，用東坡天竺山送桂花分貽元素韵，爲甌亭五十壽，集者凡十六人	二〇八
九日吴山口號	二三四
又分得東字	一六一
又咏綉毬	一四八
又和太鴻《紅綉鞋》	二〇一
又得一首	一九七
又題女史董玢畫	一五〇
又題其《撫梅圖》	一八七
又題所畫	一〇九

詩集/詩名	頁碼
三畫	
大言行	三六
大道曲	四二
小山酌酒，用姜白石《和轉庵丹桂》韵	二五六
小春排律效香山	一八五
小星七索	八六
口占約人游聖果寺，用堇浦詩爲起句	二三四
山陰竹枝	一二八
川上葩流曲	八〇
已涼天氣未寒時	一五八
子夜夏詞	二三
女兒子	一二八

詩集/詩名	頁碼
四畫	
五子歌	六
五子歌	七六
五毒圖	二四一
内伯獎借拙和更呈二絶	一五六
升天行	三五
今十八拍	七〇
分咏秋花得藍菊	二四七
分咏梅故事得佛塔寺	二四八
分咏雪故事得暖寒會	二四八
分咏寒物得寒閨	二四六
分咏詩事得詩魔	二四六

分咏瑣事得濯足	二四六
月中梅蕊和人韵	一六〇

五畫

詩集/詩名	頁碼
玉嵒、備三諸君和余《夏雨湖寓》詩，稍門新巧，復次其韵	二四九
邗溝廟七言律	二四二
打麥詞	二四一
古宮詞	一二二
古宮樂	一二六
田家閨樂	一二〇
史宮詞	一二五
代王氏嗤王孌	九四
代王景深寄宋公主	九三
代王肅妻寄魏公主	九三
代姊妹誇大足	九五
代祖娥罵武成	九三
代尉遲氏罵獨孤	九四
代義渠嘲宣后	九四
代臧韋謝天恩	九五
代獨孤氏怨唐高	九四
冬日田園雜興	二四七
冬日桂堂席上同舒雲亭、金江聲、杭堇浦、全謝山、厲太鴻、施竹田餞別南圻，分得先字	二一三
立秋節迎秋湖上次人韵	二〇六
半園雅集即席分韵	一六〇
永嘉竹枝	一三〇

出塞入塞之曲	一二

六畫

詩集／詩名	頁碼
共戲樂	二四
共戲樂第二首	一三八
有以惡詩見投者，其人田全璧、馮伯起之流，而忠孝等字時流口角。予疑其誑，次韻記之	一九〇
吁嗟莫相責行	八九
同人集桂花下，息溟用陶詩爲起句見贈。因廣其意爲四首，起句悉用陶詩。沾沾擬陶者，去之轉遠。以不擬擬似反近之	二三〇
同史惲諸君宿三里庵	一五一
同生曲	四三
同荆振翔看雨	一五一
同釋大恒、金江聲、梁蔎林、厲樊榭、杭堇浦、周雪舫、范履園、施竹田、丁龍泓、家甌亭社集湖上，由下天竺尋翻經臺、三生石諸勝	二〇六
因反其意爲房中曲	八四
帆影	一五八
自題修月小像	一〇七
自題濯足圖	九九
伊南處乩言予故點蒼山僧	一〇九
行行遊且獵	四一
行纏	一四三
舟過汝水，戲演《襄成君》曲，亦義山『悵望舟中意』耳	一四五

次朱九見贈韻	一五七
次江聲先生《七十初度留宿天竺》韻爲壽	二一〇
次周雪舫寄懷武林同社韻	二一三
次宗伯内兄直廬嘿咏韻長句二十首惜别	一七三
次南沙内伯遷居原韻	一五五
次修净土人留别韻	一九〇
次華陽諸公韻吊元娥	一四二
次殷霞村送别韻	一五〇
次陸南圻過宿留别韻	二一三
次舒明府集中調甌亭韻	二一二
次韻息溟湖隄看桃	二三五
次樊樹同游靈鷲韻	二一四
次盧君備《三見贈》韻，時爲余課子也	二三四
次雙卿及諸友題余《梅花帳》韻	一四二
决絶詞	二一
江南樂	九一
安莊竹枝	一二九

七畫

詩集/詩名	頁碼
花命婦	一一七
花骨集	九一
花籃憶	一三二

李白曾至新安，安知不至豐樂溪耶？里門有樓，予亦題以太白酒樓。繪白像壁間，余像聊爲執卣。甲子中秋，陪大鴻公度宿樓上，醉後浪筆聯其佳句於屏，以明予之尚論也	八一
車過老娘跌，戲有數言	九八
吴莊竹枝	一三〇
近有集	一四八
角招	二五一
冷泉亭待月	二〇七
辛未正月十六日，與金江聲、厲太鴻、丁敬身登吴山晚歸分得七陽	二〇一
汪晴江過訪，且用息溟韵投詩，依韵報謝	二二七

社集平山堂後之環溪草堂試泉，同馬秋玉、陸渟川諸君集詩牌字成句	一四八
社集追春	一六四
社集食笋限笋字	二四〇
社集塔影莊贈上人	一八四
社集壽石林衲	一七一
社集觀魚	一六二
附丁龍泓作	二〇五
附江聲作	二〇一
附梁溪詩社郵示作	二三二
附樊榭《擊壤餘音》題詞	二一八
附樊榭作	二一六
附龍泓作	二三五

附舊題《吴越傳奇》五絶句	二四三
八畫	
詩集/詩名	頁碼
奉和泉南内伯恭試賜莽之作	一五六
青蟲歎	一〇四
長安道	一三
長門五更轉爲楚服輩作	四七
長亭怨慢	二五三
長歌行	一六
取平仲《養生篇》五恣意用一字至七字體作七香詞	一三七
苦瘍詩	一一二
苦熱苦寒行	三七
英雄樂	四八
范履園招集湖上坐六一泉，次堇浦韵	二〇七
松聲	二四五
咏史四絶	九〇
咏林和靖	一〇五
咏洛南尊公所畫長卷十二種，即次其《恭和御製》韵	一六七
咏洋茶花一種	一八八
咏懷古蹟分得泰伯墓	一五六
和《西湖十景曲》用楊廉夫《竹枝》意	一九九
和《泛舟出偏門至禹陵遇雨》	一九二
和一從	六五
和人四絶句	一八四

和人喜予移家來杭，用沈陶庵題石田有竹莊韵	一九七
和人閨房僧鞋菊、僧房虞美人詩	一五九
和山雞	六六
和不得	六四
和示婿元度	五七
和次日再泛若耶溪至平水，肩輿遊雲門寺	一九四
和江寺	一九三
和我行	六〇
和泛舟河渚探梅	二〇二
和泛舟鑒湖四首	一九六
和雨中泛舟	二〇三

和雨後遊蕺山戒珠寺遂至怪山寶林寺	一九五
和雨宿卧龍山僧樓	一九三
和咏揚雄	六四
和咏龜	五八
和肩輿至永興寺，雨中看緑萼而返	二〇四
和草端	六四
和幽獨	六〇
和送韓維應富并州辟	六三
和貢侯	五九
和真人	五八
和遊雲門寺	一九五
和墓松	五九

和與吕嘉問	五七
和意行	六三
和種桃	六〇
和樊榭北幹山謁武佑將軍廟	一九二
和樊榭雪晴見柬	二〇二
和駕言	六六
和曉霽入若耶溪，中路逢暴漲，不得遊雲門而返	一九四
和曈曈	六五
和擬寒山詩六首	六一
和贊友	六三
和蘭亭	一九六
和靈	六一

金邑尼庵傳有活觀音像，往拜則弓趺朱履，漫題數句，亦偈亦詩	一〇四
金陵移梅歌	二三七
金釧回文	八九
金錠回文	八九
金壇東禪次史進士韵	一四九
念奴嬌鬲指聲	二五二
忽忽	一三四
夜宿雲溪庵分韵	二〇三
庚子元旦用曹震亭寄祝韵贈天水君	一七五
妾薄命	二二
泥媪詞和朱九韵	一六六
怡神調	五一

宛轉歌	五二
建隆寺用沈傳師《遊岳麓》韻	二三九
九畫	
詩集/詩名	頁碼
春日步湖上次許初觀韻	二三五
春城無處不飛花	一六三
春盡有感次息溟韻	二二六
玲瓏四犯	二五四
南圻書來，云已約玉井至杭偕余酹樊榭像，復得六絶	二二八
相思曲	四六
相逢行	三八
秋宵吟	二五〇
重九後二日社集看菊分韻	二四四

重陽後二日，友人邀飲湖濱，過竹素園看桂而返，玉岩表丈以『秋雲不雨常陰』分韻得陰字	二三一
俀漁家樂	五三
皇英贈答	一四四
追春詞八闋	一六五
追懷趙五谷林	二〇八
待小掃花荆振翔	一四三
送華進思赴晉安開府幕	一七〇
恨無媒	四九
客毗陵，嘲狐氏媪	一三一
紅福咏	九五

十畫

詩集/詩名	頁碼
耕烟内兄取耆卿詞繪夢，走筆爲題	一四〇
起夜來	四二
挽尋源叔	一八六
荷包牡丹次韵	一八七
息溟又疊前韵，吐音悽惻，因再和之	二二六
烏鴉篇	一〇三
留宿三生庵	二〇七
凄涼犯	二五一
酒後同過雒圃，諸公因復有作。牡丹一本千花，高踰七尺，年年繁盛，不減雒陽。故雒生内伯署爲雒圃也，雒圃主人蘭其名	一六四
消暑集	二三七
消寒初集，分韵賦七言律	二四五
浮山禹廟塑《山海經》，禁西崑體	二三八
書感舊集後	二五五
陪太鴻重遊青山莊次太鴻韵	一八三

十一畫

詩集/詩名	頁碼
梅花紙帳歌	二三八
雪莊漁唱題詞	二一四
雪樓詩	一〇六
晚秋雨霽，范容安招同鹿田、蔎林、雲亭、壽門、綸長、竹田、敬身社集湖上分韵	二五八

偕樊榭諸君北郭看花，仝用王右丞《桃源行》韵	二〇四
側犯	二五四
側調歌	三九
欲界八仙歌爲竹西某壽	一一一
覓句廊晚步	二四七
許復齋招集雪莊請題《嘿坐小照》	二一五
訪天鈞上人石林庵	一六二
清明後社集東林分韵	一六四
淳安唐烈女歌	一五二
悼樊榭十二絶句	二一七
寄巢詩	二一九
張莊有感分韵	二〇三
將進酒	一五

十二畫

詩集/詩名	頁碼
揚州慢	二五三
喜通政内兄超擢	一六九
悲漢月	一三
遇君	一三四
無錫石門庵同嚴宋山、鄒洛南用沈隱君題得古絶三十一首	一五三
無錫華藏寺同秦一侯二	一六六
短歌行	一七
答天水君	一〇九
答客嘲	一一一
貸友書價	二一一
集兩無塵庵，看緋桃，次張鐵珊韵	二〇四

集梅花下用香山詩爲起句	二四四
禽蟲語	八六
爲詩	一一六
飲澹園次曹及三韵	一四九
善哉行	一八
道情歌曲	二四九
湖上荷花吟和震亭	一九〇
渡河謡	一〇〇
寓園雜題	一七八
補樂府地厚天高之歌	八三
結客少年場	四〇
十三畫	
詩集/詩名	頁碼
遠遊篇	三六
鼓吹曲	九
携家集	一九二
塘上行	三九
蒜酪體得寶歌	一三三
夢復訪史進士於高臺村	一七〇
夢遊仙	一一七
概鹵湖口占同晴江	二二七
虞山竹枝	一二七
當年惟有兩心知，爲班馮二生賦	一四一
暗香疎影	二五二
暗情和守真韵有所嘲	一四四
與俞秋亭道士至蓮峰，方丈茗話出所作《破樓風雨圖》並詩見示	一七二
微雪初晴，集山館分韵	二四五

詩集/詩名	頁碼
獅行集	四
試履行	四九
新創對樓	一一〇
溪上	二二九
十四畫	
詩集/詩名	頁碼
厲徵君太鴻爲予卜居艮山門内，且用渠集中《遷居》舊韻作長句四首見寄，率爾和答	一七六
對酒當歌	一四
聞某公病	一六九
廣五噫歌	八
適閲《牡丹亭》，再疊二首	一四二
養蠶詞	二四〇

詩集/詩名	頁碼
滿江紅	一八九
慷慨歌	四八
寧獻王畫幅	二四二
翠樓吟	二五〇
十五畫	
詩集/詩名	頁碼
熱謾集	七〇
歎老吟	三四
樊榭招同江聲、堇浦諸君登瑞石山，尋丁仙遺蜕次韻	二一四
樊榭原倡	一九七
樊榭爲余序樂府畢，因作《客帳夢封侯》曲，同人和之，余亦次韻	二一九
樊榭薦種花人，詩以謝之	二一〇

賦得《無雙譜》内麗三公爲居心發論往往不恕者刺	一三六
賦得三吴佳麗城	一一三
賦得已涼天氣未寒時，效王次回	一四一
賦得玉樹後庭花	五〇
賦得平陽驛岸金蓮迹	一三九
賦得名山小别即千春，時屢約游台蕩不果，聊以解嘲	二五六
賦得别是人間閒世界	一一五
賦得床上故書前世夢	一一四
賦得兩樣春光便不同	一一五
賦得忽斥西施聘王母贈常道姑	一一六
賦得卷中文字掩前賢	一一四
賦得宓妃襪借天孫著	一一四

賦得毗陵何限春	一一三
賦得迷花不事君	一一三
賦得嘲花咏水贊蛾眉白句	一四一
賦得澤國風和雪尚慳	一六〇
賦遺山『丹砂萬年樂，金印八州督，不及秦宫一生花裏活』句，嘲一士	一三五
嘲人道中詩所見	一四三
閲唐使君《琵琶亭》圖卷，次其原韵四首並詞	一八八
樂社曲	五一
樂府詩	四
徵招	二五二
盤舞歌	三一

論文	一〇二
調寄青衫濕	一八九
談容娘	三〇
彈楊慎詞作放歌	七四
緩聲歌	三三

十六畫

詩集/詩名	頁碼
盧敬甫用息溟韵投詩，奉答四絶	二二五
盧煉師八十	一七二
曉泛蓉湖同鄒洛南	一六一
邀集玉嵒諸君醉桂花下，用西崑體索和	二五七
賦寒鴉	一〇八
獨摇手	四五

龍山竹枝	一二九
龍山訪菊	一五八
憶昔人『日短苦夜長，何不秉燭遊』二語，頗憎其躁，戲爲此詩，質諸自號睡庵者	二三六

十七畫

詩集/詩名	頁碼
擬《大人先生歌》	二二〇
擬昔人聞風有寄，灑翰遥贈得仄韵絶句九首	九二
擬晉人《苦相篇》	二二〇
擬陽綝之一事六塵歌戲贈沙三	一三六
擬樂府《山人勸酒》	二三三
擬樂府《古別離》	二三一

擬樂府《巫山高》	二三一
擬樂府《春江花月夜》	二三三
擬樂府《貞女引爲性比邱》	二三二
擬樂府《採桑歌》	二三一
擬樂府《愛妾換馬》	二三二
臨高臺	一〇
戲書《相如傳》後，索好遊者和之	二五七
螽斯篇	一〇三
襄陽樂	二五

十八畫

詩集/詩名	頁碼
櫂歌	二一
題《問字圖》	一八五
題王孟堅讀禮圖	一五一
題仇英《介象入閨圖》	二一二
題外舅秦丈人遺照	一六八
題朱翁爾愷竹林小影	一五九
題所畫作	一〇八
題毗陵女史惲冰畫	一五〇
題華文友孝廉《三瑞圖》	一六八
題徐子《斷香吟》卷尾	一四九
題唐子畏《程一寧吹笛圖》	二一一
題孫孝女詩後	一六九
題雪樵《叔翁遊卷》三圖	一八七
題蓉颿《閏九登高圖》，次裕堂內兄韵	一五七
題趙飲谷說劍圖	一五三
簡內姪婿杜補堂	一九八

詩集／詩名	頁碼
歸去來詞	七八
隴頭水	一一
十九畫	
詩集／詩名	頁碼
鏡裏	二三九
二十畫	
詩集／詩名	頁碼
蘭山咏	一〇六
二十一畫	
詩集／詩名	頁碼
攤坊春	五二
儼亭内兄不忘舊雨，遠郵佳句，依韵報謝	一九八

二十二畫	
詩集／詩名	頁碼
讀曲歌	二六
讀曲歌	八五
讀松江沈孝子《尋母詩》同鄒洛南	一五二
讀陶偶作	一〇五
讀漁洋利州作《賦得紅緑複裙萬里香》	一一五
讀劉母《蕭太君一統志》爲凝一作	一八六
讀諸君《南莊野眺》詩，即用原韵以鳴企羨	二四三
二十四畫	
詩集／詩名	頁碼
艷歌何嘗行	一九

詩集/詩名拼音索引

（本索引中的詩集、詩名均出現在本書第五册）

詩集/詩名	頁碼
A	
安莊竹枝	一二九
暗情和守真韵有所嘲	一四四
暗香疎影	二五二
B	
八月四日，葦浦桂堂叢桂盛開，用東坡天竺山送桂花分貽元素韵，爲甌亭五十壽，集者凡十六人	二〇八
半園雅集即席分韵	一六〇
悲漢月	一三
補樂府地厚天高之歌	八三
C	
側調歌	三九
側犯	二五四
長安道	一三
長歌行	一六
長門五更轉爲楚服輩作	四七
長亭怨慢	二五三
嘲人道中誇所見	一四三
車過老娘跌，戲有數言	九八
攤坊春	五二
重九後二日社集看菊分韵	二四四

重陽後二日，友人邀飲湖濱，過竹素園看桂而返，玉岩表丈以『秋雲不雨常陰』分韵得陰字	二三一
出塞入塞之曲	一二
川上葩流曲	八〇
春城無處不飛花	一六三
春盡有感次息溟韵	二二六
春日步湖上次許初觀韵	二三五
淳安唐烈女歌	一五二
次樊榭同游靈鷲韵	二一四
次華陽諸公韵吊元娥	一四二
次江聲先生《七十初度留宿天竺》韵爲壽	二一〇
次盧君備《三見贈》韵，時爲余課子也	二二四

次陸南圻過宿留別韵	二一三
次南沙内伯遷居原韵	一五五
次舒明府集中調甌亭韵	二一二
次雙卿及諸友題余《梅花帳》韵	一四二
次修净土人留別韵	一九〇
次殷霞村送別韵	一五〇
次韵息溟湖隄看桃	二二五
次周雪舫寄懷武林同社韵	二一三
次朱九見贈韵	一五七
次宗伯内兄直廬嘿咏韵長句二十首惜別	一七三
翠樓吟	二五〇

D

詩集/詩名	頁碼
答客嘲	一一一
答天水君	一〇九
打麥詞	二四一
大道曲	四二
大言行	三六
代獨孤氏怨唐高	九四
代王景深寄宋公主	九三
代王氏嗤王孌	九四
代王肅妻寄魏公主	九三
代尉遲氏罵獨孤	九四
代義渠嘲宣后	九四
代臧韋謝天恩	九五
代姊妹誇大足	九五
代祖娥罵武成	九三
待小掃花荊振翔	一四三
貸友書價	二一一
當年惟有兩心知，爲班馮二生賦	一四一
悼樊榭十二絶句	二一七
道情歌曲	二四九
調寄青衫濕	一八九
冬日桂堂席上同舒雲亭、金江聲、杭堇浦、全謝山、厲太鴻、施竹田餞別南圻，分得先字	二一二
冬日田園雜興	二四七
獨搖手	四五
讀劉母《蕭太君一統志》爲凝一作	一八六

讀曲歌	八五
讀曲歌	二六
讀松江沈孝子《尋母詩》同鄒洛南	一五二
讀陶偶作	一〇五
讀漁洋利州作《賦得紅緑複裙萬里香》	一一五
讀諸君《南莊野眺》詩，即用原韵以鳴企羡	二四三
渡河謡	一〇〇
短歌行	一七
對酒當歌	一四

E	
詩集/詩名	頁碼
二月二十一日，甌亭招同江聲、鹿田、東璧、復園、樊榭、龍泓、堇浦、竹田、復齋、静夫皋亭看花，以『舟行著色屏風裏，人在回文錦字中』爲韵，各賦七言古詩，分得行字	二一五

F	
詩集/詩名	頁碼
帆影	一五八
樊榭薦種花人，詩以謝之	二一〇
樊榭爲余序樂府畢，因作《客帳夢封侯》曲，同人和之，余亦次韵	二一九
樊榭原倡	一九七

樊榭招同江聲、堇浦諸君登瑞石山，尋丁仙遺蜕次韵	二一四
范履園招集湖上坐六一泉，次堇浦韵	二〇七
訪天鈞上人石林庵	一六二
分咏寒物得寒閨	二四六
分咏梅故事得佛塔寺	二四八
分咏秋花得藍菊	二四七
分咏詩事得詩魔	二四六
分咏瑣事得濯足	二四六
分咏雪故事得暖寒會	二四八
奉和泉南内伯恭試賜莽之作	一五六
浮山禹廟塑《山海經》，禁西崑體	二三八
附丁龍泓作	二〇五

附樊榭《擊壤餘音》題詞	二一八
附樊榭作	二一六
附江聲作	二〇一
附舊題《吴越傳奇》五絶句	二四三
附梁溪詩社郵示作	二三二
附龍泓作	二三五
賦得《無雙譜》内麗三公爲居心發論往往不恕者刺	一三六
賦得别是人間閒世界	一一五
賦得嘲花咏水贊蛾眉白句	一四一
賦得床上故書前世夢	一一四
賦得忽斥西施聘王母贈常道姑	一一六
賦得卷中文字掩前賢	一一四
賦得兩樣春光便不同	一一五

賦得迷花不事君	一一三
賦得宓妃襪借天孫著	一一四
賦得名山小別即千春，時屢約游台蕩不果，聊以解嘲	二五六
賦得毗陵何限春	一一三
賦得平陽驛岸金蓮迹	一三九
賦得三吳佳麗城	一一三
賦得已凉天氣未寒時，效王次回	一四一
賦得玉樹後庭花	五〇
賦得澤國風和雪尚慳	一六〇
賦遺山『丹砂萬年樂，金印八州督，不及秦宮一生花裏活』句，嘲一士	一三五

詩集/詩名	頁碼
G	
概鹵湖口占同晴江	二二七
庚子元旦用曹震亭寄祝韵贈天水君	一七五
耕烟內兄取耆卿詞繪夢，走筆爲題	一四〇
共戲樂	二四
共戲樂第二首	一三八
古宮詞	一二二
古宮樂	一二六
鼓吹曲	九
廣五噫歌	八
歸去來詞	七八

詩集/詩名	頁碼
H	
邗溝廟七言律	二四二
行纏	一四三
行行遊且獵	四一
和《泛舟出偏門至禹陵遇雨》	一九二
和《西湖十景曲》用楊廉夫《竹枝》意	一九九
和不得	六四
和草端	六四
和次日再泛若耶溪至平水，肩輿遊雲門寺	一九四
和樊榭北幹山謁武佑將軍廟	一九二
和樊榭雪晴見柬	二〇二

和泛舟河渚探梅	二〇二
和泛舟鑒湖四首	一九六
和貢侯	五九
和駕言	六六
和肩輿至永興寺，雨中看緑萼而返	二〇四
和江寺	一九三
和蘭亭	一九六
和霾	六一
和墓松	五九
和擬寒山詩六首	六一
和人閨房僧鞋菊、僧房虞美人詩	一五九
和人四絶句	一八四

和人喜予移家來杭，用沈陶庵題石田有竹莊韵	一九七
和山雞	六六
和示婿元度	五七
和送韓維應富并州辟	六三
和曈曈	六五
和我行	六〇
和曉齋入若耶溪，中路逢暴漲，不得遊雲門而返	一九四
和一從	六五
和意行	六三
和咏龜	五八
和咏揚雄	六四
和幽獨	六〇

和遊雲門寺	一九五
和雨後遊蕺山戒珠寺遂至怪山寶林寺	一九五
和雨宿卧龍山僧樓	一九三
和雨中泛舟	二〇三
和與吕嘉問	五七
和贊友	六三
和真人	五八
和種桃	六〇
荷包牡丹次韵	一八七
恨無媒	四九
紅福咏	九五
忽忽	一三四
湖上荷花吟和震亭	一九〇

花骨集	九一
花籃憶	一三二
花命婦	一一七
緩聲歌	三三
皇英贈答	一四四

J

詩集／詩名	頁碼
集兩無塵庵，看緋桃，次張鐵珊韵	二〇四
集梅花下用香山詩爲起句	二四四
寄巢詩	二一九
簡内姪婿杜補堂	一九八
建隆寺用沈傳師《遊岳麓》韵	二三九
江南樂	九一
將進酒	一五
角招	二五一
結客少年場	四〇
今十八拍	七〇
金釧回文	八九
金陵移梅歌	二三七
金壇東禪次史進士韵	一四九
金邑尼庵傳有活觀音像，往拜則弓趺朱履，漫題數句，亦偈亦詩	一〇四
金錠回文	八九
近有集	一四八
鏡裏	二二九
九日吴山口號	二三四

詩集／詩名	頁碼
酒後同過雒圃，諸公因復有作。牡丹一本千花，高踰七尺，年年繁盛，不減雒陽。故雒生内伯署爲雒圃也，雒圃主人蘭其名	一六四
決絕詞	二一
K	
詩集／詩名	頁碼
慷慨歌	四八
客毗陵，嘲狐氏媪	一三一
口占約人游聖果寺，用堇浦詩爲起句	二三四
苦熱苦寒行	三七
苦瘍詩	一一二

L	
詩集／詩名	頁碼
蘭山咏	一〇六
冷泉亭待月	二〇七
李白曾至新安，安知不至豐樂溪耶？里門有樓，予亦題以太白酒樓。繪白像壁間，余像聊爲執卣。甲子中秋，陪大鴻公度宿樓上，醉後浪筆聯其佳句於屏，以明予之尚論也	八一
立秋節迎秋湖上次人韵	二〇六
厲徵君太鴻爲予卜居艮山門内，且用渠集中《遷居》舊韵作長句四首見寄，率爾和答	一七六
臨高臺	一〇

詩集/詩名	頁碼
玲瓏四犯	二五四
留宿三生庵	二〇七
龍山訪菊	一五八
龍山竹枝	一二九
隴頭水	一一
盧敬甫用息溟韵投詩，奉答四絶	二二五
盧煉師八十	一七二
論文	一〇二
M	
詩集/詩名	頁碼
滿江紅	一八九
梅花紙帳歌	二三八
夢復訪史進士於高臺村	一七〇
夢遊仙	一一七

詩集/詩名	頁碼
覓句廊晚步	二四七
N	
詩集/詩名	頁碼
南圻書來，云已約玉井至杭偕余酹樊榭像，復得六絶	二二八
内伯獎借拙和更呈二絶	一五六
泥媪詞和朱九韵	一六六
擬《大人先生歌》	二二〇
擬晉人《苦相篇》	二二〇
擬昔人聞風有寄，灑翰遥贈得仄韵絶句九首	九二
擬陽綝之一事六塵歌戲贈沙三	一三六
擬樂府《愛妾换馬》	二二二
擬樂府《採桑歌》	二二一

擬樂府《春江花月夜》	二二三
擬樂府《古別離》	二二一
擬樂府《山人勸酒》	二二二
擬樂府《巫山高》	二二一
擬樂府《貞女引爲性比邱》	二二二
膩寒鴉	一〇八
念奴嬌鬲指聲	二五二
寧獻王畫幅	二四二
女兒子	二八

P

詩集/詩名	頁碼
盤舞歌	三一
陪太鴻重遊青山莊次太鴻韵	一八三

Q

詩集/詩名	頁碼
七歌爲某作	八七
凄凉犯	二五一
起夜來	四二
妾薄命	二二
禽蟲語	八六
青蟲歎	一〇四
清明後社集東林分韵	一六四
秋宵吟	二五〇
取平仲《養生篇》五恣意用一字至七字體作七香詞	一三七

詩集/詩名	頁碼
R	
熱謾集	七〇
人生	二二九
人舞歌	三二

詩集/詩名	頁碼
S	
山陰竹枝	一二八
善哉行	一八
社集觀魚	一六二
社集平山堂後之環溪草堂試泉，同馬秋玉、陸渟川諸君集詩牌字成句	一四八
社集食筍限筍字	二四〇
社集壽石林衲	一七一
社集塔影莊贈上人	一八四
社集追春	一六四
升天行	三五
獅行集	四
史宮詞	一二五
試履行	四九
適閱《牡丹亭》，再疊二首	一四二
書感舊集後	二五五
松聲	二四五
送華進思赴晋安開府幕	一七〇
蒜酪體得寶歌	一三二

T	
詩集/詩名	頁碼
談容娘	三〇
彈楊慎詞作放歌	七四
歎老吟	三四
塘上行	三九
題《問字圖》	一八五
題仇英《介象入閨圖》	二一二
題華文友孝廉《三瑞圖》	一六八
題毗陵女史惲冰畫	一五〇
題蓉颿《閏九登高圖》，次裕堂内兄韵	一五七
題孫孝女詩後	一六九
題所畫作	一〇八
題唐子畏《程一寧吹笛圖》	二一一
題外舅秦丈人遺照	一六八
題王孟堅讀禮圖	一五一
題徐子《斷香吟》卷尾	一四九
題雪樵《叔翁遊卷》三圖	一八七
題趙飲谷説劍圖	一五三
題朱翁爾愷竹林小影	一五九
田家閨樂	一二〇
同荆振翔看雨	一五一
同人集桂花下，息溟用陶詩爲起句見贈。因廣其意爲四首，起句悉用陶詩。沾沾擬陶者，去之轉遠。以不擬擬似反近之	二三〇
同生曲	四三

同史惲諸君宿三里庵	一五一
同釋大恒、金江聲、梁蕿林、厲樊榭、杭堇浦、周雪舫、范履園、施竹田、丁龍泓、家甌亭社集湖上，由下天竺尋翻經臺、三生石諸勝	二〇六
倭漁家樂	五三
W	
詩集/詩名	頁碼
宛轉歌	五二
挽尋源叔	一八六
晚秋雨霽，范容安招同鹿田、蕿林、雲亭、壽門、綸長、竹田、敬身社集湖上分韵	二五八
汪晴江過訪，且用息溟韵投詩，依韵報謝	二二七
微雪初晴，集山館分韵	二四五
爲詩	一一六
聞某公病	一六九
烏鴉篇	一〇三
吴莊竹枝	一三〇
無錫華藏寺同秦一侯二	一六六
無錫石門庵同嚴宋山、鄒洛南用沈隱君題得古絶三十一首	一五三
五毒圖	二四一
五子歌	六
五子歌	七六
X	
詩集/詩名	頁碼
息溟又叠前韵，吐音悽惻，因再和之	二二六

溪上	二二九
喜通政内兄超擢	一六九
戲書《相如傳》後，索好遊者和之	二五七
相逢行	三八
相思曲	四六
襄陽樂	二五
消寒初集，分韻賦七言律	二四五
消暑集	二三七
小春排律效香山	一八五
小山酌酒，用姜白石《和轉庵丹桂》韻	二五六
小星七索	八六
曉泛蓉湖同鄒洛南	一六一

偕樊榭諸君北郭看花，仝用王右丞《桃源行》韻	二〇四
携家集	一九二
辛未正月十六日，與金江聲、厲太鴻、丁敬身登吴山晚歸分得七陽	二〇一
新創對樓	一一〇
吁嗟莫相責行	八九
許復齋招集雪莊請題《嘿坐小照》	二一五
雪樓詩	一〇六
雪莊漁唱題詞	二一四
Y	
詩集/詩名	頁碼
儼亭内兄不忘舊雨，遠郵佳句，依韻報謝	一九八

艷歌何嘗行	一九
揚州慢	二五三
養蠶詞	二四〇
邀集玉嵒諸君醉桂花下，用西崑體索和	二五七
夜宿雲溪庵分韵	二〇三
一醉語花集	一三一
伊南處乩言予故點蒼山僧	一〇九
怡神調	五一
已凉天氣未寒時	一五八
憶昔人『日短苦夜長，何不秉燭遊』二語，頗憎其躁，戲爲此詩，質諸自號睡庵者	二三六
因反其意爲房中曲	八四

飲澹園次曹及三韵	一四九
英雄樂	四八
永嘉竹枝	一三〇
咏懷古蹟分得泰伯墓	一五六
咏林和靖	一〇五
咏洛南尊公所畫長卷十二種，即次其《恭和御製》韵	一六七
咏史四絶	九〇
咏洋茶花一種	一八八
有以惡詩見投者，其人田全璧、馮伯起之流，而忠孝等字時流口角。予疑其誑，次韵記之	一九〇
又得一首	一九七
又分得東字	一六一

又和太鴻《紅綉鞋》	二〇一
又題女史董玢畫	一五〇
又題其《撫梅圖》	一八七
又題所畫	一〇九
又咏綉毬	一四八
虞山竹枝	一二七
與俞秋亭道士至蓮峰，方丈茗話出所作《破樓風雨圖》並詩見示	一七二
玉嵒、備三諸君和余《夏雨湖寓》詩，稍門新巧，復次其韵	二四九
欲界八仙歌爲竹西某壽	一一一
遇君	一三四
寓園雜題	一七八
遠遊篇	三六

月中梅蕊和人韵	一六〇
閱唐使君《琵琶亭》圖卷，次其原韵四首並詞	一八八
樂府詩	四
樂社曲	五一
Z	
詩集/詩名	頁碼
張莊有感分韵	二〇三
櫂歌	二一
徵招	二五二
螽斯篇	一〇三
舟過汝水，戲演《襄成君》曲，亦義山『悵望舟中意』耳	一四五
追春詞八闋	一六五

校點後記

二〇一一年，中國人民大學朱萬曙教授投標國家社科基金重大項目『《全清戲曲》編纂及文獻研究』獲得成功，我負責『雍乾嘉三朝戲曲文獻』的整理工作，香港中文大學華瑋教授以《太平樂府玉勾十三種》複印本相贈。二〇一六年，我以『《吴震生全集》編纂與研究』申請全國高校古委會重點項目獲得立項，華瑋教授又慨贈其收藏的《才子牡丹亭》複印本，使得本書的整理工作得以順利進行。在校點過程中，高雯、李在超、崔淑曉等同學做了不少工作。二〇一九年，《吴震生全集》獲得國家古籍整理出版專項經費資助，在基金申報及本書的出版中，安徽大學出版社李加凱先生給予了諸多的幫助。正因爲他們的幫助，本書才得以順利出版。在此，本人對他們的幫助表示衷心的感謝！因本人水平有限，本書的整理肯定還存在不少問題，請各位專家不吝賜正。